창세기 다시 생각하기

창세기 다시 생각하기

첫 번째 성경책의 자료와 저자

2021년 7월 20일 초판 1쇄 인쇄
2021년 7월 25일 초판 1쇄 발행

지은이 | 두안 A. 가렛
옮긴이 | 임요한
펴낸이 | 박영호
펴낸곳 | 도서출판 솔로몬

주소 | 서울시 동작구 사당로 170
전화 | 599-1482
팩스 | 592-2104
직영서점 | 596-5225

등록일 | 1990년 7월 31일
등록번호 | 제 16-24호

ISBN 978-89-8255-595-4 03230

창세기 다시 생각하기

첫 번째 성경책의 자료와 저자

Rethinking
GENESIS

두안 A. 가렛 지음 | 임요한 옮김

솔로몬

| 추천의 글 |

이 책은 창세기의 문학적인 온전함과 신학적 통일성을 나누고 분리하고 파괴하는 고등비평이라는 기아식을 강제로 먹은 대학과 신학대학원 학생들에게 필수적인 책이다. 가렛은 하나님이 섭리적으로 어떻게 자기 백성의 공동체에 대한 거듭되는 위협에서 그들을 구했는지를 보여주려고 족보와 조상 서사시가 신학적으로 구성됐는지를 이해하기 위한 그의 긍정적인 제안뿐만 아니라, 현대 비평주의의 약점에 대한 그의 인상적인 분석에 근거하여, 깊이 숙고하도록 논리적인 고기를 제공한다. 가렛의 복잡한 많은 해석적 이슈에 대한 존경스럽고 자세한 논의는 현재까지 논의에 대안 절실하게 요구되는 대안이다.

게리 스미스-미드웨스턴 신학대학원, 캔사스 시티

수십 년 동안 복음주의자들은 신중하게 본문의 자료뿐만 아니라 역사와 문학의 자료를 다룬 논리 정연하고 철저히 조사한 대안을 제시하지 못하고서, 오경의 기원에 대한 크게 유행하는 비평주의 관점을 논박했다. 가렛은 여기서 이런 존경스러우면서도 대담하고 호소력 있는 제안을 제시한다. 창세기의 문학적 통일성을 인식하면서도, 가렛은 양식비평적 토대뿐만 아니라 구조적 토대에 근거하여 자료의 증거를 확인하고 이들 자료들이 현재의 책으로 성장하게 된 발전의 흐름을 제안한다. 게다가 가렛은 모세의 편집의 온당함을 논증한다. 이것은 옛 논증을 개작한 것이 아니라, 증거를 새롭게 조사한 것으로, 신중하게 고려할 가치가 있다.

E. 레이 클렌데넌-뉴 어메리칸 주석 책임편집자

『창세기 다시 생각하기』(RETHINK GENESIS)는 오경비평의 오래되고 생명력을 잃는 이론의 관에 또 다른 못을 박았다. 가렛은 오경비평의 부당한 전제를 피함으로써, 문학적 토대와 역사적 토대에 근거하여, 창세기가 자신의 신학적 메시지를 B.C. 2천 년의 청중에게 전달했던 주요 저자가 손수 만든 선재(先在)하는 메시지로 구성된다는 사실을 발견했다. 가렛은 이 오래된 자료들이 어떻게 생생하게 보존됐는지에 관한 당황스러운 질문에 새로운 해결책을 제시한다. 가렛의 명료한 소개는 전문가들의 전문적인 특수 용어 가운데 너무 오랫동안 감춰졌던 이슈를 밝혀준다. 이 책은 "시작의 책"의 기원에 대한 신비를 설명하는 빠져들게 하는 새로운 제안으로 모든 독자들의 호기심을 자아낼 것이다.

케네스 A. 매튜스-비슨 신학대학원 신학 교수

1세기 전 시작한 이래로 그리고 이어지는 기간 줄곧 오경 기원에 대한 문서설의 이론은 결코 도전을 받지 않은 것은 아니다. 가렛이 이례적으로 되살아나는 이 이론에 대한 단순한 비평을 넘어, 오경 책들에 대한 널리 퍼져 있는 모세와의 연관성에 대해 철저하게 성경적이고 흠잡을 데 없이 학문적이고 참되면서도, 신뢰할 만하고 매우 분명히 밝히며, 정말로 설득력이 있는 대안으로 발전하기까지 한 것이 바로 가렛 박사가 시도한 창세기 연구의 장점이다. 이 책은 널리 읽힐 가치가 있은 책이며 이 책을 읽는 누구라도 반드시 보상을 받을 것이다. 오경에 대한 '문서설'/'파편주의'의 견해는 결코 비판이 없지 않았으며, 오늘날도 마찬가지다. 가렛은 이 연구 분야에 능통한 학자다. 가렛은 그들의 장점에 대해 동의하지 않은 견해를 공격할 수 있고, 조사할 때만큼이나 정중한 방식으로 공격한다. 가렛이 성경 본문에 대해 헌신하는 모습은 본받을 만하며, 무엇보다도 그의 체계적인 접근법은 동시에 학문적이고 누구나 접근할 수 있으며 모세와 관련시키는 긍정적이고 설득력 있는 해결책으로 이어진다. 이렇게 훌륭하고 중요한 책을 추천한다는 것은 크나큰 특권이다.

알렉 모티어-영국 트리니티 칼리지 학장

"고등비평의 확신에 찬 결과"에 대해 신중한 비평을 제공할 뿐만 아니라, 보수적인 복음주의 관점에서 창세기 배후에 있는 자료를 결정하려고 추구하는 독창적이면서도 자극을 주는 논의다. 저자는 특히 양식비평과 구조주의에서 얻은 통찰력에 의존하면서, 가능성 높은 문학적 기원에 대한 건설적인 분석을 제시한다.

스티븐 드레이-무어랜즈 대학 교수

지금까지 출판된 책 가운데 문서설에 대해 가장 설득력 있게 논박했으며, 오경이 어떻게 존재하게 됐는지에 대한 설득력 있는 대안의 분석을 제안한다. 이 책은 최소한의 전문적인 용어와 최대한의 사려 깊은 논쟁으로 참여하는 방식으로 쓰인, 신중한 학문적 추론을 갖춘 모범적인 책이다. 여기에 세계의 성경 학자들이 고려하지 않을 수 없는 책이 있다.

더글라스 스튜어트-고든·콘웰 신학대학원 구약 교수

| 차 례 |

2부 • 창세기의 구조와 자료

부록

1부

창세기 고등비평

1장

문서설

여러 신학적 신념의 학자들이 후속 연구에 대한 출발점으로서의 그라프-벨하우젠 이론이 죽었다는 사실을 깨닫는 데에는 오랜 시간이 걸렸다. 문서설과 그 문서설을 뒷받침하는 논증은 수많은 상이한 신학적 관점과 전문 분야의 학자들에 의해 효과적으로 논파됐다. 그러나 벨하우젠의 유령은 구약 연구나 학술토론 가운데 짙은 안개처럼 떠돌아다니면서 아무런 실체를 더하지는 않지만 효과적으로 시야를 흐리고 있다. 실질적으로는 양식비평과 고고학을 기초로 하는 연구와는 양립할 수 없음에도, 문서설은 정통 비평학의 중추로서 그 명맥을 유지해왔다.[1] 지루하게 계속해서 P나 J를 언급하면서 격식

---

1 문서가설에 대한 문헌의 양과 문서가설을 지지하는 학자들의 수는 엄청나다. 극소수의 주요 저술 중에 특별히 창세기를 언급하고 있는 경우는 다음과 같다. S. R. Driver, *An Introduction to the Literature of the Old Testament* (1897; reprint, Gloucester, Mass.: Peter Smith, 1972); John Skinner, *A Critical and Exegetical Commentary on Genesis*, 2d ed., ICC (Edinburgh: T. and T. Clark, 1930); Robert H. Pfeiffer, *Introduction to the Old Testament* (New York: Harper and Brothers, 1941); Gerhard von Rad, *Genesis*, trans. John H. Marks (Philadelphia: Westminster, 1961); E. A. Speiser, *Genesis*, AB (New York: Doubleday, 1964); Otto Eissfeldt, *The Old Testament: An Introduction*, trans. Peter Ackroyd (New York: Harper and Row, 1965); Georg Fohrer, *Introduction to the Old Testament*, trans. David E Green (Nashville: Abingdon, 1968); J. Alberto Soggin, *Introduction to the Old Testament*, OTL (Philadelphia: Westminster, 1976); George W. Coats, *Genesis: With an Introduction to Narrative Literature*, FOTL (Grand Rapids: Eerdmans, 1984); Claus Westermann, *Genesis 1-11*, trans. John J.

을 차리는 일이 창세기 논의에서 사라질 날이 언제나 돌아올 수 있을지에 대해 의구심을 품기도 한다. 그런데 그런 날이 오게 될 거라는 징후가 있다. 많은 학자들이 문서설의 부적절함에 대해 탐구하고 있으며 오경을 설명할 새로운 모델을 찾고 있다.[2]

문서설의 역사와 핵심 요지

문서설이 시작된 것은 쟝 아스트뤽(Jean Astruc 1684-1766)이 하나님의 이름인 야훼(여호와)와 엘로힘을 지표로 사용하여 오경의 자료를 발견할 수 있을 것이라는 믿음에 이르게 되었을 때였다. 아스트뤽은 엘로힘이라는 이름을 사용한 구절을 하나의 칼럼(A)에 넣고 야훼를 사용한 것은 다른 칼럼(B)에 그리고 '반복' 구절(C)과 삽입(D)은 각각 세 번째와 네 번째 칼럼에 위치시켰다. 간편하진 않더라도 이런 단순한 출발에서 문서설을 향한 길이 시작됐다. 이 길을 따라 '단편 가설'fragmentary hypothesis(오경이 단편적인 자료 더미에서 편집되었다고 주장)과 '보충 가설'(오경의 중심에는 단일의 통일된 문서가 있다고 주장하지만 여기에 수많은 단편 자료들이 추가되었다고 주장)이 등장했다. 하지만 오경 기원에 대해 성공을 거둔 이론은 문서설로서 그 고전적인 표현을 만들어냈던 두 사람 K. H. 그라프Graf와 율리우스 벨하우젠Julius Wellhausen의 이름을 따라 그라프-벨하우젠 가설로도 흔히 불렸다.[3]

Scullion (Minneapolis: Augsburg/Fortress, 1984); Werner H. Schmidt, *Introduction to the Old Testament*, trans. Matthew J. O'Connell (London: SCM, 1984).

2 R. N. Whybray, *The Making of the Pentateuch* (Sheffield: JSOT Press, 1987)가 주요한 비평이다. 전승사 진영에서의 중요한 평가로는 Rolf Rendtorff, *Das überlieferungsgeschichtliche Problem des Pentateuch*, BZAW (Berlin: de Gruyter, 1977)가 있다. 참고, Brevard S. Childs, *Introduction to the Old Testament as Scripture* (Philadelphia: Fortress, 1979), 119ff. 그리고 Gordon J. Wenham, *Genesis 1-15*, WBC (Waco: Word, 1987), xxxiv-xxxv.

3 구약 비평의 역사에 대해, R. K. Harrison, *Introduction to the Old Testament* (Grand Rapids: Eerdmans, 1969), 3-82을 보라. R. J. Thompson, *Moses and the Law in a Century of*

이 이론은 가장 기초적인 형태로는 파악하기가 충분히 쉽다. 오경의 배후에는 네 개의 문서 자료가 존재하는데 각각 J(야훼스트), E(엘로히스트), D(신명기적 사가), P(제사장 법전)라고 부른다.

J는 가장 오래된 것으로 창세기 2:4b에서 시작하고 창세기의 대부분과 출애굽기, 민수기 상당 부분 및 신명기의 소수 짧은 본문을 포함한다. J는 초기 왕조(솔로몬?) 시대의 것일 수 있다. 창세기에서 J는 하나님을 야훼로 부르는데, 문서설에 따르면, 사람들이 홍수 이전 시기에 야훼라는 명칭을 사용하기 시작했다고 J가 주장하기 때문이다(창 4:26, J 본문). 신학적인 진술로 J는 자주 구원사의 구약 개념을 형성했던 위대한 최초의 사변가의 작품으로 여겨지고 있다.

E는 J보다는 다소 늦지만 J와 똑같은 기본적인 이야기의 흐름을 따르고 있다. 창세기 15장은 현존하는 최초의 E본문이다. E의 기원은 북 왕국이다. 창세기에서 E는 하나님을 야훼가 아닌 엘로힘으로 언급하는데 E에 따르면 야훼라는 이름은 출애굽 시기까지 계시되지 않았기 때문이다(출 3:15, E 본문). E는 J 보다는 도덕적 문제에 훨씬 더 세심하지만, 하나님을 인간에게서 어느 정도 더 거리가 먼 분으로 보고 있다. 후에 R^{JE}(R=편집자)가 J와 E를 단일 문서로 편집했다. 편집과정 속에서 상당수의 E자료가 삭제되었고 그래서 후대에는 상실되었다.

D는 요시야 개혁 시기에 만들어졌고(왕하 22장) 본질적으로 신명기다. D는 특징적인 하나님의 이름이 없었는데 창세기에서 있다 해도 표현이 거의 없었기 때문이다. R^{D}는 후에 JE와 D의 본문을 결합시켰다.

P는 가장 늦은 시기인 포로기에 만들어졌다. P는 창세기 1:1에서 시작하고, 창세기의 큰 부분과 출애굽기, 민수기와 레위기 전부를 포함한다. 창세기에서 P는 하나님을 엘로힘으로 언급하는데, E처럼, 야훼라는 하나님의 이름

Criticism Since Graf (Leiden: Brill, 1970); Fohrer, *Introduction*, 23-32, 106-113; Soggin, *Introduction*, 79-98을 또한 보라.

이 출애굽 때 처음으로 계시되었다고 추정하기 때문이다(출 6:3, P 본문). P는 족보, 제사장 규례, 고도로 양식화된 내레이션으로 되어 있다. 후에 P는 R^P에 의해 JED로 편입되었다. 이렇게 오경이 형성되었다.

네 개의 문서 자료 중 어느 것과도 관련이 없는 극소수의 단편들(예, 창 14장)도 오경에 나타난다.[4]

문서설의 전제조건들

(이전의 다른 학자들도 마찬가지지만) R. N. 와이브레이Whybray는 문서설이 네 가지 전제조건 위에 세워진 것임을 지적했다.[5]

이스라엘 역사에 대한 진화론적이고 단선적인 접근

벨하우젠이 자기 이론을 헤겔Hegel의 사상에 그 뿌리를 둔 지금은 신망을 잃은 진화론적 철학 위에 세웠다는 사실은 오랫동안 인정되어 왔다. 물론, 헤겔주의가 신뢰를 상실하고 그래서 벨하우젠이 잘못되었다고 말하는 것으로는 충분치 않다. 반면 확실한 것은 이스라엘 종교의 역사가 벨하우젠이 가능하리라고 여겼던 단순하고 고도로 진화론적인 방식으로는 설명될 수 없다는 사실이다.[6]

---

4 Whybray, Pentateuch, 20-21에 있는 요약도 보라. 문서설의 고전적 형태를 상세하게 소개하는 것에 대해, Driver, *Introduction*, 1-159을 보라. 더 복잡하고 진화된 형태의 문서설을 보여주는 것에 대해, Fohrer, *Introduction*, 120-195을 보라. 더 최근에 발전된 상황에서 문서설에 대한 개관을 위해, Soggin, *Introduction*, 99-160과 Wenham, *Genesis* 1-15, xxv-xlv을 보라.

5 *Pentateuch*, 43-55. 나는 여기서 기본적으로 와이브레이의 개요를 따르지만 용어는 좀 다르게 사용한다.

6 K. A. Kitchen, *Ancient Orient and Old Testament* (Chicago: Inter-Varsity, 1966), 113-114을 보라.

문체상의 범주에 기초해서 오경 본문들을 구분할 가능성

문서설의 초기 옹호자들은 문체에 기초해서 하나의 본문을 다른 본문과 쉽게 구별할 수 있을 것이라고 느꼈다. 사실, 오경 전체는 표준성경 히브리어로 되어 있다. 각 문서마다 단일 문체가 발견될 수 있는 유일한 방법은 각 문서가 매우 특이한 문체를 시종일관 엄격하게 유지하고 있어야 한다는 것이다.

편집자들이 문서를 단순하게 묶음

문서설에 따르면 편집자들은 각 문서를 잘라다 전체를 연속된 내러티브로 붙이는 '자르고 붙이는' 방법을 사용하여, 단순히 묶었을 뿐이다. 이렇듯 다소 기괴한 편집 과정과 비슷한 사례가 전혀 없다.[7]

문서와 편집 배후에 있는 목적과 방법을 쉽게 결정함

문서설의 초기 기획자들은 자신들이 편집자의 목적과 방법을 추론해 낼 수 있을 것이라고 생각했다. 하지만, 사실 창세기를 연구했던 학자들과 창세기를 저술했던 사람들 사이에는 엄청난 문화적 간극이 존재했다. 게다가 학자들은 편집자들과 대조적으로 문서의 저자들에 대해 낯설게 인식하게 됐다. 특히, 각 저자는 단일의 연속된 역사를 만들려는 것을 목표로 삼았지만, 어떤 불일치나 반복이나 내러티브상의 탈선도 묵인하지 않을 것이라고들 여겼다. 반면에 편집자들은 온갖 종류의 모순과 반복에 철저하게 둔감하다고들 말한다.[8]

---

7 저자나 편집자가 저술 작업의 일환으로 자료들을 자르거나 재배치하여 단일 문서로 만든다는 것도 사실이지만, 문서설이 암시하고 있는 것은 이와 다르다. 좀 더 정확한 비유는 아마 이럴 것이다. 어떤 편집자가 호머의 『일리아드』와 『오딧세이』, 유리피데스의 『트로이 여인들』, 베르길리우스의 『아이네이스』를 가져다가 원고를 자르고서 모든 조각들을 재배치하여 트로이 전쟁을 다룬 하나의 작품을 만드는 것이다. 이렇게 시도한 결과물은 이해할 수도 없을 뿐더러 원 작품이 가진 문학적인 설득력도 전혀 갖지 못할 것이다. Whybray, *Pentateuch*, 45-46에서의 논의를 보라.

8 앞의 책, 49.

문서설을 지지하는 논증

이 이론에 따르면, 네 개의 문서는 처음에 단일의 연속된 내러티브로 작성됐다가 나중에서야 함께 묶여 현재의 작품으로 편집됐다고 인식하는 것이 중요하다. 학자들이 문서설을 계속 연구하면서 수많은 수정이 제안됐다. 어떤 학자들은 네 개의 자료를 더 작은 자료(예, J^1과 J^2)로 세분화함으로써 문서설을 더 복잡해지게 만드는 경향이 있었던 반면에 다른 학자들은 E의 존재여부에 대해 완전히 의문을 품으면서 자료의 수를 줄였다. 문서에 양식비평을 적용함으로써 더욱 발전이 이루어졌다.[9] 그럼에도 모든 개량이론이 파생된 기본적인 문서설은 이론을 분석할 수 있는 가장 수월한 곳이기도 하다. 문서설을 지지하는 핵심 논증은 다음과 같다.

창세기의 어떤 본문은 하나님을 야훼로 언급하는 반면에 다른 본문은 하나님을 엘로힘으로 부른다. 하나님을 야훼로 부르는 본문은 J의 저술로 볼 수 있는데, J에게 야훼라는 이름은 족장 시대가 시작하기 훨씬 전에 인간에게 계시됐다. 하나님을 엘로힘으로 언급한 본문은 E나 P의 것으로 볼 수 있는데, 이들은 모두 야훼라는 이름이 출애굽 이전에는 계시되지 않았다고 여겼다.

창세기는 일부 중복된 이야기와 반복을 담고 있다. 이는 두 개의 문서자료가 단일 전통에 대한 각각 고유의 버전을 담고 있었기 때문이다. 그래서 12:10-20(J)과 20:1-18(E)은 단일 전통의 다른 형태다.[10] 때로 두 가지 상이한 버전은 편집을 통해 단일 내러티브로 합쳐졌으나 단일 편집본 배후에 있는 문서들은 여전히 두드러진다. 예를 들어, J와 P는 각각 홍수 이야기의 한 버전을 가지고 있었으나, 이들은 현재의 본문에서 결합됐다.

창세기 내의 모순은 구별된 문서들이 있다는 사실을 가리킨다. 이것이 의미하는 바는 하나의 문서가 하나의 전통을 가지고 다른 문서는 다른 전통을

---

9 벨하우젠 이후 여러 발전에 대해 훌륭하게 간추린 것으로 앞의 책 31-41을 보라.

10 Speiser, *Genesis*, 150-152을 보라.

가진다는 것이다.

문서의 언어와 문체는 다양하다. J는 능수능란한 이야기꾼이지만, P는 따분하고 장황하다고 평가된다. 각 문서는 자체로 선호하는 어휘도 있다. 우리말 '자식을 낳다'에 대해서 J는 G(칼) 어근 얄라드(ילד)를 좋아하지만, P는 H(히필) 어근 홀리드(הוליד)를 사용한다.

각 문서는 창세기의 현재의 본문에서 추출해낸다면, 자체로 연속되고 의미 있는 문학이었다는 것이 드러난다. 특히 각 배후에 있는 구체적인 문학적 목적과 신학적 목적을 볼 수도 있다.[11] 이 사실은 이 이론이 정당함을 입증한다.

피상적으로 읽어도 일부 본문은 분명히 하나 이상의 자료를 담고 있다. 최고의 실례는 창세기 1-2장인데, 이 부분은 단일의 자료에서 나왔다고 보기 어렵다. 대신에, 창세기 1:1-2:3과 창세기 2:4이하는 구별된 작품으로 여겨야 한다.[12] 한 본문에서 구별된 자료가 있다는 명백한 실례는 문서설의 원리를 입증하는데, 그러면 이 이론은 자료 구분이 분명하지 않은 본문에 적용될 수 있게 된다.

오경에서 발견되는 이스라엘 제사장직의 혼란스러운 역사는 문서설로 가장 잘 설명된다. 일부 본문(예, 신명기)에서는 모든 레위인이 제사장이다. 다른 본문(출애굽기와 레위기의 P부분)에서는 아론 자손만 제사장이고 나머지 레위인들은 신전 노예(성전 사역자지만 제사장의 특권은 없다)일 뿐이다. 따라서 오경은 단일한 손길에 의한 통일된 저작일 수가 없다. 오히려 D 문서와 P 문서는 상이한 관점과 상이한 시대에서 비롯됐다.

---

11 상세하게 소개한 것에 대해, Walter Brueggemann and Hans Walter Wolff, *The Vitality of Old Testament Traditions* (Atlanta: John Knox, 1975)을 보라.

12 여기서 우리는 2:4a의 지위에 대해 관심을 갖는 것은 아니다. 이 문제는 제4장에서 다룰 것이다.

문서설을 지지하는 논증에 대한 분석

하나님의 이름

자료 분석을 위한 하나님의 이름이라는 기준은 몇 가지 방면에서 도전을 받아왔다. 첫째, 이 기준을 일관되게 적용할 수는 없다. 예를 들어 창세기 22:11은 E 본문인데, 야훼 명칭을 사용한다. 실제로, 오경의 맨 처음부터 J 자료(창 24장)에서 단순히 '야훼'가 아니라 흔하지 않은 야훼 엘로힘이 나온다. 게다가, M. H. 시걸Segal은 다른 자료를 가질 수 없는 본문에서 하나님의 이름을 교차적으로 사용하고 있다는 점에 주목하는데, 이는 창세기가 왜 예외적으로 취급되어야 하는지에 대해 의문을 제기한다.[13]

둘째, 창세기의 E 자료와 P 자료에서 야훼를 회피하는 것에 대한 편집상의 설명은, 허울만 그럴듯하다는 점이다. E와 P는 이스라엘 사람들이 모세의 때에 이르기까지 야훼라는 하나님의 이름을 알지 못했다고 여겼다 하더라도 E와 P에게는 족장 이야기에서 굳이 직접적으로 인물을 인용하지 않는 이상은 야훼라는 하나님의 이름을 회피할 이유가 전혀 없다.[14] 이 점에 대해, J가 엘로힘을 피해야 할 이유도 절대 없다.

셋째, 야훼와 엘로힘이 서로 바뀌어 나오는 현상은 자료비평에 의존하지 않아야 훨씬 더 만족스럽거나 간단하게 해명할 수 있다. 움베르토 카수토 Umberto Cassuto는 두 이름이 하나님의 성품이 갖는 서로 다른 측면을 드러나게 한다고 주장한다. 야훼는 하나님의 언약 명칭인데, 이는 하나님이 이스라엘과 맺으시는 특별한 관계를 강조한다. 엘로힘은 모든 땅의 하나님으로서 하나님에 대해 보편적으로 말한다.[15] 간단히 말하자면, 엘로힘은 하나님의 지

13 M. H. Segal, *The Pentateuch: Its Composition and Authorship* (Jerusalem: Magnes, 1967), 11-14.

14 Whybray, *Pentateuch* 64-65.

15 Umberto Cassuto, *The Documentary Hypothesis and the Composition of the Pentateuch*, trans. Israel Abrahams (Jerusalem: Magnes, 1941), 15-41.

위고, 야훼는 하나님의 성품이다. 카수토가 이 구분을 지나치게 엄격하게 활용함으로써 어떤 면에서는 본문이 의도한 정도를 넘어섰다는 것은 사실이지만,[16] 이 구분은 유효하다.

게다가, 시걸은 하나님의 이름을 바꾸어 사용하는 것이 흔히 다채로운 표현을 위한 것이거나 대중적인 용례를 반영하는 것이라고 지적한다.[17] 와이브레이는 이에 더하여 이름을 번갈아 사용하는 것이 무의식적인 것일 수도 있는데, 두 이름의 정체성 때문이라고 한다.[18]

아마도 야훼와 엘로힘이 의미론적으로 겹친다고 말하는 게 최선일 것이다. 하나님을 보편 신성으로 강조하는 맥락에서는(예, 창 1장), 엘로힘을 사용한다. 언약적 구세주로서의 하나님에 대해 더 강조하는 본문에서는(출 6장), 야훼를 활용할 가능성이 더 크다. 둘 중 어느 측면도 특별히 강조되지 않는 다른 경우에는, 다양한 표현을 위하거나 실제로 아무런 특별한 이유도 없이 두 이름을 번갈아 사용할 수도 있다.

넷째, J 본문은 족장이 야훼라는 이름을 알았다고 생각하고 있으며 E 본문과 P 본문은 족장들이 야훼라는 이름을 알지 못했다고 주장한다는 가정은, 잘못된 주해에 근거한 것이다. 창세기 4:26의 "그때에 사람들이 비로소 여호와의 이름을 불렀더라"라는 구절은 야훼라는 이름이 역사상 바로 이 순간에 계시되었다고 보는 J의 주장으로 자주 취급된다. 그래서 J는 족장들이 자신들의 하나님을 야훼로 알았다고 믿었다고 주장된다. 반면에, E와 P는 야훼라는 이름이 처음 계시된 때가 출애굽 기간 중이었다고 믿었다고 여겨진다. 관련 본문은 출애굽기 3: 13-15(E)과 출애굽기 6:24(P)이다.

창세기 4:26은 야훼 신앙이 언제 시작했는지에 대한 질문과 아무런 관련이 없다. 심지어 클라우스 베스터만Claus Westermann도 이 절을 J 본문으로 여기면서도 이것이 오해한 것이었다고 지적한다. 베스터만은 평하기를 "그

---

16 참고, Whybray, *Pentateuch*, 71.

17 Segal, *Pentateuch*, 13-14.

18 Whybray, *Pentateuch*, 72.

[J]가 여기서 '야훼'를 사용할 때도 그는 다양한 종교들에도 불구하고, 인류의 창조주가 한 분일 수밖에 없다는 것을 말하는 것일 뿐이다. 그는 엘로힘(אלהים)이라고 말할 수 없었는데, 이는 현대 독자들에게는 더 확실하겠다. 왜냐하면 J가 4:1, 6에 이미 언급된 바로 그 같은 하나님을 말하고 있는 것이기 때문이다."[19] 그래서 이 저자는 창세기 3-4장의 슬픈 이야기에 낙관적인 결론을 맺고서,[20] 그 독자들이 야훼로 알고 있는 하나님은 사람들이 최초부터 경배해왔던 한 분 진정하신 하나님이라는 것을 말하고 있다.

출애굽기 3:1-15에서 모세는 하나님에게 하나님의 이름을 묻고, 먼저 하나님이 '스스로 있는 자'라는 말씀을 듣고, 모세는 이스라엘 사람들에게 그들의 조상들의 하나님, 야훼께서 모세를 그들에게 보내셨다는 것을 말해야 할 것이라고 듣는다. 하나님은 야훼가 하나님이 영원히 경배 받아야 하는 이름이라고 덧붙여 말씀한다. 이 때까지는 야훼라는 이름을 어느 누구도 들어본 적이 없었다고 본문이 말한다고 보기는 어렵다. 만일에 이것이 그 의도였다면 창세기 17:5, 15과 비슷하게 "너희가 더 이상 나를 너희 조상의 하나님으로 부르지 않게 될 것이다. 이제부터 내 이름은 야훼니라" 같은 표현을 발견하게 될 것이었다. 오히려 본문은 야훼라는 이름이 출애굽의 권능의 조치로 말미암아 새로운 의미를 갖게 될 것이라고 주장한다. 민족은 이제 야훼가 자신들과 함께 함을 보게 될 것이다.[21]

출애굽기 6:2c-3은 족장들이 야훼라는 이름을 알지 못했다고 단도직입적으로 주장하는 것 같다. 대부분의 번역본들은 다음과 비슷하다. "나는 야훼다. 나는 아브라함에게도, 이삭에게도, 야곱에게도 전능하신 하나님으로 나타났다. 하지만, 내 이름 야훼로는 나는 그들에게 나를 알게 하지 않았다."

---

19 *Genesis 1-11*, 340.

20 제10장의 논의를 보라.

21 참고, John Durham, *Exodus*, WBC (Waco: Word, 1987), 39-41.

표 1.1 출애굽기 6:2c–3의 구조

A	אֲנִי יְהוָה
B	וָאֵרָא אֶל־אַבְרָהָם אֶל־יִצְחָק וְאֶל־יַעֲקֹב בְּאֵל שַׁדָּי
A′	וּשְׁמִי יְהוָה
B′	לֹא נוֹדַעְתִּי לָהֶם

A	나는 야훼니라
B	내가 아브라함과 이삭과 야곱에게 엘 샤다이로 나타났으나
A′	그리고 내 이름은 야훼니라
B′	내가 나를 그들에게 알리지 않았던가?

하지만 프랜시스 앤더슨Francis I. Andersen이 지적한 대로, 히브리어 본문은 번역자들이 인식하지 못했던 인접하지 않은 병행법을 담고 있다. 즉, 아니 예호바……우셰미 예호바(אֲנִי יְהוָה...וּשְׁמִי יְהוָה)("나는 야훼니라……그리고 내 이름은 야훼니라"). 로(לֹא)('아니다')는 그래서 단순 부정이 아니라 수사적 질문에서 주장의 성격을 지니며, 앞의 것에 연결되어서는 안 된다.[22] 사실, 본문 전체는 앤더슨이 지적한 것을 넘어 시적인 병행 구조로 되어 있다(표 1.1을 보라).

본문은 하나님이 그들에게 자기 이름 엘 샤다이의 의미를 보여주었다고 분명히 말하지만, 족장들이 야훼를 들어본 적이 없다거나 엘 샤다이만 알고 있다고 주장하지 않는다. 엘 샤다이는 본질essentiae의 베트(ב) 뒤에 나오는데,[23] 이는 하나님이 족장들과 언약을 맺으시고, 그들의 유산으로 가나안 땅

---

22 Francis 1. Andersen, *The Sentence in Biblical Hebrew* (The Hague: Mouton, 1974), 102

23 J. A. Motyer, *The Revelation of the Divine Name* (London: Tyndale, 1959), llff.을 보라.

을 약속했을 때(4절), 하나님이 족장들을 위해 그 이름에 특별한 의미로 채웠다는 것을 의미한다. 지금 하나님은 출애굽이라는 훨씬 더 큰 구원 가운데(5절) 야훼라는 이름을 의미("그리고 내 이름은 야훼니라")로 채우려고 한다. 그러면서도, 본문은 족장들에 대한 계시와 출애굽의 계시 사이에 어떤 불연속성이라기보다는 연속성을 강조한다("내가 나를 그들에게 알리지 않았던가?"). 앤더슨의 논평은 적절하다. "출애굽기에는 야훼가 모세에게 처음 계시된 새로운 이름이었다는 점에 대한 어떤 암시도 없다. 반대로, 모세의 사역의 성공은 이스라엘 사람들이 인정하도록 이 친숙한 이름을 사용하는 것에 달려 있었다."[24]

다섯째, 하나님의 이름을 자료 기준으로 사용하는 것은 모든 고대 근동 비유에도 반한다. K. A. 키친Kitchen은 단일 신이 단일 본문에서 몇 가지 이름으로 불리는, 이집트와 메소포타미아 자료에서 많은 실례를 들어 증명했다. 키친은 어떤 이집트학 학자들도 하나님의 이름을 자료비평을 위해 사용하려 하지 않았다고 덧붙인다.[25]

요약하자면, 문서설의 역사적인 출발점이자 증거에 입각한 출발점으로서, 하나님의 이름이라는 기준은 근거가 없다. 문서설은 오석과 오역에 근거하며, 성경 밖의 자료에 주목하지 않았다.

---

24 *Sentence*, 102. (NIV, NEB, RSV 등과 같은) 전통적인 번역도 마찬가지로 다른 근거에 의해 불가능하다. 첫째, 이 번역은 베엘 샷다이(בְּאֵל שַׁדָּי)의 베(ב)가 두 가지 기능을 수행하고, 또 우셰미 예호바(וּשְׁמִי יְהוָה)도 지배한다고 추정해야 한다. 하지만 이는 불가능한데, 두 구절이 전통적인 번역에서조차 별도의 절에 위치하기 때문이다. 둘째, 야다(ידע)의 N(니팔) 어근은 직접 목적어(우셰미 예호바; וּשְׁמִי יְהוָה)를 취할 수 없는데, 이것이 재귀적이기 때문이다. 셋째, 히브리어에서 종속절이 로(לֹא)에 선행하는 것은 흔치 않은 경우인데, 로(לֹא)가 보통은 그 나타나는 문장에서 첫 단어이기 때문이다. C. L. Seow, *A Grammar for Biblical Hebrew* (Nashville: Abingdon, 1987), 94를 보라. 어순이 파괴되는 것은 가능하지만 서술된 대로의 본문의 구조를 고려하면 여기서 이것이 그런 경우라고 생각할 아무런 이유도 없다.

25 *Ancient Orient*, 121-123.

반복, 병행 기사(중복 기사), 불필요한 중복

중복 기사와 반복을 창세기에서의 다수의 문서에 대한 증거로 사용하는 것은 아마도 현대 학생들에게는 가장 설득력 있는 논증이겠지만, 사실 가장 비논리적이고 가장 남용된 증거다. 그래서 현대 독자에게 창세기 12:10-20과 20:1-18은 단일 전통에 대한 다른 형태들이어야 하는 것으로 보인다.[26] 그토록 눈에 띄게 비슷해 보이는 두 개의 이야기들이 있다는 점을 달리 어떻게 설명할 수 있겠는가? 확실히 현대 독자의 생각에 다른 형태들(예, 창 12장의 바로의 집, 창 20장의 아비멜렉의 집)은 단순히 단일의 전통이 상이한 공동체 안에서 상이한 형식으로 어떻게 전승되어 왔는지의 실례가 된다.

이 전제는 합리적으로 보이지만 완전히 오류다. 이는 본문을 완전히 현대적으로 읽고, 고대의 수사적 개념을 무시한다. 고대의 본문에서 병행 기사들은 단일 문서만이 존재한다는 가장 설득력 있는 징후가 된다. 중복 기사, 즉 서로 매우 유사한 두 개의 별도의 이야기는 고대 내러티브의 가장 중요한 요소다.[27] 중복 기사들은 안목 있는 청중이 이야기에서 찾아내려 했던 것이다.

무엇보다도 단순 반복은 고대 근동 문학에서 흔하다. 예를 들어, 케레트의 우가릿 서사시에서 왕 케레트는 괴로움에 처해 있었는데 그의 가족 전체가 연속된 재난 가운데 살해되었기 때문이다. 꿈 속에서 케레트는 엘에게서 자신이 해야 할 일을 지시 받는다. 엘의 지시는 60-153행에 담겨 있는데, 케레트는 희생제물을 만들고, 군사작전을 위해 백성들을 소집하고 파빌 왕이 다스리는 우둠 땅으로 가는 것이었다. 거기서 케레트는 파빌의 딸, 후리야에게

---

26 현재의 목적을 위해, 창 26장의 세 번째 병행을 다룰 필요가 없다. 상세한 논의를 위해서는 제6장을 보라.

27 참고, Thomas L. Thompson, *The Origin Tradition of Ancient Israel*, JSOTSS 55 (Sheffield: JSOT Press, 1987), 59: "병행 전통들과 전통의 단위들을 연관 지으려는 낡아빠진 시도는 전승사로 들어서는 근본적인 첫 단계였는데 이제 철저하게 의문이 제기될 필요가 있다. 성경에는 합리적으로 상호관계성을 분석할 만큼 이야기 유형이 다양하지도 많지도 않다. 게다가 중복 기사가 존재한다는 것이 전통이나 전통의 복합 자료에서 개별성을 입증할 기준은 분명히 아니다. 이중이나 삼중으로 중복된 기사는 같은 전통 내에서도 존재할 수 있고 실제로 존재하기도 한다……."

자기 아내가 되어달라고 요구해야 했다. 케레트는 잠에서 깨어나 이 지시대로 수행했다. 케레트가 엘의 명령을 어떻게 수행했는지에 대해 기록하고 있는 156행 이하는 거의 대부분이 60-153행의 내용을 단어 하나하나마다 그대로 반복한 것이었다(비록 관점은 다르지만).

이런 내러티브 기법은 마찬가지로 성경에도 사용되었다. 창세기 24장에서 본문은 아브라함의 종이 하나님의 가호를 구하는 기도를 한 후에 어떻게 우물가에서 이삭의 미래 아내를 만나는지에 대해 말하고 있다(12-27절). 그 다음에 종이 이 모든 것을 라반에게 해설하는 내용이 나오는데, 다시 앞 자료의 내용을 거의 단어 하나하나씩 인용한다(34-48절; 관점의 차이로 인한 조정은 있다). 사도행전도 비슷하게 다메섹으로 가는 길 위에서 바울의 환상에 대한 세 개의 완결된 기사가 나온다(9:1-9; 22:3-16; 26:9-18).

비슷한 방식으로 두 개 이상의 별도의 사건들이 서로 비슷하게 인식될 경우, 고대 작가들은 사건들을 해설할 때 유사한 양식을 따르는 경향이 있다. 이렇게 하는 과정에서 해설자는 모든 기사를 같은 형식에 표현했을 수 있다. 자기 이야기를 말하면서도 특별히 공식적인 병행 양식에 부합되는 자료를 선택하게 될 것이다. 이런 이유로 열왕기서의 저자는 이스라엘과 유다의 각 왕의 통치를 간추리면서 여러 가지 공식화된 내용을 채택하는 경향이 있다. 왕이 권력에 오른 날짜, 통치 기간, 통치에 대한 평가("그가 악을 행했다 / 주님 보시기에 선했다"), 독자가 정보를 더 많이 찾을 수 있는 곳을 가리키는 언급, 왕의 죽음과 매장에 대한 진술이 나온다. 이 기법을 채택하여 열왕기서 저자는 "그리고 그는 주님 보시기에 악을 행했다"를 빈번하게 반복함으로써, 왕들이 행했던 악행을 강조한다. 현대 작가는 같은 신학적 관점을 가진 사람이라도 이 기법을 채택하지는 않을 것이다. 그 작가는 대신에 "이스라엘과 유다의 왕들 중에 막대한 다수는 악했다"라고 말하고, 구체적인 실례를 계속 제시할 것이다.

병행 기사라는 기법을 채택하는 것은 덜 양식화된 형식임에도 그리스-로마 시대에도 잔존했다. 『플루타르코스 영웅전』은 유명한 로마인들과 나란히 유명한 그리스인들의 생애를 배치하고 있다(예컨대, 데모스테네스의 삶을 키케로의 삶과 병치시킨다). 베드로의 사역에 대한 누가의 기사는 어느 정도 바울의 생애에 대한 누가의 기사와 병행을 이룬다. 병행을 이루는 사건과 생애에 대한 관심은 여전히 계속되지만, 초기 문학에서 이 기법은 훨씬 더 의도적이고 정형화되어 있다(그래서 더 분명하다). 간단히 말해서 창세기 12:10-20과 20:1-18 사이에 병행은 현대보다는 고대의 문학 표준으로 분석했을 때, 두 기사가 같은 근원에서 기인했음을 강력하게 가리킨다.

히브리 내러티브와 시에서의 반복과 병행법을 선호하는 것을 고려할 때, 히브리 내러티브가 때로 단일 이야기 내에서도 중복된다는 것은 놀랄 일이 아니다. 확실히, 이 '중복'은 무의미한 반복은 결코 아니다. 때로 개괄적 진술에 이어 더 상세한 기사가 나온다. 이는 창세기 1:1 이하에서는 실제로 사실인데, 여기서 1:1은 개괄적 진술이고 1:2-2:3은 더 상세한 묘사다. 다른 고대 문헌도 마찬가지로 이 기법을 채택한다.[28] 다른 경우에 중복 문체는 사무엘상 3:4-10처럼 극적 효과를 위한 것이다.

홍수 내러티브는 문서설에 따르면 두 기사가 합쳐진 전형적인 실례가 된다. 문서설을 변호하는 자들은 결합에 대한 증거로서 중복을 인용하고, 단일 저자가 스스로 그렇게 많이 반복하지는 않았을 거라고 주장한다. 이런 식으로 예를 들어 창세기 6:9-22은 P이지만, 7:1-5은 J다.

하지만 본문을 읽을 때, 두 구절은 중복이 아니라 연속이다. P 자료는 방주 제작보다 앞서고 J 자료는 방주 제작 종료 이후 홍수 시작 직전에 나온 하나님의 연설이다. 반복은 이어질 폭우에 대한 극적 예측을 고조시킨다.

홍수 내러티브에서의 '중복'에 대한 신중한 검토는 자주 홍수 내러티브가 신중하게 구성된 단일 단위라는 사실을 보여준다. 창세기 7:21-22이 이런 실례다. 문서설은 21절을 P의 것으로 22절을 J의 것으로 보지만[29] 앤더슨

28 Kitchen, *Ancient Orient*, 117을 보라.

29 Speiser, *Genesis*, 49; Skinner, *Genesis*, 153, 165.

Andersen은 두 절이 교차대조로 구성된다는 점을 보여주었다(표 1.2). 이 본문은 사실 6:17에 있는 비슷한 교차대구에 대한 성취 보고다.[30]

표 1.2 창세기 7:21-22의 구조

A 다 죽었으니('바이그바'; וַיִּגְוַע)
B 땅에 기는 모든 것과……
B′ 그 코에 생명의 기운의 숨이 있는 것은 다……
A′ 다 죽었더라('메투'; מֵתוּ)

앤더슨 자신은 문서설에 대해 이것이 내포하는 바를 주저 없이 지적한다. 앤더슨은 본문을 임의로 자료와 중복 기사로 구분하지 않고 있는 그대로 둘 때, 전체적인 진지함과 예술적 통일성이 담화 문법의 견지에서 볼 때, 통일된 단일 이야기로 구성됐었다는 인상을 준다고 결론 내린다.[31]

홍수 이야기와 관련된 또 하나의 중요한 이슈는 본문 내의 모순에 대한 문제로 이제 우리가 다뤄야 할 주제다.

30 Andersen, *Sentence*, 39-40. J. A. Emerton, "An Examination of Some Attempts to Defend the Unity of the Flood Narrative in Genesis. Part II," *VT* 38 (1988): 2-3은 이를 납득하지 않고, 6:17과 7:21 모두 P에 속하기 때문에 두 본문 사이의 연관성이 놀랄 일이 아니라고 평한다. 하지만 에머튼이 주목하지 못한 것은 7:21b-22a이 6:17의 확장을 담고 있다는 점이다. 6:17의 본문은 하나님이 '콜-바사르 아셰르-보 루아흐 하임'(כָּל־בָּשָׂר אֲשֶׁר־בּוֹ רוּחַ חַיִּים)을 하나님이 멸망하시기로 결정하신 것에 대해 말하는 반면, 7:21b-22a은 '콜-바사르……아셰르 니슈마트-루아흐 하이임 브아파이브'(כָּל־בָּשָׂר ... אֲשֶׁר נִשְׁמַת־רוּחַ חַיִּים בְּאַפָּיו)의 죽음에 대해 말한다. 그리고 7:22은 아직 J본문이라고 본다. 앤더슨의 요점은 유효하다.

31 *Sentence*, 40.

본문 내의 모순

창세기 내에서의 분명한 모순은 본문 배후에 있는 상이한 문서를 가리키는 표시로 흔히 인용된다. 홍수 기사에서 가장 빈번하게 인용되는 모순 두 가지는 방주 안에 데려와야 하는 동물의 수에 대한 것(6:20은 모든 동물을 한 쌍씩 데려오라고 말하지만, 7:2은 정결한 동물은 일곱 쌍씩 데려오라고 말한다)과, 홍수 연대에 대한 것이다. 전자, 즉 정결한 짐승의 수에 대한 설명은 이 숫자가 단순히 방주가 지어지기 전에 주는 대체적인 수(6:20) 대신에 홍수 직전에 주어진 정확한 수(7:1-2)라는 것이다. 홍수 이후에도 충분한 가축이 있도록 대비책이 있어야 했다.[32]

연대 문제는 더 복잡하고 내러티브 전체의 구조와 관련된다. 많은 학자들이 주어진 숫자를 가지고 홍수의 연대를 재구성하는 것이 어렵다고 지적하면서, 혼동이 있었던 것은 R^P편집자가 연대의 불일치를 해결하지 않은 채 J 문서와 P 문서의 서로 다른 연대를 통합시킨 결과라고 결론 내렸다.[33] 하지만 최근 연구는 내러티브 전체가 한때 인식됐던 것보다 훨씬 더 일관성이 있다는 것을 증명했다.

웬함Wenham은 홍수 이야기 전체(6:10-9:19)가 구조상 교차대구로 이뤄진 것을 보여주었다(표 1.3). 교차대구가 단순히 드러난다는 것은 그 배후에 아무런 자료도 있을 수 없다는 것에 대한 증거는 아니다. 실제로 이후에 논증되겠지만, 특히 족보 자료는 또 다른 자료에서 나온 것 같다.[34] 하지만, 자료 가설이 단순히 더 이상 합리적이지 않은 지점이 온다. 자료 가설은 홍수 이야기의 구조가 두 개의 완전하고 모순되는 문서를 기워 붙인 결과라고 추정하

---

32 정결한 짐승을 희생제물로 바쳐야 하는 필요도 역시 중요하다. 참고, Wenham, *Genesis 1-15*, 176-177.

33 하지만 문서설에 전념함으로 말미암아 일부 학자들은 거의 터무니없는 해석을 수용해야 했다. 예컨대, Westermann, *Genesis 1-11*, 397은 P가 물이 150일 동안 차오르고(7:24), 그 다음에 150일 동안 줄었다(8:3)고 주장한다. 하지만, 분명한 것은 두 절이 단일의 150일 기간을 말한다는 점이다.

34 제4장을 보라.

고자 상상력을 발휘한다.

교차대구의 구조는 문서적 접근이 그럴 듯하지 않다는 것을 보여줄 뿐만 아니라, 내러티브의 연대 문제를 해결하는 데 도움이 된다. 특히 고든 웬함은 내러티브 구조를 유지하려고 연대 자료가 다소 인위적으로 보고됐다고 지적한다. 따라서 7일의 기다리는 기간은 8:10-13에 있는 14일의 기다림과 균형을 맞추도록 두 번(7:4-10) 보고된다.[35]

표 1.3 홍수 이야기의 구조(6:1–9:19)

A 노아 (6:10a)

B 셈, 함, 야벳 (10b)

C 만들어야 하는 방주 (14-16)

D 홍수 선포 (17)

E 노아와의 언약 (18-20)

F 방주 안에서의 홍수 (21)

G 방주 안으로 들어가라고 명령 (7:1-3)

H 7일 동안 홍수를 기다림 (4-5)

I 7일 동안 홍수를 기다림 (7-10)

J 방주 안으로 들어감 (11-15)

K 야훼가 노아를 넣고 닫으심 (16)

L 40일간의 홍수 (17a)

M 물이 불어남 (17b-18)

N 산을 덮음 (19-20)

O 150일 동안 물이 가득함 ([21]-24)

35 Wenham, "Coherence," 339.

P　　　　하나님이 노아를 기억하심 (8:1)

O′　　　　150일 동안 물이 줄어듦 (3)

N′　　　　산 꼭대기가 드러남 (4-5)

M′　　　물이 줄어듦 (5)

L′　　　(끝난 후) 40일 (6a)

K′　　　노아가 방주의 창문을 열다 (6b)

J′　　까마귀와 비둘기가 방주를 떠나다 (7-9)

I′　　물이 빠지기를 7일 동안 기다림 (10-11)

H′　　물이 빠지기를 7일 동안 기다림 (12-13)

G′　　방주를 떠나라고 명령 (15-17 [22])

F′　방주 바깥의 음식 (9:1-4)

E′　모든 육체와의 언약 (8-10)

D′　미래에는 홍수가 없을 것 (11-17)

C′　방주 (18a)

B′ 셈, 함, 야벳 (18b)

A′ 노아 (19)

* Gordon J. Wenham, "The Coherence of the Flood Narrative," *VT* 28 (1978): 338. 이 교차대구의 구조는 Bernhard W. Anderson, "From Analysis to Synthesis: The Interpretation of Genesis 1.11," *JBL* 97 (1978): 23-39에서 확인된다. 앤더슨은 창세기 6:9-9:19에서 교차대조를 발견하는데, 이는 웬함의 분석보다는 덜 상세하게 개발됐을지라도, 그 구조의 중심에는 하나님이 노아를 기억함이 있다.

그렇기는 하지만 본문에 나오는 현재의 연대는 이따금씩 비춰지는 대로 그렇게 혼란스럽지 않다. 웬함은 자신의 계산에 기초해서 유일하게 중요한 문제가 7:12의 40일과 7:24의 150일이 7:11과 8:4 사이에 있는 5개월에 맞추는 것이라고 결론 내린다. 40일이 150일의 일부이고, 별도의 구별된 기간이 아니라고 본다면 이 문제는 해결될 수 있다.[36]

이것만으로도 문서설의 입장이 무익하다고 지적하기에 충분하겠지만, 홍수 내러티브의 일관성에 대한 증거가 훨씬 중요하다. 양식비평적으로 다른 주요 고대 근동 홍수 기사와 비교해 볼 때(특히 길가메시의 기사, 하지만 또한 아트라하시스, 라스 샤므라, 수메르의 버전도 있다), 창세기의 내러티브는 이 버전들과 놀라울 정도로 양식상으로 병행을 이룬다고 알려졌다. 웬함은 창세기와 길가메시 기사가 공통으로 가진 17개의 특성을 구분했는데, 이 특성들은 흔히 같은 순서로 나타난다. 확실히, 창세기와 다른 버전들 사이에 중요한 신학적 차이점이 존재하지만, 이들은 양식상으로는 같은 범주에 속한다. 웬함이 17개의 공통되는 양식상의 요소를 지적하는데, J는 12개만, P는 10개만 가지고 있다. 웬함은 "고대 이스라엘에 회람됐던 J와 P처럼 너무나 다른 두 홍수 기사가 합쳐져 가정된 자료보다 길가메시 버전과 더 많이 닮은 현재의 이야기가 됐다는 것은 이상하다"고 지적한다.[37]

J. A. 에머튼Emerton은 웬함을 비롯한 다른 학자들에 맞서 홍수 내러티브에 대한 전통적인 자료 구분법을 되살리려 한다.[38] 우리의 목적에 대해, 에머튼이 제기한 논거에 세 가지 중요한 요점이 있다.

첫째, 에머튼은 교차대구가 완벽하지 않다는 것에 근거하여 웬함이 본문을 교차 구조를 중심으로 읽는 것을 논박했다. 예를 들어, 에머튼은 7:11이

---

36 Wenham, *Genesis 1-15*, 180. "Coherence" 343-345는 만일 홍수 사건의 일수와 관련하여 모든 자료를 취합해서 비교하면, 공통의 수치에 도달하는 데 문제가 있음도 언급한다. 웬함은 저자가 분명히 "노아가 방주에서 모든 시간을 어떻게 보냈는지에 대해 말하려는 것이 아니었다"고 지적하고, 그래서 저자에게 일관되지 않다고 혐의를 두는 것은 부당하다(344)고 결론 내린다. 상세한 내용에 대해서는 웬함이 소개하는 것을 보라.

37 "Coherence," 347. 양식상의 특징에 대한 전면적인 분석은 "Coherence," 345-347과 *Genesis 1-15*, 159-169에서 볼 수 있다.

38 "The Unity of the Flood Narrative in Genesis. Part I," *VT* 37 (1987): 401-420, 그리고 "Part II," *VT* 38 (1988): 1-22.

8:2과 병행을 이루고, 8:21은 6:5을 되풀이하는 것이지만, 이들 중 어느 것도 교차대구에 속하지 않는다고 지적한다. 하지만 에머튼의 반론은 교차대구가 어떻게 기능하는지에 대한 지나치게 형식적인 이해에 기초한다. 교차대구는 수학 방정식이 아니다. 교차대구의 한 부분이 교차대구 형태를 이루지 않은 본문의 한 부분과 병행을 이루지 못할 이유는 없다. 비의 시작과 끝을 기록한 7:11과 8:2에 대해, 이 두 절이 교차대구로 조화를 이룰 것이라고 기대하는 것은 합리적이지 않다. 교차대구는 홍수의 시작에서 끝까지 지속되지만, 비는 분명히 홍수의 시작에 내리기 시작하지만, 홍수가 끝나기 훨씬 전에 그쳤다. 게다가 내러티브의 교차대구의 근본적 타당성은 버나드 W. 앤더슨Bernhard W. Anderson과 예후다 T. 라다이Yehuda T. Radday가 시도한 두 가지 독립적인 연구로 확인됐다.[39] 두 학자 모두 홍수 내러티브에서 교차대구를 발견하고, 두 연구 모두 비록 어느 것도 웬함의 연구와 같지 않지만, 하나님이 노아를 기억하심을 그 중심에 두고 있다.

둘째, 에머튼에게는 웬함이 창세기를 길가메시나 다른 고대의 홍수 내러티브에 양식상으로 비교한 것에 대한 현실적인 답이 없다. 에머튼은 J와 P 내러티브에서 양식적 요소가 없는 것을 설명하려고 가설을 세울 수 있을 뿐이다. 에머튼은 편집자가 J 중에 얼마나 보존하지 못했는지 우리는 알지 못한다는 것과 P는 일부 자료를 신학적으로 걸린다고 삭제했을 수도 있다고 주장한다. 예컨대, 에머튼은 방주 문을 닫는 것이 "P에게는 불필요하고 심지어 신인동형론적인 것으로 간주됐을 수도 있다"고 주장한다.[40] R^P가 이런 염려를 공유하지 않았다는 것과 J에서 이 세부 내용을 삭제했다는 것이 이상하다. 어쨌

39 Anderson, "From Analysis to Synthesis: The Interpretation of Genesis 1-11," *JBL* 97 (1978): 23-39을 보라. Radday, "Chiasmus in Hebrew Biblical Narrative," in *Chiasmus in Antiquity*, ed. John W. Welch (Gerstenberg Verlag, 1981), 99-100을 또한 보라. Andersen, *Sentence*, 124-25이 창 7:6-17에서 교차대구를 서술한 것도 주목하라. 내러티브 전체의 구조는 그래서 고도로 복잡하고 아마도 여태 노출된 어떤 단일의 분석보다도 더 복잡할 것이다. 그럼에도 이들 독립적인 연구는 교차대구가 이 내러티브에서 주된 구성 모티프라는 것을 확증한다.

40 "Unity, Part II," 15.

든, 웬함과 에머튼 사이에, 어느 학자가 고대의 본문을 가지고 작업한 것인지와 어느 학자가 자기의 상상력을 가지고 작업한 것인지는 분명하다.

셋째, 에머튼은 내러티브의 연대가 불가능하다고 계속 주장한다. 에머튼은 "7:4, 12에 따르면, 40일간 비가 왔는데……, 반면에 7:24과 8:3은 150일을 말하고 있다."[41] 그리고, "150일이 홍수의 시작과 8:2에서의 비가 그친 시점 사이의 기간이라는 견해를 지지하는 강력한 논거가 있다. 150일을 비가 내린 것과 40일을 비가 내린 것 사이가 일치하지 않는다."[42] 사실, 본문은 어디서도 비가 150일 동안 지속되었다고 암시하지 않는다. 창세기 7:24과 8:3은 홍수의 시작부터 방주가 땅에 안착할 정도로 충분히 물이 줄어들기까지(8:3-4)의 시간을 말한다. 그렇지 않으면 한 해설자가 완전히 멍청해야 한다. 왜냐하면 150일의 폭우가 내리고서 비가 그친 바로 그날에, 방주가 땅에 안착하기에 충분할 정도로 물이 줄어들었던 것이라고 믿어야 하기 때문이다! 에머튼은 150일의 끝에 물이 줄어들기 시작했다고 하는 8:3에 대한 기동(起動)적ingressive 번역으로 자신의 해석을 정당화하려 한다.[43] 에머튼은 "8:2과 8:3의 감소 과정의 시작 사이에 110일이 흘러갔다고 추정해야 하는가?"[44]라고 묻는다. 물론 대답은 아니라는 것이다. 하지만 에머튼은 맥락과는 반대되는 번역으로 본문에 부담을 지우고서 뜻이 통하지 않는다며 본문을 비난할 따름이다.

따라서 창세기 기사는 구조적으로는 통일되어 있고, 양식적으로는 R^P라고 주장된 것보다 훨씬 오래된 문학 유형(홍수 내러티브)에 속한다. 내러티브 구조에 대한 깊은 관심에서 증명되는 바와 같이 창세기 기사는 고대 내러티브 기법을 채용하지만, 그렇다 하더라도 연대적으로 혼란스럽다고 말할 수도 없다. '모순들'은 실제적이라기보다는 상상에 의한 것이다. 문서적 접근이 여

---

41 "Unity, Part I," 402-403.

42 앞의 책, 405.

43 반대의견, Speiser, *Genesis*, 49

44 "Unity, Part I," 403-404.

기서 어떠한 타당성도 가진다고 여겨져야 할 이유를 찾기는 어렵다.

문체의 기준

J와 P가 근본적으로 다른 문체로 되어 있다는 개념은, 본문을 인위적으로 구분한 결과다. P의 족보가 갖는 '무미건조한' 문체는 단순히 이것들이 족보라는 사실의 부산물일 뿐이다(P에 속한다는 사실과는 아무런 관련도 없다). 와이브레이는 J가 쓴 족보도 "P에게 속한 것만큼이나 같은 정도로 '무미건조한' 성격을 가지고 있다"는 점을 지적한다.[45] 와이브레이는 단일 문서 자료 내에서도 실제적으로 문체상으로 동일하지 않다는 점도 관찰한다.[46]

문서설에 대한 현대의 저작에서, 과거의 비평적 저술에 흔했던 문서의 "특징적인 어휘"에 대한 일종의 정교한 목록을 거의 보기 힘들다.[47] 기준 자체는 매우 인위적이다. 와이브레이가 지적하는 바와 같이, 우리는 고대 이스라엘의 사람들이 쓰는 일상어에 대해서 아는 바가 없고, 의미가 같은 쌍으로 인용된 단어들이 실제로 같은 의미인지도 확신할 수 없다. 주어진 상황에 대한 특별한 뉘앙스 때문이거나 아니면 실제로 다양성을 위해, 다른 말보다 어떤 말이 선택되었을 수도 있다.[48] 얄라드/홀리드(ילד/הוליד)의 경우에 대해 카수토Cassuto의 논의를 보라.[49]

최근 이 분야에서 컴퓨터를 통한 본문 분석이 발전됐다. 이 분석은 새로운 분야이므로, 분석을 위한 모델은 여전히 개발 중이다. 그럼에도, 이 분야에서 보다 정교하고 언어적으로 섬세한 작업에 대한 시도에는 라다이Radday

---

45 Whybray, *Pentateuch*, 60.

46 앞의 책, 59. 와이브레이는 Westermann, *Genesis*, trans. John J. Scullion (Minneapolis Augsburg, 1974), 766-777를 인용한다. 베스터만은 창 12:10-20(J)과 창 24장(J)과 창 37-50장 중 J 부분의 문체 사이에 상당한 차이가 존재한다고 지적한다.

47 Rolf Rendtorff, *The Problem of the Process of Transmission in the Pentateuch*, trans. Johns Scullion, JSOTSS 89 (Sheffield: JSOT Press, 1990), 146-150을 보라.

48 Whybray, *Pentateuch*, 56-57.

49 *Documentary Hypothesis*, 43ff.

와 쇼어Haim Shore에 의한 창세기 분석이 있다. 그들의 저작인 『창세기: 저작 연구』*Genesis: An Authorship Study*는 창세기에 대한 철저한 언어적 분석을 목표로 삼는데, 여기서 가능한 한 많은 변수와 요인을 고려한다. 두 사람은 자신들의 결론이 문서설을 논박하는지를 검토하는 데 특히 관심을 둔다. 그들은 다음과 같이 결론 내린다. "이 모든 단서들에도 불구하고 그리고 과거와 현재의 저명한 문서설주의자를 존중하기는 하지만, 그들의 사고방식으로는 후대의 재능 있는 편집자가 창세기의 성경 이전의 세 자료(즉 J, E, P)를 세 부분으로 된 저작trinity으로 작업했다고 상정하는데, 이것들은 실제로는 통일체였다는 다량의 증거가 존재한다."[50]

각 문서의 신학적 통일성

문서설을 지지하는 모든 논증 가운데, 이 논증이 가장 덜 중요한 이유는[51] 문서설이 이론을 위한 독립적인 논증이 아니라 문서설이 진리라는 전제에 기초하고 있기 때문이다. 이 이론을 반대하는 자들은 다수의 자료 내러티브가 완전하지 않다는 것과[52] 어쨌든 단일 성경 내러티브를 두 개의 인위적으로 완결된 '문서'로 나누는 것이 어렵지 않다는 것을 자주 관찰해왔다.[53] 이는 신학적 분석을 그만큼 더 빈약하게 만든다.

문서설에 훈련된 학자들 가운데도, 점차 많은 이들이 월터 브루그만Walter Brueggemann이나 한스 발터 볼프Hans Walter Wolff[54]가 해 놓은 것 같은 분석을 심각하게 창세기의 신학적 배경을 소개한 것으로 받아들이는 데 어려움을 겪

---

50 Yehuda T. Radday and Haim Shore, *Genesis: An Authorship Study* (Rome: Pontifical Biblical Institute, 1985), 190, 강조는 추가됨.

51 참고, Segal, *Pentateuch*, 19-20.

52 Cassuto, *Documentary Hypothesis*, 85ff.에서 창세기 27장에 대한 논의를 보라.

53 William Henry Green, *The Higher criticism of the Pentateuch* (1895; reprint, Grand Rapids: Bakers 1978), 119-125에 있는 문서 방법론에 대한 패러디를 참고하라. 그린은 탕자의 비유와 선한 사마리아인 비유를 면밀히 조사한다.

54 Brueggemann and Wolff, *Vitality*.

는다는 것을 알게 되었다. 심지어 비평적 전통에서 확고하게 자리 잡은 학자들도 신학적 발전 단계에 대한 전승사적 분석에서는 고전적 문서 기준은 거의 사용하지 않는다. 토마스 L. 톰슨Thomas L. Thompson은 지속적으로 학문적인 철저한 검토를 통해 P는 상식 밖으로 성장하는데도 엘로히스트(E)가 시야로부터 전적으로 사라졌고, 야훼스트(J)는 급속도로 그 존재가 희미해진다고 지적한다. 문서설은 지속적인 연구를 위한 지침으로서는 아무런 가치가 없다.[55] 와이브레이는 또한 특별히 롤프 렌토르프Rolf Rendtorff[56]와 H. H. 슈미트Schmid의 최근 기고를 개괄하면서 비평학자들 가운데 '야훼스트의 신학'에 대한 의견 일치가 어떻게 붕괴되고 있는지를 보여준다.[57]

일부 특정 본문에서 입증된 가설

위의 논증들은 문서설을 변호하는 가운데 나오는 고전적 논증들이다. 하지만 나는 많은 학자들이 계속해서 문서설을 따르게 된 것은 잘 알려진 약점이기도 한 이들 논증의 설득력 때문이 아니라 오히려 한두 개의 구체적인 주요 사례 때문이라는 의구심이 든다. 증거에 대한 베스터만의 논의는 이를 확증하는 경향이 있다.

베스터만은 자신의 창세기 주석 제1권의 끝에서 문서설을 지지하는 고전적 논증을 검토한다. 베스터만은 언어와 문체, 하나님의 이름, 모순, 중복, 신학적 관점을 다룬다. (카수토 같은 학자들의 반론과는 반대로) 이 논증을 일반적으로 지지하지만, 베스터만은 모든 경우를 두고 이들 기준의 가치를 신중하게 평가한다. 베스터만은 소정의 기준은 '기계적으로' 사용될 수 없다거나 '특별히 주의 깊게' 사용돼야 한다고 자주 언급한다. 신중을 기한다는 것은 물론 이 논증이 논파되었음을 시인하는 것은 아니지만, 기준에 대한 확신이 상당

---

55 Thompson, *Origin Tradition*, 49. 톰슨은 문서설을 "실체 없는 신조"라고 부른다.

56 Rendtorff, *Problem*, 119-136.

57 *Pentateuch*, 93-108. 와이브레이는 특별히 Rendtorff, *Pentateuch*와 H. H. Schmid, *Der sogenannte Jahwist* (Zurich: Theologischer Verlag, 1976)에서 발전된 논증을 요약한다.

히 약화되었다는 사실을 분명히 암시한다.[58]

하지만 베스터만은 몇 가지 사항에서 문서설에 대한 지속적인 고수를 위한 정당한 이유로 특정 본문에 의존한다. 베스터만은 창세기 4:26과 출애굽기 6:3이 하나님의 이름에 대한 질문과 관련하여 계속 충분한 설득력을 가지고 있고,[59] 홍수 내러티브는 두 가지 자료의 합성임이 틀림없으며,[60] 창세기 1-2장은 중복에 대한 고전적인 실례라고[61] 주장한다.

처음의 두 논증은 여기서 이미 논의했다(마지막 논증은 제10장에서 다룰 것이다). 나는 여기서 한 가지 요점만 밝혀두고 싶다. 창세기 1:1-2:3과 창세기 2:4 이하가 분명히 실제로 구별된 자료에서 나왔을 가능성이 있지만, 이 자료들이 문서설의 네 개의 문서들과는 아무런 관련도 없을 가능성도 있다. 이들이 서로 다른 자료를 드러낼지라도 창세기 1-2장에 잘못된 기준을 적용함으로 말미암아 학자들이 헛된 노력을 하게 됐을 뿐이라고 생각한다. 간단히 말해서 창세기에는 문서설로 가장 잘 설명되는 본문은 존재하지 않는다.

제사장직의 역사로 입증된 가설

많은 학자들이 이스라엘 역사에 대한 문제 때문에 문서설을 계속 지지하는 것 같다. 특히 문서설은 구약에서 레위인이라는 용어가 왜 일관되지 못하게 사용되는지에 대해 가장 잘 설명하는 것 같다. 이 주제는 11장에서 논의하겠다. 여기서는 문서설과 함께 제공된 전통적인 해결책은 역사적으로 이례적이라고 말하는 것으로 충분하다. 본문이 확증하듯이 오경을 주로 출애굽 시기 동안 만들어진 저작으로 읽음으로써 훨씬 나은 해결책에 도달할 수 있다.

---

58 Westermann, *Genesis 1-11*, 576-584. Eissfeldt, *Old Testament*, 182-188에서 기준에 대해 더 낙관론적으로 평가하는 것과 대조적이다.

59 *Genesis 1-11*, 579. 이는 4:26에 대한 베스터만의 언급에 비추어 볼 때 이상한 입장이다(339-340).

60 앞의 책, 582.

61 앞의 책, 582-583. 정확성을 기하기 위해 베스터만은 1:26-30을 2:4b-24에 대한 병행으로 여기지만 베스터만은 여전히 고전적인 자료 구분을 고수한다.

결론

문서설은 포기해야 한다. 어떤 신학적 전제를 가지고 본문에 접근하는지 불문하고, 또한 모세 저작권에 대한 전통을 고수하기를 원하든 새로운 방향으로 나아가기를 원하든지 간에 우리는 문서설이 방법론적으로는 근거가 희박하다는 것을 인정해야 한다. 지난 세기에 호머 연구자들은 자신들이 『일리아드』와 『오딧세이』 배후에 있는 자료를 발견했다고 생각한다. 이 발상은 오경에 대한 문서설과 비교할 만하다.[62]

월터 리프Walter Leaf와 M. A. 베이필드Bayfield(1898)는 '아킬레스의 분노'와 '디오메데스의 아리스테이아'를 포함한 몇몇 작품을 『일리아드』 배후에 있는 '발전 단계'로 보았다.[63] 키르히호프Kirchhoff(1859)와 P. D. C. 헤닝스Hennings(1903) 같은 다른 학자들도 『오딧세이』를 비슷하게 구분한다.[64]

이런 가설들은 이제 오래된 전통을 선호하는 학구적 호기심에 불과하다.[65] 자매 이론인 문서설에도 같은 운명이 기다리고 있기를 바랄 뿐이다.

---

62 중요한 작품은 F. A. Wolf, *Prolegomena to Homer* (1795; trans. Anthony Grafton, with an introduction by James E. G. Zetzel [Princeton: Princeton University Press, 1985])였다. 볼프는 아이히호른(J. G. Eichhorn)의 『구약서론』(*Einleitung ins Alte Testament*)에서 영향을 받았다. 젯젤(Zetzel)의 서론, 18-26을 보라.

63 *The Iliad of Homer*, 2 vols. (1898; reprint, London: Macmillan, 1968), 2:xv-xxiii. 언어학적 증거는 xxi 페이지에 자료 구분의 주요 근거로 인용되어 있다.

64 W. B. Stanford, *The Odyssey of Homer*, 2d ed., 2 vols. (New York: St. Martin's, 1959), 1:xxx-xxxi를 보라.

65 John A. Scott, *The Unity of Homer* (New York: Biblo and Tannen, 1965)는 호머 작품에서의 자료 구분에 대해 격렬하게 공격한다. 많은 이들이 Albert B. Lord, *The Singer of Tales* (Cambridge: Harvard University Press, 1960)에서 발전된 대로 페리-로드(Parry-Lord) 가설을 지지할지라도 근거에 대한 어떤 단일의 이론이 현대 호머 연구를 지배하는 것이 의심스럽다. 다른 한편, Andre Michalopoulos, *Homer* (New York: Twayne, 1966), 34는 "오늘날 호머 연구자들 중 대다수가 합의를 보는 바는 이 서사시들을 한 사람이 저술했다는 것이다"라고 주장한다. 호머 연구의 역사에 대한 훌륭한 개관에 대해, Howard Clarke, *Homer's Readers* (London and Toronto: Associated/University Presses, 1981을 보라. 여기서 내 목적은 호머에 대한 어떤 특정의 관점을 지지하려는 것이 아니라, 호머 연구에서 19세기 기준을 사용한 기원 이론은 이제는 포기됐다는 것을 지적하려는 것이다.

2장

양식비평, 전승사, 창세기

창세기에 대한 20세기의 비평적 탐구는 양식비평과 전승사라는 도구에 크게 의존해왔다. 양식비평은 독일어 *Formsgeschichte*와 *Gattungsgeschichte*에 대한 표준적인 번역이다. 이름이 함축하듯이 양식비평은 본문이 지키는 양식이나 형식에 따라 성경 본문의 단위를 구별하려는 시도다. 어떤 본문이 분류되는 범주에는 구조, 장르, 정황(자주 독일어 *Sitz im Leben*으로 언급된다)과 의도가 있다. 이 방법론은 창세기와 시편과 공관복음에 가장 엄격하게 적용되어 왔다.

간단한 예가 시편 1편이다. 시편 1편의 구조는 지혜로운 자와 악한 자의 두 가지 길을 둘러싸고 형성됐고 장르는 이것이 기도나 찬송이 아니라 교훈이라는 사실에 의해 결정되며 그 배경은 아마도 성전일 테고 그 의도는 하나님에 대한 헌신의 중요성에 대한 간단하면서도 기억하기 쉬운 경건한 교훈을 제공하려는 것이다. 시편 1편은 '지혜시편'으로 분류될 수 있을 것이다.[1]

전승사(*Traditionsgeschichte* 혹은 *Überlieferungsgeschichte*)는 주어진 본문을 그 최초의 구전 단계부터 기록 단계를 거쳐 마지막으로 현재의 성경 본문

---

1 Artur Weiser, *The Psalms*, trans. Herbert Hartwell, OTL (Philadelphia: Westminster, 1962) 102-103을 보라.

으로의 편집에 이르기까지의 역사를 추적해가려는 시도다. 주로 구전 단계에서의 이야기의 형태와 사용을 강조한다. 전승사학자들은 한 이야기가 구전 단계에서 성경 본문에서 사용되기 위한 것과는 근본적으로 다른 목적을 위해 기능한다고 종종 주장한다. 양식비평과 전승사의 관계가 문제가 되는데 이는 실무가들 사이에서 이 질문에 대해 의견의 일치가 없기 때문이다. 어떤 이에게 전승사는 양식비평에 의존하면서 양식비평에서 파생된 반면, 다른 이들에게 양식비평과 전승사는 사실상 하나이거나 같은 것이다.[2] 실제로 두 견해는 동시에 탄생했다고 말할 수 있다.

그럼에도 여기서 취하는 입장은 구약 연구에서 양식비평의 수단이 유용하게 쓰일지라도 한 방법론으로서의 전승사는 사실상 무용지물이라는 것이다. 이 장 끝에서 양식비평을 타당하게 사용하기 위한 몇 가지 제안을 할 것이다.

양식비평과 전승사의 등장

헤르만 궁켈

양식비평은 헤르만 궁켈(1862-1932년)이라는 이름과 관련 있다. 궁켈의 방법론의 뿌리는 적어도 그림Grimm 형제의 민간설화 저작과 전승에 대한 연구까지 거슬러 올라간다. 그럼에도 20세기 시작부터 연구하고 당시의 민간설화 연구의 방법론과 결론을 오경 연구에 가져온 사람은 궁켈이었다.

궁켈은 전승 발전의 문헌 이전 단계를 발견하려고 구약의 기록된 본문 배후로 들어서는 데 관심을 가졌다. 궁켈의 방법론에 근본적인 것은 '전설'과 '역사'의 구별이다. 궁켈의 주장에 따르면, 전설은 구전 전승의 일부로서

---

2 일부 주요 견해에 대한 개관에 대해, Richard N. Soulen, *Handbook of Biblical Criticism* (sec. ed.; Atlanta: John Knox, 1981) s.v. "Tradition Criticism"을 참고하라.

한 가족의 삶에 관심을 갖고, 시적인 경향이 있다. 반면에 역사는 기록된 본문에 기초하며, 정치적 환경에 관심을 가지고, 산문적이다.[3]

궁켈은 자신의 창세기에 대한 주석(1901년)에서 창세기를 두 부분으로 나눈다. 1-11장은 본질적으로 신화적이고, 12-50장은 족장의 전설을 담고 있다. 그래서 창세기는 궁켈에게는 민속적인 책, 즉 전설을 모은 수집이다. 패트리샤 커크패트릭Patricia G. Kirkpatrick은 1909년에 악셀 올릭Axel Olrik이 구전 문학을 지배하는 원칙에 대한 올릭 자신의 관점을 출간했다는 것과, 이듬해에 궁켈이 자신의 주석 제3판을 출간했을 때, 올릭의 민간전승 연구를 추가적인 권위로 주장할 수 있었다는 것에 주목한다.[4]

궁켈은 창세기 배후에 있는 전설의 원 정황, 혹은 삶의 정황*Sitz im Leben*을 계속 상정한다. 전문 이야기꾼이 고대 청중에게 이야기들을 들려주었던 곳은 모닥불 곁이었고 민중의 축제였다. 궁켈은 또한 휴고 그레스만Hugo Gressmann의 논증을 따르는데, 그레스만은 족장 내러티브가 가나안 신화에서 나오지 않고, 대신에 개별 목자의 삶에 대한 옛 히브리 민간설화에서 나왔다고 주장했다. 1917년에 궁켈은 『구약의 민간설화』*Das Märchen im Alten Testament*를 출간하는데, 여기서 궁켈은 주변 세계의 민간설화와의 비교를 통해 구약 전체에 있는 민간설화 모티프가 실재함을 입증하려고 했다.[5] 궁켈은 민간설화가 구약 풍경의 매우 큰 부분이었다는 것과 민간설화가 "그 밖의 다른 곳처럼 이스라엘에서도 정확히 동일한"[6] 구전의 발전이라는 긴 과정을 통해 나타나게 되었다고 결론 내렸다.

그래서 궁켈은 오경의 기록된 문서 배후에 수세기에 걸치는 구전의 초기

---

3 Patricia G. Kirkpatrick, *The Old Testament and Folklore Study* (JSOTSS 62; Sheffield: JSOT Press, 1988) 24. 이 요점에 대한 궁켈 자신의 논의를 위해서는 Hermann Gunkel, *The Folktale in the Old Testament*, trans. Michael D. Rutter (Sheffield: Almond Press, 1987) 21-27을 보라.

4 Kirkpatrick, *Old Testament* 25.

5 이 내용을 정리하는 데, 나는 주로 Kirkpatrick, *Old Testament* 24-26에 의존했다.

6 Gunkel, *Folktale* 173.

단계가 있었다고 주장했다. 더 나아가 궁켈은 비평 기법을 통해, 기록된 본문에서 구전의 이야기가 지나왔던 여정을 통한 과정을 재구성하는 것이 가능했다고 주장했다.[7]

악셀 올릭

더 깊은 연구는 구약에 대한 새로운 접근으로 이어졌다. 올릭Axel Olrik은 이미 언급한 바 있는데, 구전 내러티브의 특성에 대한 자신의 관찰을 출간했던 덴마크의 민속학자였다. 이런 관찰은 때로 올릭의 법칙으로 불리는데 고정된 질서로 수립되지는 않았지만 와이브레이는 이 법칙을 세 가지 범주로 분류한 것을 제시했다.

와이브레이는 올릭의 법칙에서 세 가지 주요 관심분야가 (1) 일반 구조적 특성, (2) 내적 구조적 특성, (3) 성격묘사라고 지적한다. 이 세 가지 범주에서 나오는 몇 안 되는 법칙의 실례는 다음과 같다. 분야 (1)은 "명쾌함이나 분명한 배치의 법칙"을 포함하며, 이는 구전 내러티브가 분명한 구조를 가지고 있고, 그 목적에 직접적으로 기여하는 상세한 내용만을 사용한다는 것을 의미한다. 이 범주에 있는 또 하나의 법칙은 "플롯의 [서사시적] 통일성의 법칙"인데, 이는 플롯이 단일의 결론을 향하여 움직인다는 것을 의미한다. 분야 (2)는 "반복의 법칙"을 포함하는데 이는 구전 내러티브가 강조를 위한 반복을 사용한다는 것을 의미하고, 또 "셋의 법칙"을 포함하는데, 이는 구전 설화는 등장인물, 대상, 사건에 대해 3의 숫자를 사용하는 경향이 있음을 의미한다. 분야 (3)은 "중심 인물에 대한 집중의 법칙"을 포함하는데 이는 구전 내러티브가 단일 인물을 중심으로 진행된다고 진술하는 것이고 "한 장면에 둘의 법칙"도 포함하는데, 이는 구전 작품이 모든 에피소드 하나에 두 인물로 제한한다고 진술한다.[8]

---

7 Whybray, *Pentateuch* 138 and Kirkpatrick *Old Testament* 33을 보라.

8 Whybray, *Pentateuch* 146-7. 와이브레이는 올릭의 "법칙" 중에 20개를 열거하지만, 그는 올릭 자신의 표현이 "불분명하고 일관성이 없다"(p. 145)고 지적한다. 올릭의 법칙을 제시한 경

이 '법칙들'은 궁켈의 논거를 강화해줄 뿐만 아니라, 구약 학자들 사이에서 원래 문학이었던 내러티브와 원래 구전이었던 내러티브를 구별할 수단을 가졌다는 지속적인 낙관론을 정당화했다.

안드레 욜레스

안드레 욜레스Andre Jolles는 구약학자는 아니지만 1929년에 『단순한 양식』*Einfache Formen*을 출간했는데 이 저작에서 그는 단순한 사회에서 발견되는 짧은 양식의 내러티브 유형을 구별하려고 했다. 하지만 구약 연구를 위해 욜레스의 가장 중요하게 기여한 바는 그가 사가*Sage*('전설' 혹은 '사가[saga]')라는 용어를 사용한 것이다. 욜레스는 사가의 원형적 모범으로 노르웨이 가족 사가, 특히 아이슬란드에서 나온 것(A.D. 1300년경)을 회고했다. 욜레스는 가족 사가가 가족이 기초 사회 단위였을 때에 나왔던 것이었다고 믿었고, 가족 사가는 기록된 본문이 아니라 구전으로 발생했다고 믿었다. 욜레스가 창세기의 족장 내러티브에서 이런 유형의 가족 사가의 실례를 발견할 수 있다고 주장한 것이 가장 중요하다. 욜레스의 생각은 성경학자들, 특히 폰 라트von Rad, 노트Noth, 베스터만Westermann에게 막대한 영향을 미쳤다.[9]

양식비평과 전승사 모델 배후의 전제들

양식비평과 민간전승 연구의 초기 개척자들이 가졌던 많은 전제는 후세대의 학자들도 취하기도 했었지만 유지될 수 없는 전제들이다. 단순한 내러티브가 원시의 문서 이전 사회에서 나온 것이라는 궁켈의 믿음은 특히 의문의 여지가 있는데 이는 커크패트릭이 다음과 같이 지적하기도 했다. "원시적

우를 하나 더 보려면 Thompson, *Origin* 44를 보라.

9 Whybray, *Pentateuch* 152-155와 Kirkpatrick *Old Testament* 81-83을 참고하라.

지성이 제한적으로 집중할 수밖에 없고, 그래서 짧은 길이의 전설만 이해했다는 주장은 지나치게 단순화한 의견이며, 더 이상 유지할 수 없는 의견이기도 하다. 궁켈에게 이런 논증을 유지하기 위해 '루소스러운' 이유 이외의 다른 이유가 있었는지는 실제로 의심스럽다."[10]

판 시터즈Van Seters는 올릭의 법칙을 정당한 것으로 받아들이고서,[11] 또 단순한 양식이 가장 초기의 것이고, 복잡한 양식은 가장 최근의 것이라는 등식을 고수할 수 없다는 점도 지적한다.[12] 판 시터즈는 "궁켈의 근본적인 실수는……이후의 학자들을 잘못된 길로 들어서도록 이끌었다"고 지적한다.[13] 판 시터즈는 또한 궁켈의 진화 모델과 그가 "자신의 문헌 역사를 고대 이스라엘에서 사회정치적인 단계와 결부시키려는" 시도에 도전한다.[14] 와이브레이도 "사가*Sage*가 더 "예술적인" 저작*Kunstwerk*으로 발전하는 연속된 단계로 특징지어지는, 문화가 일직선으로 진보한다는 궁켈의 전제는 지나치게 단순한 관점이며, 이 관점은 실제적인 문서 이전의 혹은 실제로는 문서화된 사회의 복합적인 성격을 고려하지 않는다"[15]고 지적한다.

창세기 전설의 원 배경이라는 궁켈의 발상도 의심스럽다. 전문 이야기꾼이 모닥불 주위로 모여든 옛 이스라엘 사람들에게 자기가 가진 전설을 풀어낸다는 낭만적인 그림은 현대적인 상상의 산물이다.[16] 이 모델에서 나온 전승사는 어떤 것도 의심스러운 것으로 여겨져야 한다. "이날 까지"라는 관용구가 인과론적 목적을 반영한다는 궁켈과 그 추종자들의 입장은 B. S. 차일

---

10 Kirkpatrick, *Old Testament* 28-29.

11 John Van Seters, *Abraham in History and Tradition* (New Haven: Yale, 1975) 158-161.

12 John Van Seters, *In Search of History* (New Haven: Yale, 1983) 37-38. 나는 판 시터즈의 책에 나온 방법론에 완전히 동의하는 것은 아니지만(제3장을 보라), 명백히 단일 저자의 작품이었던 다른 고대의 저작들(판 시터즈가 예로 드는 것이 헤로도토스다)이 이스라엘 문헌에 대해 주장된 전승의 성장 규칙과 분명히 모순된다는 사실을 지적하는 것은 타당하다.

13 앞의 책, n. 84.

14 앞의 책, 212.

15 Whybray, *Pentateuch* 151.

16 앞의 책, 173-174.

즈의 중요한 논문에서 도전받았다. 차일즈는 이 정형화된 문구가 "기존의 현상을 정당화하는 인과론적 기능을 거의 이행하지 않지만, 대다수의 경우 사적 증거로 추가된 정형화된 문구이고 공인된 전통을 확인해준다"고 결론 내린다.[17] 이 정형화된 문구 자체로는 구전이 기록된 본문에 앞선다는 것을 결정하는 데 어떤 가치도 없다.[18]

이 논의의 목적에 대해, 올릭의 '법칙'은 두 가지에 근거하여 의문의 여지가 있다. 첫째로, 올릭의 법칙들 모두가 구전 저작을 가리키는 데 가치가 있는지는 분명하지 않다. 그리고 둘째로, 이 법칙들이 가치가 있는 경우라도 구약에 적용될 수 있는지도 분명하지 않다.

법칙 중 하나로서, 구전 문학은 반복을 사용하는 경향이 있다는 법칙은 궁켈과 그 추종자들이 남용했다. 하지만 민속학자인 루스 피너건Ruth Finnegan은 반복의 개념이 구전과 기록된 문학을 구별하는 데 가치를 지니기에는 폭이 너무 넓으며, 기록된 문학조차도 반복이나 정형화된 문구를 사용할 수 있다고 진술한다.[19] 게다가 호머 문학의 별칭에서 볼 수 있듯이, 진정으로 정형화된 문학의 문체가 창세기의 특성을 이루는 것은 아니라고 덧붙일 수 있다.

기록된 문학이 올릭의 법칙의 특성을 담아낼 수 있다는 사실은 특별히 중요하다. 와이브레이는 "'법칙들' 중 일부—예컨대, 명료한 배치, 진행, 시작, 종결, 중심인물에 대한 집중에 대한 법칙들—는 현대 소설을 포함한 거의 모든 종류의 내러티브 문학에서도 볼 수 있다"[20]고 언급한다. 와이브레이는 또한 "구전 저작의 관례와 기법이 순수하게 기록된 저작에서 수행되거나 사용

---

17 B. S. Childs, "A Study of the Formula, "Until This Day"," *JBL* 82 (1963) 279-292. 인용은 p. 292. 차일즈가 탐구한 자료에 대한 더 상세한 검토에 대해, Burke O. Long, *The Problem of Etiological Narrative in the Old Testament* (BZAW 108; Berlin: Verlag Alfred Töpelmann, 1968)을 보라. 롱의 결론은 차일즈의 결론과 "병행을 이룬다"(p. 108).

18 참고, Van Seters, *Search* 49-50.

19 Ruth Finnegan, *Oral Poetry* (Oxford, 1977) 130(Kirkpatrick, *Old Testament* 55에서 재인용). 와이브레이도 피너건이 구전 문학과 민간전승을 탐구한 것에 광범위하게 의존한다. Whybray, Pentateuch 160-167을 보라.

20 Whybray, *Pentateuch* 150.

되지 않았어야 할 어떠한 이유도 없다"고 덧붙인다.[21] 이는 원래 구전 작품인 것과 원래 기록된 작품인 것을 구별하는 과정을 더욱 더 어렵게 만들 뿐이다.[22]

이 법칙들이 민간설화 연구에서는 어느 정도 가치가 있을지라도, 창세기에는 반드시 적용되는 것은 아니다. 판 시터즈는 이 법칙의 가치를 받아들이면서도, 창세기에서 "구전 형태와 모티프는 전통의 다소 작은 부분, 궁켈이 원래 제안했던 것보다 분명히 훨씬 더 작은 부분에 국한된다"고 결론 내린다.[23] 판 시터즈가 올릭의 법칙을 창세기에 적용시키는 것에 대해 제한을 가한 것은 와이브레이도 지지한다.[24]

구약과 고대 근동의 구전 전통

브루스 월트키Bruce Waltke도 구약의 구전 전승을 연구하는 어려움을 지적한다.[25] 월트키는 구전 전승-역사적 접근 배후에 있는 두 가지 전제가 구약의 대부분이 문서화되기 전에 긴 구전의 초기 단계를 가졌다는 것과 구전의 전승 과정에서 이야기들이 변하는 환경에 적응하기 위해 변화했다는 것이라고 진술한다. 성경 본문이나 고대 근동의 병행 본문도 이 가정을 지지한다.

모세보다 천년을 앞선 에블라Ebla에서 온갖 종류의 기록이 나오는데, 여기에는 행정문서, 목록, 서사 설화, 찬송, 주문이 포함된다. 메소포타미아 문헌들은 본문을 얼마나 조심스럽게 옮겨 적었는지를 잘 보여준다. (함무라비 같은) 법전은 기록된 법규가 어떤 식으로든 훼손되거나 변경돼서는 안 된다는 경고를 담고 있다. (아카드어 모음집에 있는) B.C. 1500년경의 수메르 잠언

---

21 앞의 책.

22 Thompson, *Origin* 44-45을 또한 보라.

23 Van Seters, *Abraham* 309-310.

24 Whybray, *Pentateuch* 151.

25 Bruce K. Waltke, "Oral Tradition," in Walter C. Kaiser, Jr., and Ronald F. Youngblood, eds., *A Tribute to Gleason Archer* (Chicago: Moody, 1986) 17-34.

이 중대한 변경 없이 B.C. 600년경의 신-바벨론 모음집에서 발견됐다. 찬송조차도 인간의 기억에 남기기보다는 기록됐다. 게다가 이야기들이 오랜 기간의 구전 전승의 과정을 거쳤다고 추정할 아무런 근거도 없다. "아카드의 위대한 창조 서사시인 에누마 엘리쉬는 아마도 함무라비 시기(B.C. 1700년경)에 작성됐고, 이것의 현존하는 가장 오래된 본문은, 분명히 원본은 아니더라도 겨우 백년 뒤의 것이다."[26] 기록된 자료에 대해 편집했을지라도(길가메시 서사시의 경우처럼), "변동성이 있는 구전 전승의 증거는 존재하지 않는다."[27]

히타이트, 애굽, 우가릿 문화에도 사정은 비슷하다. 구약에서, 빈번하게 기록된 자료에 호소했으며(수 10:13; 삼하 1:18), 율법과 예언 메시지와 심지어 노래도 작성할 시기에 옮겨 기록됐다(출 24:7; 신 31:9, 19, 30; 렘 36장; 사 8:16). 구약의 비슷한 자료에 나타난 변형들은 구전 전승에서의 변형이라고 할 수 없다.[28] 와이브레이는 시내Sinai에 있는 원시-셈어 비문(B.C 2천 년 중반에 나온)이 구약 이야기들이 이른 시기에 기록될 수 없었을 이유가 전혀 없다는 것을 최소한 의미한다고 말한다.[29]

월트키도 시공간이나 문화적 관례에서도 이스라엘과는 그토록 동떨어진 민족에서 유래된, 고대 아이슬란드 사가들에서 나온 증거가 어떻게 성경 자체와 고대 근동에서 나오는 대립되는 모든 증거보다 더 중요할 수 있는지 이해하기 어렵다고 언급한다.[30]

---

26 앞의 책, 20.

27 앞의 책, 23.

28 이 점에 대해 월트키(27 n. 35)는 Helmer Ringgren, "Oral and Written Transmission in the Old Testament," *Studia Theologica* 3 [1950-1951] 34-59를 인용한다. Whybray, *Pentateuch* 180-181의 논의도 보라. 와이브레이도 링그렌이 다룬 "오류" 중 일부는 특성상 구전이거나 청각적으로 보이지만, 이는 구전 저작과는 아무런 관련도 없다고 지적한다.

29 Whybray, *Pentateuch* 140-141.

30 월트키(Waltke, 29)는 이런 취지로 G. Widengren, "Oral Tradition and Written Literature Among the Hebrews in Light of Arabic Evidence, with Special Regard to Prose Narratives," *AcOr* 23 (1959) 225를 인용한다. 와이든그렌은 이스라엘과 아이슬란드 사이의 문화적 간격이 구약 학자들에게 "전혀 단념시키는 효과를 갖지 않았다"는 사실에 놀란다.

삶의 정황(*Sitz im Leben*)의 문제

일부 학자들은 이제 구전 내러티브의 원 의도와 정황을 확정할 수 있는지에 대해 의문을 제기한다.[31] 삶의 정황*Sitz im Leben*에 대한 탐구의 가능성에 대해 톰슨Thompson은 의문을 제기했다. 톰슨은 "고대 전통의 실제 본문의 외부에 있는 해석적 맥락"을 재구성하는 데 필수적인 자료가 우리에겐 없고 "본문이 분명히 우리에게 말하고 있기" 때문에 어쨌든 이런 재구성이 불필요하다고 주장한다.[32]

여기에 우리는 상당 부분 동감할 수 있다. 본문에 대해 제시되는 수많은 역사적 배경은 주제넘은 추측에 불과하다. 게다가 본문 배후에서 구전 전승도 발견하고 그를 위한 배경도 발견했다고 주장하는 사람이 있을 경우, 상황은 훨씬 더 회의적이다. 톰슨의 말은 현명한 경고이고 우리가 실제로 우리 본문의 사회적이고 역사적인 배경에 대해 얼마나 조금 밖에 알지 못하는지에 대해 솔직히 인정하는 것이다. 그리고 확실히 현재의 본문은 우리에게 분명히 말을 하고 있다!

다른 한편, 완전한 회의론도 적절한 반응은 아니다. 일부 본문은 특정한 환경에서 전하거나 기능하도록 기록되었다고 분명히 함축한다. 하지만 하나의 간단한 실례를 보여주자, 다수의 시편에서는 분명히 성전 예배가 삶의 정황이 된다. 확실히 창세기의 내러티브는 이 점에서는 시편보다 더 어렵다. 본문이 우리에게 원래의 정황에 대해 단서를 줄 수 있을 가능성에 대해 열어두고서 문제에 신중하게 접근하는 것이 최선이겠다. 다시금, 우리는 본문에 앞섰던 구전 전승이라고 추정된 것이 아니라 우리에게 있는 본문으로 연구할 수 있을 뿐이다.

---

31 참고, Whybray, *Pentateuch* 217.

32 Thompson, *Origin Traditions* 196-197.

양식비평과 궁켈 이후 전승사의 실무가들의 실례

알브레히트 알트

알트Albrecht Alt는 양식비평의 방법론을 사용하여 결국 이스라엘이 되었던 개별 반유목민 부족들이 자신들의 창시자들(즉, 아브라함과 이삭과 야곱; 이들 모두는 원래 서로 관련이 없었다)에 대한 제사를 드리며 방랑했었다고 주장한다. 일찍이 가나안 땅에서 이 부족들은 자신들의 족장의 제사 설립자들의 이름을 그 땅에 이미 설립된 성소에 붙이고, 자신들의 부족 신을 지역 성소의 엘 누미나와 동일한 것으로 간주했다. 다양한 신들(마므레에 있던 아브라함의 신, 브엘세바에 있던 이삭의 신 등)을 추종하는 자들과 교류하면서 이 다양한 신들은 조상들의 유일한 신에게로 통합됐고 족장들은 단일 족보로 통합됐다.[33]

판 시터즈와 커크패트릭Kirkpatrick은 알트의 방법론과 제안도 비판했다. 판 시터즈는 알트가 역사적인 유사점을 사용한 것을 무시하고서(알트는 나바테아 사람들의 종교를 유사점으로 사용한다) "알트는 자기 방법론에 대한 모든 객관적인 통제를 상실했고 그래서 알트는 언제나 자기 방법을 적합한 것으로 만들었다. 사실상 역사적인 유사점으로 어떤 발상으로든 시작할 수 있고, 원래의 '상실된' 전통을 재구성하고서, 이 전통들이 후대의 저자들에 의해 어떻게 수정됐는지를 설명할 수 있다"고 진술한다.[34] 판 시터즈도 알트가 "자신의 역사적 재구성의 두 국면과 연결시킬 수 있는" 어떤 창세기 제사 전설도 가리킬 수 없다고 지적한다.[35] 커크패트릭도 알트가 자기 고유의 기준을 따르면서, 특히 조상들의 하나님이 문서 이전 전통에서 나온 것이라는 알트의 주장에서 상당히 모순된다는 사실을 관찰한다. 이런 입장은 알트 자신의 방법

---

33 알트의 논문을 영역본으로 보려면 A. Alt, "The God of the Fathers," in *Essays on Old Testament History and Religion* (Oxford, 1966) 3-77을 보라. 알트의 입장에 대한 개요는 Kirkpatrick, *Old Testament* 34-35와 Van Seters, *Abraham* 139-141을 보라.

34 Van Seters, *Abraham* 141.

35 앞의 책.

론과는 완전히 상충한다.[36]

우리는 사실, 알트가 제안했던 고도로 복잡하고 여러 층으로 된 전승사를 입증하는 것은 말할 것도 없이 엘 신들을 구전 전승으로서의 문학적 맥락에서 분리시킬 아무런 객관적 근거가 없다고 덧붙일 수 있다. 알트의 논의의 가설적이고 주관적인 성격은 분명하다.[37] 실제로 양식비평적 방법론을 따르는 자들조차도 알트의 결론으로 결코 이어지지는 않는다.[38]

마틴 노트와 게르하르트 폰 라트

20세기 대부분 동안 전승사는 두 사람 즉 폰 라트와 노트가 지배했다. 더글라스 나이트Douglas Knight가 요약한 대로, 두 사람을 종합한 것에는 다음의 요소가 포함된다. 즉, 우리에게 있는 그대로의 오경은 세대에서 세대로 이스라엘 민족의 전통적 믿음을 전달하는 긴 과정의 최종산물이다. 이 전달은 종종 구전으로 이뤄졌고 각 세대는 전통을 자신만의 필요에 맞추려고 수정했다. 전통들은 서로 독립적으로 전달되었지만, 다섯 가지 주제(노트가 강조한)가 중심적인 것이라고 여겨졌다. 다섯 가지 주제는 (a) 애굽에서 이끌어낸 인도, (b) 경작지로의 인도, (c) 족장들에 대한 약속, (d) 광야에서의 인도, (e) 시내 산에서의 계시다. 노트는 근린 동맹의 중심 제사[39]가 이 주제들이 합쳐

36 Kirkpatrick *Old Testament* 36.

37 참고, Alt, *Essays* 20-24. 알트는 엘림이 "단순히 유물에 불과할"(p. 21) 뿐이라고 주장한다. 엘림은 하나님을 예배했던 옛 지역 이름이나 부족 이름을 가리킨다는 것은 사실이지만, 이것 자체는 다른 모든 저작 이론과 대조해서 구전 전설로서의 그들의 지위를 확립하지는 않았다. 또한 알트가 가볍게(그리고 부당하게) 창세기 46:1을 자신의 논의와 무관하다고 무시한 것도 주목하라(p. 22, n. 59). 이 절은 사실 밀접하게 관련 있는데, 이 절이 야곱을 이 제단과 이삭의 하나님과 연관 짓기 때문이다(이것은 이를 편집한 것으로 폐기하라고 단정 짓는다).

38 Hugh C. White, "The Divine Oath in Genesis," *JBL* 92 (1973) 165-179를 보라. 화이트는 "그러므로 신의 출현은 정착한 가나안 민족들의 신현(epiphany) 종교의 영향을 반영하지 않는다"라는 주장으로, 자신의 양식 분석을 결론 내린다. 성스러운 장소에서 신의 현현은 유목 부족의 맹세 의식의 필수적 부분이었다"(p. 178).

39 "근린 동맹"이라는 용어는 델피와 볼툼나의 에트루리아 동맹 같은, 원래 B.C. 1천 년의 그리스와 이탈리아의 성스러운 동맹에 적용되었던 것이다. 세겜에서의 이스라엘 열두 지파의 조직 연대에서 유추하여 노트와 알트는 "근린 동맹"이라는 용어를 왕조 이전의 이스라엘에 적

진 자리였다고 주장한다. 폰 라트는 소수의 단순한 '신조들'(특히 신 26:5b-9)이 왕조 이전의 이스라엘의 신앙에 중심이었다고 여겼지만, 이 주제들을 한 직선적 내러티브a linear narrative로 합친 데 대해 야훼스트에게 공을 돌린다. 두 학자 모두 오경의 최종 형태를 산출한 편집자의 신학적 관심보다는 본문의 초기 단계인 전통에 더 관심을 가졌다. 이 방법은 신학적으로 유용하다고 여겨졌다. 특히 폰 라트는 이 방법을 본문에서 과거의 이스라엘의 역사에 대한 해석을 도출하는 데 사용하고 구속사*Heilsgeschichte*의 신학적 모범을 전개하는 데 이 방법을 사용했다.[40]

최근 수년간 오경에 대한 이들의 분석은 나이트가 '해체'dissolution라고 묘사한 일을 겪었다. 나이트는 비평학자들이 폰 라트와 노트의 해법을 검토하고서 두 사람에게서 부족하다고 발견한 12개의 영역을 지적한다. 연구한 결과에 따르면, 예컨대 기록된 본문에서 구전된 내러티브의 존재를 확신 있게 결정할 수 없으며 '신조들'이 필연적으로 다른 주제와 독립적인 것은 아니며, '근린 동맹'은 고대 이스라엘에 대한 역사적 모범으로서는 몇 가지 큰 단점을 가지고 있다는 사실이 드러났다. 과학적인 역사를 신학적 해석에서 구별하는 것이 정당한가 하는 문제는 지속적으로 도전받았으며 해석 계획으로서의 구속사*Heilsgeschichte*라는 전체 개념은 손쉽고 환원론적인 해석에 과도하게 빠질 수 있다는 것이 드러났다.[41]

와이브레이는 훨씬 신랄하게 노트의 방법론을 비판했다. 와이브레이는 노트가 문체를 기초로 본문에 있는 후대의 자료와 초기의 자료를 구별해낼

용했다. 하지만 이 용어를 사용한 것은 적절치 못하다. Harrison, *Introduction*, 332-4를 보라.

40 Douglas A. Knight, "The Pentateuch,' in Douglas A. Knight, ed., *The Hebrew Bible and its Modern Interpreters* (Chico: Scholar's Press, 1985) 265-268. 두 사람의 저작을 종합으로 다룬 것을 나이트가 정당화하는 것에 대해서는 p. 266을 보라. 폰 라트가 자신의 이론을 설명한 것에 대해서는 "The Form-Critical Problem of the Hexateuch" in Gerhard von Rad, *The Problem of the Hexateuch and Other Essays*, trans. E. W. Trueman Dicken (London: SCM, 1966) 1-78을 보라. 노트의 설명에 대해서는 Martin Noth, *A History of Pentateuchal Traditions*, trans. Bernhard W. Anderson (Englewood Cliffs: Prentice-Hall, 1972)를 보라.

41 Knight, "The Pentateuch" 268-272.

수 있다고 생각(이는 흔히 노트 자신이 본문을 주관적으로 읽고 있다는 것을 의미한다)하고 있다고 지적한다. 노트도 짧고 간결한 내러티브가 가장 오래된 것이라는 모호한 기준을 사용한다. 게다가 노트는 이야기가 주인공을 바꿀 수 있다는 가능성을 받아들이고서 이를 자신의 전체 비평 역사가 의존하는 보편적 가정으로 바꾼다.[42]

때로 노트의 논증은 거의 기괴하다. 와이브레이는 노트에게 출애굽기 3:16, 18, 4:29, 5:16-19에 백성의 감독과 장로들이 있었다는 것이 "애굽에서 이끌어내는 인도"라는 주제에서 모세를 완전히 배제시킬 증거로 충분했다고 진술한다. 다른 한편, 노트는 여기에서도 일관되지 않지만 '무덤 전통'에 엄청난 의미를 부여한다.[43] 와이브레이가 주장하기를, 무엇보다 나쁜 것은 아브라함과 롯의 내러티브를 다루었던 사례에서와 마찬가지로 "노트가 오경 전통을 상세하게 재구성한 것 중 상당 부분이 추측 위에 다른 추측을 쌓아올리는 것"을 통해 얻은 것이라는 점이다.[44]

스칸디나비아 학자들

와이브레이가 스칸디나비아 학자들인 엥넬, 닐슨, 칼슨의 저술을 분석한 것은 특히 유익하다. 이 학파는 문헌적 접근에 대립되는 오경에 대한 구전의 전승사적 접근을 변호한 것으로 유명하고 특히 문서설을 반대한 것으로 유명하다. 다른 학자들은 양식비평적 방법론을 사용하고 전승사적 비평과 상호 교류하면서, 문서설에 계속 의존했다.[45] 그럼에도 스칸디나비아 학파는 노트 같은 학자들이 사용한 방법론을 지지한다고 간주될 수 없다. 와이브레이

---

42 Whybray, *Pentateuch* 187-188.

43 앞의 책, 188-190.

44 앞의 책, 194, 강조는 와이브레이가 한 것. 노트가 롯 내러티브를 상세히 다룬 것에 대해 p. 194-196에서 와이브레이의 논의를 보라.

45 참고, J. A. Emerton, "The Origin of the Promises to the Patriarchs in the Older Sources of the Book of Genesis," *VT* 32 (1982) 14-32와 Z. Weisman, "National Consciousness in the Patriarchal Promises," *JSOT* 31 (1985) 55-73.

는 스칸디나비아 학파가 노트 등과 더불어 복합적인 구두 전승이 현재의 성경 자료 배후에 있다는 점에 동의하지만, 이 전통에 대한 회복 가능성에 대한 스칸디나비아 학자들의 회의가 너무 깊어서 노트의 계획 전체를 무효화시킬 정도였다고 결론 내린다.[46]

판 시터즈

궁켈이 올릭의 법칙을 창세기에 대대적으로 적용한 데 대해, 판 시터즈가 이의를 제기한다는 사실은 이전에도 지적했다. 그럼에도 판 시터즈는 본문을 분석하기 위한 기준을 개발했는데, 이는 어느 정도 올릭을 소생시킬만한 것이다.[47] 이 기준에는 이야기의 가장 단순한 형태가 가장 오래된 것이며,[48] 두 번째 기사는 요약하면서 동시에 새로운 세부 내용을 추가할 수도 있으며, 어떤 이야기는 동일한 이야기의 과거 버전을 알고 있다고 전제할 수도 있으며(이른바 "장님 모티프"-이전 전통의 지식을 전제하고 요약하는 방식으로 그 지식을 상기하며, 계속해서 전제된 지식으로 사용하는 것을 일컫는다-옮긴이), 어휘가 비슷하다는 것은 문학적으로 의존한다는 것을 가리킨다(이 유사성이 일반적 표현에도 나오지 않는 한)는 개념이 포함된다. 또한 판 시터즈는 A. B. 로드의 『이야기를 노래하는 사람』*the Singer of Tales*을 인용하면서, 구전 작성의 변형들이 어떻게 기록된 문헌과 다른지를 보여주려고 한다. 구전 저작은 장르를 결합하지도 요약하지도 않으며, "장님 모티프"가 결여되어 있다.[49]

판 시터즈는 이 기준을 따르면서 창세기 12:10-20이 구전 문학의 원시 민간설화로 나온 것이라는 사실을 규명하려고 시도한다. 더 나아가 판 시터즈는 창세기 20장이 12:10-20에 의존한("장님 모티프" 때문에) 문학 기사이

46 Whybray, *Pentateuch* 202.

47 Thompson, *Origin Tradition* 46을 보라.

48 하지만 위에서 지적한 대로, 판 시터즈 자신은 간단한 것이 옛 것이라는 개념을 거부하게 된 것으로 보인다(Van Seters, *Search* 38을 보라).

49 Van Seters, *Abraham* 162-163. 판 시터즈가 올릭의 법칙을 본문에 적용한 것은 p. 169를 보라.

며, 창세기 26장이 앞선 두 기사를 문학적으로 결합한 것이라고 주장한다.[50]

여기서 판 시터즈의 논증을 톰슨과 커크패트릭이 효과적으로 뒤집는다. 톰슨은 창세기 12:10-20이 구전 문학에 대한 판 시터즈 자신의 기준에 부합되지 않으며,[51] 판 시터즈의 방법이 구전과 기록 문학 모두의 가능성 범위에 비합리적인 제약을 가한다는 사실을 보여주었다.[52] 커크패트릭은 판 시터즈가 구전 저작에 대한 부적절한 이해에 근거하여 연구했다는 사실을 입증했다. 로드의 『이야기를 노래하는 사람』에 대하여 커크패트릭은 유고슬라비아의 시인들이 사용한 방법론이 고대 이스라엘 이야기꾼에게는 규범이 될 수 없다고 지적한다. 커크패트릭은 특히 구전 작성의 변형들이 요약하여 말하지 않는다는 판 시터즈의 주장에 특히 도전하고 "기록된 본문 배후에 있는 구전 민간설화를 확인할 가능성"[53]에 대해 의문을 제기한다. 나는 판 시터즈가 로드를 인용한 것이 특히 이상하다는 것을 발견했다는 점을 덧붙여야겠다. 로드의 저작이 판 시터즈의 기준을 확립하지는 않았지만, 로드는 "구전 본문이 대부분의 나머지 '정형화된 문구'와 더불어 분명하게 보이는 상당히 많은 정형화된 문구를 내놓을 것이다"라고 분명히 말한다.[54] 그럼에도 창세기 12:10-20은 분명히 정형화된 문구가 아니다!

지금까지를 요약하자면, 우리는 어떤 학자도 설득력 있게 구약의 본문 내에서 구전 전승을 구별하고 분리할 능력을 입증하지 못했다고 말할 수 있다.

---

50 앞의 책, 167-183.

51 Thompson, *Origin Tradition* 53.

52 앞의 책, 54-55. 장님 모티프는 단순히 장면 반복 기능이다.

53 Kirkpatrick, *Old Testament* 62-64. 인용문은 p. 63.

54 Lord, *Singer* 130.

현재 수행되는 양식비평의 다른 부적절성

오히려 최근 양식비평 분석은 현재 수행되는 이 방법론이 파산됐음을 더 깊이 입증했다. 양식비평 분석은 본문 탐구를 위한 도구가 되는 대신 본문에 상상 가능한 모든 꼬리표를 붙이는 빠르고 쉬운 방법이 됐다. 몇 가지 예를 들자면, 우리는 '연간기록,' '연대기,' '전기,' '역사,' '목록,' '우화,' '노벨라,' '신화,' '입양 보고,' '꿈 보고,' '사망 보고,' '혼인 보고,' '가족 사가,' '영웅 사가'에 대해 접할 수 있다.[55] 여기서의 핵심은 '양식'의 확산을 풍자하는 것이 아니라 이 중 많은 부분이 어쨌든 마땅히 양식비평으로 불릴 수 있을지 묻는 것이다.

양식으로 주장되는 것 가운데 일부는 내용에 따라 본문에 붙여진 명칭일 뿐이다. 예컨대, 코우츠Coats는 창세기 23장을 '사망 보고'라고 부른다.[56]

하지만 본문은 '사망 보고' 패턴으로 불릴 수 있는 양식 패턴이나 구조를 가지지 않았다. 이를 '사망 보고'로 부르는 유일하게 분명한 이유는 1-2절에서 사라가 사망했다고 언급하고, 19절이 사라의 매장을 기록하고 있기 때문이다. 하지만 이는 양식 패턴이 아니다. 이것은 그저 이야기의 내용에 관한 문제일 뿐이다. 이 표준에 따라 성경이 누군가가 죽었다고 언급하는 모든 경우마다 '사망 보고'라고 부를 수 있게 되었다.[57] 창세기 36:2-3을 '혼인 보고'로 부르는 것에 대해서도 동일하게 적용될 수 있다.[58]

양식이라고 주장되는 다른 것들은 시대착오적이다. '노벨라'라는 용어는 요셉 내러티브를 묘사하는 데 흔히 사용된다. 이것은 르네상스의 장르다.[59]

---

55 이 목록은 Coats, *Genesis* 317-320에서 표본으로 추출한 것이다.

56 Coats, *Genesis* 164.

57 창세기 23장의 양식 패턴에 대한 더 깊은 논의는 제7장을 보라.

58 Coats, *Genesis* 246-247.

59 험프리(W. Lee Humphreys, "Novella," in George W. Coats, ed., *Saga, Legend, Tale, Novella, Fable* [JSOTSS 35; Sheffield: JSOT Press, 1985] 82)는 노벨라가 14세기 이탈리아 르네상스의 장르라는 것과 보카치오(Boccacio)의 『데카메론』(*Decameron*)이 가장 전형적인 경

고대 근동에서는 성경 밖의 사례가 전혀 나타나지 않는다. 성경 본문을 묘사하는 데 사용될 때, 이 '노벨라'는 어떤 분명한 양식상의 정의나 구조도 가지지 않는다. 코우츠가 노벨라를 정의할 때, 이것은 긴장을 발전시키고 그 긴장을 해소하는 이야기이며, 세속적이고 하위 플롯을 가질 수도 있으며, 구전 전승에 있지는 않다고 진술한다.[60] 구전 전승으로 만들어진 자료와 그렇지 않은 자료를 어떻게 구별해 낼 수 있을지는 어려운 문제이므로,[61] 이 정의는 사실상 창세기의 모든 구절에 적용될 수 있겠다. 코우츠가 노벨라로 분류한 본문(창 13-14; 18-19; 16:1-21; 24:1-67; 38:1-30; 37:1-47:27)[62]은 양식비평적 관점에서는 공통점이 하나도 없다. 험프리가 제공한 더 긴 정의도[63] 더 이상 유용하지 않다. 특별히 의심스러운 것은 노벨라로 지정된 성경 본문이 주로 여흥을 위해 기록되었다는 험프리의 주장이다.[64] 물론 어떤 이는 일부 본문이 다른 것보다 더 노벨라와 같다고 반대하겠지만 객관적인 기준을 찾는다면 유일하게 분명한 차이점은 어떤 본문은 다른 것보다 더 길다는 점이다! 이 차이점은 양식상의 기준으로서 폰 라트에게는 분명한 것이다.[65]

양식이라고 주장되는 다른 것들은 단순히 부적절한 이름을 가지고 있다. '사가'는 구약에서는 발견되지 않는 종류의 아이슬란드 내러티브다. 안드레 욜레스는 이 용어를 구약 연구에 적용했다. 욜레스는 아이슬란드 사가가 아이슬란드 정착 시기에 구전 전승으로 시작했고, 창세기의 족장 이야기는 같은 타입이라고 믿었다.[66] 욜레스의 제안은 수많은 구약 학자들 특히 C. 베스

우라는 점을 지적한다. 현대의 장르로는 험프리는 단지 짧은 소설일 뿐임을 말한다. 하지만 험프리와 반대로 창 37-50과 『데카메론』 사이에 어떤 양식상의 유사성을 상정하기가 어렵다.

60 Coats, *Genesis* 8, 319.

61 Thompson, *Origin Tradition* 47을 보라.

62 Coats, *Genesis* 319.

63 Humphreys, "Novella" 86-96.

64 앞의 책, 94. 요셉 내러티브의 장르에 대해서는 다음에 나올 제9장을 보라.

65 Von Rad, *Genesis* 248.

66 A. Jolles, *Einfache Formen* (1930, 19582) 62-90, Van Seters, *Search* 222 n. 44에서 다시 인용된 것.

터만Westermann과 K. 코흐Koch에게 영향을 미쳤다.[67]

특히 구약 연구에서 영어로 사용될 때, '사가'saga는 절망적일 정도로 모호하다.[68] 게다가, 전승사 연구에서 창세기 내러티브에 대해 유사한 것으로 자주 사용될지라도, 아이슬란드의 사가는 영웅적인 인물을 중심으로 하는 극도로 폭력적이고 비극적인 이야기이며, 엄밀한 의미에서는 그 구약의 대응물로 주장되나 완전히 다르다.[69] 마지막으로 현대 민속설화 학자들은 대부분의 구약 학자들이 추정하듯이 구전의 문서화 이전 단계가 아이슬란드 사가 배후에 존재한다는 것에 대해서는 결코 확신하지 않는다.[70] 판 시터즈는 베스터만이 욜레스의 결론을 사용한 것을 비판했는데, "베스터만의 관점에 가장 타격을 주는 것은 욜레스가 아이슬란드 사가의 구체적인 실례를 실제로 묘사하고서, 이를 창세기에 있는 이야기들과 비교하려고 하지 않았다는 것이다. 만일에 욜레스가 비교했었더라면 이 비교가 부당하다는 것이 확실하게 드러났을 것이다."[71]

결론

궁켈과 그의 추종자들의 양식비평 이론은 구약과 다른 문화의 문헌 사이의 잘못된 유사성과 의심스러운 민간설화 이론에 근거를 둔다. 이 이론에서 나온 전승사는 모든 측면에서 도전을 받을 수 있으며, 일관되지 않거나 임의

---

67 Van Seters, *Search* 222-223. Kirkpatrick, *Old Testament* 84와 Westermann, *Genesis 12-36*, 51을 또한 보라. 베스터만이 욜레스의 개념을 수용했다고 해도, 베스터만은 사가(Sage)라는 용어가 지나치게 모호하기에 자신의 분석에서 이 용어를 사용하고 싶어 하지 않는다는 점에 주목하라.

68 참고, an Seters, *Abraham* 131-138; Kirkpatrick, *Old Testament* 81-83; Whybray, *Pentateuch* 143-144.

69 Whybray, *Pentateuch* 157.

70 Kirkpatrick, *Old Testament* 83.

71 Van Seters, *Search* 223-224.

적인 방법론에 기초한다. 구약 연구에서 지난 두 세대가 이룬 여러 확신에 찬 결과는 파기돼야 하고 그렇게 되고 있다.

그럼에도 이는 양식비평을 수단으로도 포기해야 한다는 의미는 아니다. 대신 양식비평은 적절하게 사용해야 한다. 아래의 지침은 양식비평을 사용을 위해 제안했다.

1. 제한된 크기로 기록된 본문으로서의 구약의 특성을 인정한다면, 양식비평은 기록된 자료의 패턴에 대한 분석을 위해서만 사용돼야 한다. 양식비평이 본문의 구전 단계를 발견하기 위한 수단이 되어야 한다고 주장할 아무런 근거도 없다.

2. 본문의 내용이 그 본문의 분류와 명백하게 관련이 있더라도, 본문은 일차적으로 양식에 따라 분류되어야지 내용에 따라 분류돼서는 안 된다. 내용의 부차적인 세부 내용은 양식상의 분류를 위한 근거가 아니다.

3. 시대착오적인 분류는 피해야 한다(예, '노벨라,' '사가').

4. 본문의 분류는 가능하다면 명백한 고대의 병행 본문이 있어야 할 것이다. 그렇지 않으면 분류는 독특하게 성경적인 장르가 되어야 한다. 다시 말해서, 어느 본문이 고대 세계의 다른 곳에서는 발견되지 않는 어느 장르에 속한다고 주장할 유일하게 정당한 근거는 그 장르가 성경에서만 발견되는 유형에 속해야 한다는 것이다.[72]

5. 본문의 원 정황과 의도에 대한 가설은 본문 자체의 자료에만 기초해야지, 본문의 초기 단계에 대한 가설적 재구성에 기초해서는 안 된다.

이 지침을 준수한다면 창세기를 구성하는 본문에 대하여 의미 있는 결과를 얻을 수 있다.

---

72 시편에 대한 양식비평에서 볼 때, 다른 곳에서는 입증되지 않는 양식이 성경에 있다는 사실은 분명하다. 묵시와 같은 다른 장르는 성경이나 성경 장르를 모방하는 저작에서만 발견된다.

3장

모세의 저작권과 역사적 신뢰성

창세기는 익명으로 되어 있다. 사실 오경 전체는 익명으로 되어 있는데, 물론 율법 자료의 많은 부분이 모세가 직접 기록한 것으로 여겨질지라도 말이다(출 24:4; 30:11, 17; 33:1, 5; 39:1, 5, 29; 레 1:1; 4:1; 6:1; 민 4:1; 신 1:1, 5; 5:1; 31:22, 30; 33:1). 이 증거를 근거로 모세가 오경 기록에 주로 책임이 있는 사람이라고 결론내리는 것이 불합리하지는 않으며, 이는 실제로 포로기 이후 유대교에서의 공통된 전제이기도 하다(대상 15:15; 22:13; 대하 23:18; 24:6; 25:4; 30:16; 35:12; 스 3:2; 7:6; 느 1:7; 8:1; 13:1; 집회서 24:23; 또한 필로Philo, 요세푸스 Josephus, 미쉬나와 탈무드). 신약은 모세가 자신의 죽음을 예기적으로 서술했다는 필로와 요세푸스의 이론 같은 일부 극단적 관점은 승인하지 않았을지라도, 예수님과 그를 따르는 자들도 모세가 오경의 주요 책임자라는 관점을 공유했다(마 8:4; 눅 16:31; 24:27, 44; 요 1:17; 행 3:22).[1]

앞선 장들에서 나는 문서설이 자료 분석에 대한 지침으로서는 불충분하다는 것과 지금 수행되고 있는 전승사 비평과 양식비평도 마찬가지로 의심스러운 결과를 도출했다고 주장했다. 이는 또한 와이브레이의 『오경의 형성』

1 참고, R. K. Harrison, *Introduction to the Old Testament* (Grand Rapids: Eerdmans, 1969), 497.

*The Making of the Pentateuch*에서 볼 수 있는 결론이다.

와이브레이의 제안

와이브레이는 현행 비평 방법론의 두 가지 주요 주장을 포기하고 난 후, 새롭고 훨씬 간단한 해결책을 제안한다. 그는 포로기 이후 유대교에서 모세가 율법의 저자라는 구체적인 주장이 있다는 이미 넌지시 언급된 이슈를 자신의 출발점으로 삼는다. 와이브레이는 또한 오경이 통합되고 통일된 저작이라는 점을 입증하기에는 문학적 연구가 너무 멀리 가버렸다는 점도 주목한다. 그래서 그는 오경이 단일 저자를 두었으며 B.C. 6세기에야 비로소 작성됐다고 결론내리는 조치를 취한다.[2]

와이브레이의 제안은 롤프 렌토르프Rolf Rendtorff가 제시하는 게하르트 폰 라트Gerhard von Rad의 '야훼스트의 신학' 비평에 근거한다. 와이브레이는 출애굽기 1-14장이 족장들에게 한 어떤 약속도 인용하지 않으므로 창세기에 대해 아무 것도 알지 못하는 것 같다는 렌토르프의 주장을 특히 지지한다. 따라서 예를 들어, 출애굽기 1:7은 아브라함이 많은 후손들을 가지게 될 것이라고 그에게 한 약속을 언급했어야 했다.[3] 또한 와이브레이는 판 시터즈의 연구에 근거하는데, 판 시터즈는 헤로도토스Herodotus와 신명기적 역사가가 대략 같은 시대 사람이라고 믿으면서, 둘을 비교하며 많은 유사점을 발견했다고 주장한다. 와이브레이에게 이 비교는 오경이 다소 헤로도토스와 동일한 접근법으로 작성하는 단일 저자의 저작일 수도 있다는 사실을 가리킨다. 즉 이 접근법은 다소 산만한 자료의 모음집에서, 그리고 특히 자신의 상상에 의한 재구성에서 국가의 역사를 작성함으로써 자기 독자들을 위한 국가의 정

2 R. N. Whybray, *The Making of the Pentateuch* (Sheffield: JSOT Press, 1987), 221-42. 물론 와이브레이는 그 단일 저자가 자료를 사용했음을 부인하지는 않는다.

3 앞의 책, 100-102.

체성을 만들려는 것이었다.[4]

와이브레이에게 주요 요인은 포로기 이전 자료에서는 오경에 대해 명백하게 언급하는 것이 드물다는 점이다. 와이브레이는 포로기 이전 본문에서 발견되는 족장들에 대한 얼마 안 되는 언급은 신명기적 편집자에 의한 것일 수 있다고 주장한다. 그 외에는 호세아 12:2-4, 12-13만이 족장들을 언급하지만, 와이브레이는 호세아가 자신의 정보를 창세기에서 끌어내지는 않은 것 같다고 주장한다.[5] 이처럼 와이브레이는 오경의 저자가 후대 인물이라고 결론 내릴 수 있다.[6] 와이브레이는 오경 저작에 대해 포로기의 연대를 선호하는 것 같다.[7]

예비적 평가

와이브레이의 가설은 여러 이유에서 문제가 된다. 포로기 이전 문헌이 오경 인용으로 가득하지 않았다는 사실에 동의할 수 있겠지만, 상황은 와이브레이가 시사한 것과는 다르며 이 현상에 대해 그가 해석한 것도 크게 불충분하다.

침묵에서의 논증은 신뢰할 수 없으며, 출애굽기가 창세기에 대해 아무 것도 모른다는 렌토르프의 논증은 특히 의심스럽다. 후대 주해가가 하듯이 출애굽기는 창세기에서 장과 절을 인용하지 않는 것은 사실이지만, 성경 저자에게서 이런 인용을 기대하는 것이 합리적인가? 약속에 대한 암묵적인 언급은 주의 깊은 독자에게 훨씬 강력하게 호소한다. 이것은 참으로 위대한 저자이자, 참으로 위대한 책이라는 표시가 된다. 독자는 창세기 본문을 읽고서 하나님이 아브라함과 이삭과 야곱의 하나님의 권위 가운데 모세를 이집트에 보

---

4 앞의 책, 225-30.

5 앞의 책, 48-49.

6 앞의 책, 103, 235.

7 앞의 책, 229-30. 와이브레이는 오경이 포로기와 연관되어야 한다는 판 시터즈(Van Seters), H. H. 슈미트(Schmid), 렌토르프(Rendtorff)의 의견들을 찬성하며 인용한다.

냈다는 핵심을 좀처럼 놓칠 수가 없다(출 3:15). 마찬가지로 요셉 내러티브에 대한 명백한 언급 이외에도 출애굽기 1:5-8은 족장에게 주어진 많은 후손에 대한 약속을 분명히 암시하며, 그 치밀함이 더더욱 심오하다. 출애굽기 1:6, 8이 "교차적인 언급을 제공"하고 '최종 편집자'[8]에게서 온다는 점에 근거하여 와이브레이가 출애굽기 1:6, 8을 잘라낸다는 사실은 주목할 만하다. 창세기에 대해 언급한 것을 제거하는 것은 와이브레이 측에서는 특별한 변론이겠지만, 렌토르프와 와이브레이는 1:7이 족장에게 하는 약속을 언급하는 명백한 곳이라고 간주했었는데, 아무튼 '최종 편집자'가 도대체 어떻게 이것을 놓쳤는지는 의심스럽다.

게다가 포로기의 자료와 포로기 이후의 자료의 상황은 와이브레이가 시사한 것만큼 크게 다르지 않다. 학개, 말라기, 스가랴, 다니엘의 네 책에는 모세를 한 번만 언급하고(말 4:4), 아브라함이나 이삭은 언급하지 않는다. 말라기(1:2; 2:12; 3:6)에서 야곱을 언급하는 것은 모든 선지서에 종종 발견되는 종류의 언급이며 개인보다는 민족에 대한 언급이다. 창세기의 사건들에 대한 암시는 구약 나머지에서만큼이나 포로기 이후의 자료에서도 흔하지 않다.[9] 하지만 그렇다고 해서 이것이 창세기가 이 저작들보다 후대의 것이라는 증거가 된다고 말하는 것은 불합리할 것이다.

또한 와이브레이는 거의 모든 모세에 대한 언급과 족장 역사가 신명기적 역사에 속하거나 그렇지 않다면 후대의 것이라고 주장하여 자신에게 유리하게 자료를 수정한다. 아브라함에게 한 언약 약속에 대한 언급은 출애굽기 33:1, 레위기 26:42, 민수기 32:11, 열왕기하 13:23에서 발견된다. 여호수아 24:2-10은 거의 전체 오경을 요약한다. 여호수아서에서의 많은 언급을 제외하고, 모세와 율법은 사사기 3:4, 사무엘상 12:6-8, 열왕기상 2:3; 8:9, 53, 56, 열왕기하 14:6, 18:6, 12, 21:8, 23:5에 언급된다. 미가 6:4은 출애굽 때 모세

---

8 앞의 책, 102.

9 유일한 예외는 역대하와 일부 시편들의 족보를 다룬 장들이다.

와 아론과 미리암이 지도자였음을 언급하고 열왕기하 18:4은 놋뱀 사건을 언급한다. 이 모두를 후대의 자료이거나 신명기적 역사가의 자료라고 잘라낼 수 있는지는 의심스러운데 특히 자료가 모세와 율법을 언급하므로 그 자료가 신명기적 역사의 성격을 지닌다고 묘사되기 때문이다. 오경의 후대 연대에 대한 논증으로서 이것은 순환적인 추론이다.

호세아서와 오경

와이브레이가 호세아서에 대해 언급하는 내용은 특히 흥미롭다. 움베르토 카수토Umberto Cassuto는 호세아서에서 창세기의 족장 내러티브, 출애굽 이야기, 십계명, 모세의 생애와 관련된 내러티브, 신명기 11:13-21, 신명기 33:1-43에서처럼 여섯 가지 다른 범주로 오경을 암시한다고 지적했다.[10]

첫 번째 범주에서, 카수토는 호세아 11:8-9이 평원의 성읍에 대한 파괴를 암시하고, 파괴하다라는 동사(9절)는 아마도 창세기 19:13, 14, 29를 가리키는 특별한 단어라고 주목한다.[11] 또한 카수토는 호세아 12:4-5과 13절(개역개정 = 3-4절과 12절)은 다른 전통보다는 창세기에 대한 암시로 이해하는 것이 최선이라는 사실을 입증한다.[12] 겨루되(12:4[3])와 이기고(12:5[4])라는 두 동사는 창세기 32:29(개역개정 = 28절)을 직접적으로 암시하는 것인데, 창세기 본문에서 동일한 동사들이 사용되기 때문이다. 이 절들의 겨루다*sarah*라는 동사는 성경 다른 곳에서는 입증되지 않았는데 이는 호세아가 실제로 창세기를 인용한다는 사실을 의미한다.

둘째 범주에서 카수토는 호세아 2:2(개역개정 = 1:11), 5:6, 11:1, 13:15에서 출애굽에 대한 암시를 본다. 구체적인 표현의 병행구절에 대해서는 히브

---

10 "The Prophet Hosea and the Books of the Pentateuch," reprinted in Umberto Cassuto, *Biblical and Oriental Studies*, trans. Israel Abrahams, 2 vols. (Jerusalem: Magnes, 1973) 1:79-100.

11 앞의 책, 81-82.

12 앞의 책, 82-87.

리어 본문, 호세아 2:2과[13] 출애굽기 1:10, 호세아 5:6과 출애굽기 10:9, 호세아 11:1과 출애굽기 4:22, 호세아 13:15과 출애굽기 14:21-29을 비교하라.[14]

셋째 범주에서 카수토는 호세아 4:2, 12:10[9], 13:4에서 십계명에 대한 암시를 찾는다. 다시 한번 히브리어 본문의 어휘에 명백한 병행구가 있다. 호세아 4:2과 출애굽기 20:13-15, 호세아 12:10, 13:4과 출애굽기 20:2를 비교하라. 또한 카수토는 이스라엘의 우상숭배와 동일한 고멜의 간음이라는 호세아서의 주제가 두 가지 마주하는 둘째 계명과 일곱째 계명의 주제라고 지적한다.[15]

넷째 범주에서, 카수토는 호세아 13:2과 금송아지 사건을 비교한다. 더 많은 증거에 대해, 특히 이 절의 히브리어와 출애굽기 32:4, 신명기 9:12, 16을 비교하라.

다섯째 범주에서, 카수토는 호세아 2:10, 14, 16, 23과 3:1의 히브리어 본문이 각각 신명기 11:14, 17, 16, 17과 다시 13절을 암시한다고 지적한다.[16]

마지막 범주에서, 호세아서와 신명기 32장 사이의 히브리어에서 많은 병행구가 다음과 같이 있다. 호세아 1:9 = 신명기 32:21, 호세아 5:14 = 신명기 32:39, 호세아 8:14 = 신명기 32:15, 18, 22, 호세아 9:10 = 신명기 32:10, 호세아 13:5-8 = 신명기 32:10, 15, 24.[17]

신명기 32장과의 병행구는 특히 의미가 있는데, 신명기의 모든 인용들이 한 장에서 오지만 호세아서의 구절들은 책 곳곳에 흩어져 있기 때문이다. 카수토는 조화로운 통일을 이루는 시의 저자가 "이스라엘을 향한 하나님의 사랑이 자기 신부를 향한 신랑의 사랑과 같았다는 개념인 호세아서의 중심 사상을 반영하지 않고서, 호세아서의 다양한 예언들에서 발췌한 표현과 개념으

---

13 호세아 2:2[1:11]과 출애굽기 1:10과의 관계에 대해 특히, C. F. Keil, *Hosea*, trans. James Martin (reprint; Grand Rapids: Eerdmans, 1954), 47을 보라.

14 Cassuto, "The Prophet Hosea," 87-9.

15 앞의 책, 89-92.

16 앞의 책, 93-95.

17 앞의 책, 95-99.

로 처음부터 끝까지 자신의 전체 시를 흩어놓았다"는 개념보다, 호세아가 신명기 32장의 시에서 발견되는 개념들을 사용했다는 것이 더욱 그럴듯하다고 옳게 주장한다.[18] 카수토는 자신의 전체 연구의 결과 "오경 자료가 오늘날의 우리 앞에 놓인 것과는 다른 형태로 호세아 당시 존재했다고 우리가 가정하도록 강요할 만한 것은 호세아서 전체에 아무것도 없다"고 결론 내린다. 카수토는 오경의 많은 부분이 "이미 호세아 당시 현재의 형태로 존재했고, 많은 부류의 사람들에게 알려졌다"고 계속해서 주장한다.[19]

신명기와 요시야의 개혁

열왕기하 22장을 재구성된 역사의 렌즈로 읽는 대신, 있는 그대로 받아들인다면, 열왕기하 22장 역시 이 상황을 명확히 하는 데 도움이 된다. 열왕기하 22장은 예루살렘 성전을 수리하던 일꾼들이 한 동안 무시됐던 율법서 사본을 발견했다고 진술한다. 이렇게 다시 발견된 이 사본은 이어진 개혁에 대한 주요 자극제가 됐다(왕하 23장을 보라). 그러나 W. M. L. 드베테(De Wette, 1805)의 저작을 따라, 많은 학자들이 사실 신명기는 요시야 개혁 당시 기록된 것이 자명하다고 간주했다.[20] 따라서 여호수아서에서 열왕기하까지의 많은 부분에 지배적인 '신명기적' 신학과 마찬가지로, 신명기는 대략 B.C. 621년의 연대로 추정된다.

하지만 신명기가 후대에 기록됐다는 입장은 결코 확립되지 않는다. 일반

---

18 앞의 책, 100.

19 앞의 책.

20 정확히 말하면, 많은 학자들은 신명기의 기본적인 형태가 처음 북 왕국에서 B.C. 750년 경 나타났을 때, 신명기의 기원이 시작됐을 것이라고 주장할 것이다. 그 다음에, 원래의 핵심 내용에 대한 신명기적 편집은 요시야 개혁과 연결되어 유다에서 후대에 발생했다. 그 이후 후대 편집은 포로기 이후 발생했다. 신명기에 대한 최근 사상의 개관을 위해 다음을 보라, J. Alberto Soggin, *Introduction to the Old Testament*, OTL (Philadelphia: Westminster, 1976), 114-26, Werner H. Schmidt, *Introduction to the Old Testament*, trans. Matthew J. O'Connell (London: SCM, 1984), 120-9, 그리고 J. A. Thompson, *Deuteronomy* TOTC (London: Inter-Varsity, 1974) 47-68.

적인 재구성에 대한 학문적 도전은 이미 1911년에 시작됐는데, 그때 J. B. 그리피스Griffiths는 신명기에 독특하다고 언급됐던 25가지 율법 가운데 3가지만이 요시야 시기와 관계있다고 지적했다.[21] 그 이후 신명기 작성을 요시야 시기와 연결시키는 주장에 대한 도전이 많은 다양한 방향에서 나왔다.[22]

이 문제에 대한 연구에서 가장 중대한 발전은 신명기가 구조적으로 이집트와 히타이트 사이의 B.C. 2천 년의 조약과 비슷하며 형식상으로 언약 조약이었다는 발견이다. 구체적인 세부 내용은 잘 알려졌으므로 여기서는 반복할 필요가 없겠지만, 신명기가 B.C. 2천 년의 저작이라는 결론은 많은 학자들이 거부함에도 명백한 입장으로 남아 있다.[23] 신명기를 B.C. 1천 년의 앗수르 조약과 관련시키려는 반대의 논증은 설득력이 없다.[24] 현재의 환경에서 신명기 대부분이 모세에게서 기원한다는 입장을 유지하기는 어렵지 않다.[25]

현재 연구에 대해 이것이 함축하는 바는 두 가지가 있다. 첫째, 신명기가 본질적으로 모세에게서 기원한다면, 전기 예언서(역사서)에 나오는 '신명기적' 언급을 B.C. 7세기의 것으로 여길 이유가 없다. "모세의 법"(예, 왕상 2:3)에 대한 언급은 후대 추가한 것으로 간주할 필요가 없다. 둘째, 이로 말미암

21 J. B. Griffiths, *The Problem of Deuteronomy* (1911), cited in Harrison, Introduction, 43.

22 Harrison, *Introduction*, 43-46을 보라.

23 이 논제는 Meredith Kline in *The Structure of Biblical Authority* (Grand Rapids: Eerdmans, 1972)에서 발전됐다. 클라인(Kline)은 G. E. Mendenhall, "Ancient Orient and Biblical Law," *BA* 17 (1954) 26-46 그리고 "Covenant Forms in Israelite Tradition," BA 17 (1954) 50-76에 근거한다. 관련된 자료와 학문적 서적에 대한 훌륭한 개관에 대해, K. A. Kitchen, *The Ancient Orient and the Old Testament* (Chicago: Inter-Varsity, 1966) 90-102을 보라.

24 R. Frankena, "The Vassal Treaties of Esarhaddon and the Dating of Deuteronomy," *OTS* 14 (1965): 122-54, 그리고 M. Weinfeld, *Deuteronomy and the Deuteronomic School* (Oxford: Clarendon, 1972), 59-157에서의 논의들. 둘 다 신명기에 대해 7세기의 연대를 주장하는데, Peter C. Craigie, *The Book of Deuteronomy*, NICOT (Grand Rapids: Eerdmans, 1976), 24-29에서 다뤄진다. 크레이기(Craigie)는 자신의 전체 논거를 '역사적 서언'의 존재 여부에 두지 않는다는 점을 주목하라(반대의견, Thompson, Deuteronomy 51-52). Kitchen, *Ancient Orient*, 95-96을 또한 보라.

25 이 입장을 찬성하는 논거에 대한 훌륭한 개관에 대해, Harrison, *Introduction*, 637-53을 보라.

아 열왕기하 22장의 기사는 정확하게 거기서 언급하는 것을 의미한다고 이해할 수 있다. 율법서는 한 동안 분열 왕국 시기에 문자 그대로 먼지를 뒤집어쓰고 있었다. 이렇게 소홀히 된 이유는 알려지지 않았지만, 이 기간의 문헌 상당 부분에서 율법에 대한 명백한 언급이 왜 상대적으로 거의 없는지를 설명하는 데 도움이 된다.

그리스 역사가들과 오경

판 시터즈의 『역사를 찾아서』는 이스라엘의 기록 역사의 시작을 고대 세계의 더 광범위한 맥락에 자리매김하려는 시도다. 그리스, 메소포타미아, 히타이트, 이집트, 레반트의 역사 편찬 자료에 대한 야심찬 조사인 이 분석은 추천할 만한 것이 상당히 많고 다른 학자들이 관련 연구를 하도록 자극한다. 또한 이것은 와이브레이가 오경의 기원에 대한 자신의 이론을 위해 의존한 저작이다. 하지만 판 시터즈 분석의 중요한 측면은 골칫거리며 그의 논제는 그리 충분하게 설득력을 갖추지 못한다.

판 시터즈의 계획에 따른 개념은 진정한 역사 기록(단순한 역사 편찬과는 구분되는)이 구체적인 장르이며 이 장르를 통해 한 나라가 처하게 된 현재의 상황의 원인을 찾고자 한다는 것이다. 따라서 역사 기록은 성격상 국가적이며, 백성의 집단 정체성에 대해 문학적으로 기여하는 것이다.[26] 판 시터즈는 이 정의를 네덜란드 역사가 요한 호이징가Johan Huizinga의 저술에서 발전시킨다(특히 역사는 "한 문명이 과거의 자신에 대해 설명하는 지적인 형식"이라는 의미에서의 호이징가의 언급에서).[27] 판 시터즈는 이 정의를 진정한 역사 기록과 단순한 '역사 편찬'을 분리하는 여과 장치로 사용한다.

판 시터즈는 진정한 첫 역사가들이 헤로도토스와 신명기적 역사가였다고 주장하고, 그들의 저술을 다른 고대 근동 문명의 연대기, 사료, 왕 목록과 구

---

26 John Van Seters, *In Search of History* (New Haven: Yale University Press, 1983), 1-6.
27 Johan Huizinga, "A Definition of the Concept of History," in *Philosophy and History: Essays Presented to Ernst Cassirer* 9 (cited in Van Seters, Search, 1).

분한다. 이런 다른 형태의 역사 편찬은 진정한 역사 기록의 발전에 어느 정도 기여했지만(판 시터즈가 신-바벨론의 것으로 돌리는 장르인 '연대기'는 크게 영향을 미친 것으로 간주된다), 실제로 이 장르에 포함되기에는 부족하다. 이런 식으로 판 시터즈는 헤로도토스와 신명기적 역사가 실제로는 나란히 발전한 것이므로, 헤로도토스의 연구가 특히 신명기적 역사를 밝혀준다고 주장할 수 있다. 헤로도토스와 신명기적 역사를 연결시킴으로 말미암아 판 시터즈는 저작들이 두 가지 근본적인 유사점을 지닌다고 주장할 수 있다. 즉 둘은 병렬로 늘어놓은 문체(개별 내러티브 단위들은 추이에 대해서는 거의 관심을 두지 않고 서로 나란히 놓인다)로 되어 있으며, 둘은 자유롭게 많은 자신들의 이야기를 창작했다.

이 주장과 관련된 구체적인 문제들은 지적돼야 한다. 첫째, 판 시터즈가 제시한 역사에 대한 정의는, 로슨 영거Lawson Younger가 입증했듯이 실제로 호이징가가 말한 것을 심각하게 잘못 제시한 것이다. 역사는 판 시터즈가 고려하는 것보다 훨씬 광범위한 개념이다. 영거는 예를 들어 판 시터즈가 히타이트 역사 편찬을 순수한 역사 기록에서 배제하는 이유는 인위적이라는 사실을 보여줬다.[28] 히타이트 자료는 판 시터즈의 논제가 인정하는 것보다 상당히 이전의 역사 기록에서 상대적으로 높은 세련됨을 보여주는 것처럼 보이기 때문에, 그에게는 골칫거리다. 이것은 히타이트의 영향이 이스라엘의 역사 기록의 초기 발전에 자극이 됐을 수 있는지에 대한 추측에 길을 열어 준다.[29] 판 시터즈가 역사 장르에서 어떤 메소포타미아 문헌을 제외하는 근거도 의심스럽다.[30] 이것은 더 나아가서 진정한 역사 기록은 B.C. 1천 년 중반에 발

---

28 Review of *In Search of History*, by John Van Seters, *JSOT* 40 (1988): 110-14.

29 이 연관성은 H. Cancik, *Grundzüge der hethitischen und alttestamentlichen Geschichtsschreibung* 3ff. (cited in Van Seters, *Search* 103, n. 19.)에서 명백해진다. 판 시터즈는 캔시크(Cancik)의 방법론에 대한 문제점을 지적하지만, 내게는 판 시터즈가 효과적으로 히타이트 자료가 제기하는 문제를 제거하지 못한 것 같다.

30 소위 신에게 보내는 편지에 대해 Van Seters, *Search*, 67-68을 보고 동시적인 역사에 대해서는 p. 83-84를 보라. Younger, review of *Search*, 116을 또한 보라.

전한 것이라는 개념에 도전하며, 신명기적 역사와 헤로도토스의 유사함을 광범위하게 사용하는 것이 적절한지에 대한 질문을 제기한다.

판 시터즈는 이스라엘의 역사 기록 시작을 B.C. 6세기로 추정하고,[31] 페니키아인들이 그리스에 대해 문화적 교량 역할을 했다고 상정함으로써,[32] 둘을 연결시키려는 자신의 주장을 뒷받침한다. 영거는 전자의 입장이 순환적 논리며, 후자의 입장은 맹신이라고 주장한다.[33]

나는 실제로 헤로도토스의 그리스어 본문을 꽤 연구한 자로서 신명기적 역사와의 세밀한 비교에 대한 판 시터즈의 논증이 설득력이 있다고 보지 않는다. 그는 두 저작의 내러티브 기법이 몇 가지 유사하다는 점을 입증하지만, 이것은 두 저작을 "같이 연구해야 한다"는 주장을 결코 확립하지는 못한다.[34] 더 자세하게 비교하면,[35] 이런 주장을 더더욱 의심스럽게 여기게 될 것이다.

헤로도토스는 무엇보다 역사적 연구에서 개척자다. 그는 당시 세계 여행가였다. 그는 아마도 유프라테스 계곡, 수사(고대 엘람의 수도-옮긴이), 이집트, 스키타이(고대 흑해 · 카스피해 북방에 있던 나라-옮긴이), 마케도니아, 두로, 키레네, 시실리를 여행했을 것이다.[36] 그가 여행과 지리에 대해 가졌던 관심에서 심지어 배와 여행 가능한 강에 대한 묘사에까지 확장됐다. 이 여행에 근거하여 헤로도토스는 자신이 직접 본 것을 묘사할 뿐만 아니라 지역의 전설을 자신의 역사에 통합시켰다. 헤로도토스는 시의 자료, 특히 호머를 사용했지만, 헤카테우스Hecateus는 그가 알았다고 확신할 수 있는 유일한 산문 자료였

---

31 *Search*, 8.

32 앞의 책, 53-54.

33 Younger, review of *Search*, 114-15.

34 *Search*, 39.

35 헤로도토스에 대한 훌륭한 입문에 대해, W. W. How and J. Wells, eds., *A Commentary on Herodotus* (London: Oxford University Press, 1912), 1:1-50, 그리고 J. A. S. Evans, *Herodotus* (Boston: Twayne, 1982)의 더욱 최근작이자 자세히 다룬 저작을 보라.

36 그의 여행에 대한 개관을 위해, R. P. Lister, *The Travels of Herodotus* (London: Gordon and Cremonesi, 1979)를 보라.

다(지역 전설에 대한 다른 산문 기사들이 이용 가능했었다는 것이 명백하더라도).[37] 또한 헤로도토스는 스파르타 사람 아르키아스Archias(3.55)와 오르코메누스Orchomenus의 테르산드로스Thersander(6.16)를 포함해서 그가 묘사한 사건들에 대한 몇 증인들을 거론했다. 그는 종종 피라미드(2.101), 바벨론에 있는 벨 성전(1.181), 다리우스 비문(4.87), 그리스에서 온 대규모의 전리품과 기념비 등을 포함해서 그가 방문한 장소의 기념물을 언급했다. 헤로도토스는 특히 델피(예, 1.65), 신탁의 응답에 대한 성전 기록을 사용했다.[38] 또한 그는 제7권의 페르시아 군대 목록에서도 가리키듯이 공식적인 페르시아 문서들을 사용했다. 그러나 헤로도토스는 그리스어만 알았고[39] 이 자료와 비 그리스어 비문의 해석에 대해서는 다른 이들을 참고했다.

헤로도토스는 그가 받은 증거의 정확성에 관심이 있었다. 이것은 그가 모든 점에서 성숙한 역사가였다고 말하는 것이 아니다. 그의 방법론에서의 허점은 오랫동안 인식돼왔다.[40] 그럼에도 그는 2.147의 이야기에 대한 독립적인 확인을 지적했고 심지어 증거가 모순이 되는 곳 따라서 불확실한 사건에 대한 실제 사실에 대해 주목했다(예, 4.154). 그는 신화와 인간의 역사를 구분했고 종종 자신이 신화를 다룰 때 회의적이거나 풍자적이었다.[41]

테트레프 펠링Detlev Fehling이라는 학자가 특히 헤로도토스에 대해 연구자의 역할을 부인하고 헤로도토스는 자신의 자료 대부분을 창작했으며, "그가 아는 모든 것으로" 역사에 대해 "작업한 후" 이야기를 채우려고 많은 세부 내

---

37 Dionysius of Halicarnassus, *Thucydides* 5에서는 이런 저자의 목록을 열거한다. 논의를 위해, Evans, *Herodotus*, 142-45을 보라.

38 John Hart, *Herodotus and Greek History* (London: Croom Helm, 1982) 183-86은 헤로도토스에 기록된 델포이의 신탁이 달리 생각할 설득력 있는 이유가 없다면 진짜인 것으로 간주돼야 한다고 주자한다. 다시 말해서, 이 신탁은 허구로 치부되어서는 안 된다.

39 그는 또한 남서부 소아시아의 언어인 카리아어를 알았을 수도 있다(1. 171-2).

40 역사가로서의 그의 장점과 단점을 훌륭하게 개관한 것에 대해, K. H. Waters, *Herodotus the Historian* (London: Croom Helm, 1985), 152-64를 보라.

41 Binyamin Shimron, *Politics and Belief in Herodotus*, Historia 58 (Stuttgart: Franz Steiner, 1989), 17-25.

용과 심지어 전체 이야기를 만들었다고 주장하는 것은 사실이다.[42] 판 시터즈는 펠링의 논제에서 연구하며 신명기적 역사가에 대해 비슷한 주장을 하고, 와이브레이는 이 주장들을 오경의 저자에까지 확대한다.[43] 그러나 판 시터즈가 잘 알고 있듯이 펠링의 견해는 헤로도토스 연구의 분야를 결코 휩쓸지는 못했다.[44] 대조적으로 임머바르Immerwahr는 자료를 사용할 때 헤로도토스의 선별을 강조한다.[45] 펠링 이후 학자들은 헤로도토스를 그의 자료에 대한 언급을 신중하게 다뤄야 하는 연구자로 계속 간주한다.[46] 스튜어트 플로리Stewart Flory는 헤로도토스가 거짓말쟁이였다는 펠링의 갑작스러운 주장보다는 『역사』*Histories*에서의 진리 개념에 훨씬 민감하고 지각하는 방식으로 헤로도토스가 사실과 허구를 사용한 것을 다룬다.[47]

헤로도토스가 많이 지어내기는 했지만 이는 성경 자료가 마찬가지로 고발당할 수 있다는 것을 증명하지는 않는다. 펠링은 헤로도토스가 "거짓-문학"의 특징이 되는 많은 장치를 사용한다고 주장한다. 여기에는 이야기에 대해 의심을 가지는 저자의 주장뿐만 아니라 신뢰에 대한 확신("나는 이것이 사실이라는 것을 의심하지만 이것은 내가 들은 바이다"와 같은 것), 그리고 또한 독자에게 믿도록 유혹하려고 의도했던 비문 형태의 '증거', 봉헌물에 대한 묘사, 다른 문학 장치들도 포함한다.[48] 하지만 "거짓-문학"의 이런 특징들은 신

---

42 Detlev Fehling, *Die Quellenangaben bei Herodot* (1971); English translation, *Herodotus and His 'Sources,'* trans. J. G. Howie (Leeds: Francis Cairns, 1989). 인용은 p. 248(영어본).

43 *Search* 43-51 그리고 *Pentateuch* 225-29, 238-39.

44 참고, Van Seters, *Search* 47.

45 *Form and Thought in Herodotus* (Cleveland: Western Reserve University, 1966), 33.

46 Evans, *Herodotus*, 142-53는 헤로도토스가 구전 역사가로 간주돼야만 한다고 결론 내린다. 또한 Fehling, Herodotus, 240-45와는 다르게, 에반스(Evans)는 헤로도토스의 여행의 역사성을 받아들인다(6-12). 마찬가지로, Waters, *Herodotus the Historian*, 76-92는 헤로도토스를 구전 역사가로 다루고, 헤로도토스가 고위직 페르시아 사람을 만난 것을 "거의 확실하다"고 간주한다(77). Shimron, *Politics and Belief*, 12를 또한 보라.

47 Stewart Flory, *The Archaic Smile of Herodotus* (Detroit: Wayne State University, 1987), 49-79.

48 Fehling, *Herodotus*, 120-41.

명기적 역사에는 발견되지 않는다! 신명기적 역사가 포함하는 유일한 특징은 전형적인 숫자와, 오늘날까지라는 문구를 사용한 것이다. 이런 특징은 전체 내러티브가 후대의 조작이라고 주장할 근거가 되지 못한다.

헤로도토스는 그리스인과 비 그리스인을 놀랍도록 공평하게 다뤘다. '야만인'에 대해 경멸만 했던 그의 나라 많은 사람들과는 다르게, 헤로도토스는 그리스인들이 문화적으로 신세를 졌다고 믿었던 사람들인 바벨론 사람(2.109), 페니키아 사람(5.58), 이집트 사람(2.43)뿐만 아니라, 공정하고 정직하며 충성스럽다고 묘사한(예, 1.136-9; 3.128) 페르시아 사람도 칭찬했다. 이런 공평함은 역사 연구자로서의 헤로도토스에게는 큰 자산이었다. 이로 말미암아 그는 자신의 것이 아닌 문화를 공정하고 열정적으로 조사할 수 있었다. 그러나 그의 역사에 대한 두 가지 의심스러운 사실은 그는 연대를 기록하는 목적으로 통치자나 제사장이나 왕들의 목록을 거의 사용하지 않았다는 점(그는 분명히 이에 대해 알았지만)과 연대기적 틀을 가지고 있지 않았다는 점인데, 이는 이야기에서 모순과 왜곡으로 이어지는 잘못을 범하게 됐다.[49]

여호수아-열왕기서 내러티브는 헤로도토스의 저술과 크게 다르다. 이는 무엇보다 성경의 내러티브가 의식적으로 정경이 되는 성경의 저작이며, 역사적 연구의 저작이 아니기 때문이다. 실제로 판 시터즈가 다른 근동의 역사 편찬 문헌에 작용한 기준에 의해,[50] 그리고 헤로도토스가 척도가 된다면, 신명기적 역사가는 역사가가 전혀 아니었다.[51] 이것은 그가 묘사한 사건들이 역사적으로 정확하지 않다는 것이 아니라, 그는 역사와 문화를 연구하는 자가 아니라는 사실을 지적하는 것이다.

---

49 How and Wells, *Commentary*, 438-42 그리고 Immerwahr, *Form and Thought*, 25-34를 보라.

50 Van Seters, *Search*, 320은 신명기적 역사가는 "백성의 정체성을 명확히 하고" 있다고 주장함으로써 신명기적 역사가 자신의 역사 정의에 들어맞는다는 사실을 보여주려고 시도한다. 이 주장은 내 견해로는 완전히 근거가 없다.

51 "신명기적 역사가"라고 지칭할 때, 나는 여호수아-열왕기의 기원에 대한 어떤 특별한 이론에 천상하고 있는 것이 아니라, 단순히 논의를 위해 공통된 용어를 사용하고 있을 뿐이다.

헤로도토스와 다르게 신명기적 역사가는 세계 여행자도 문화 연구자도 아니었다. 신명기적 역사가는 지역 전통에 대해 말하지도 개인적으로 목격한 사건이나 대상을 묘사하지도 않았다. 그는 이스라엘의 비문 증거를 언급하지 않고, 외국의 기념비나 공식 문헌에 대해서도 일절 언급하지 않았다. 어떤 개인도 증거나 정보원으로 인용하지 않았고 어떤 증거도 신뢰성을 위해 고찰하지 않았다. 그는 증거의 개연성이나 강점에 근거하여 개인적인 의견을 제시하지도 않았다. 신명기적 역사가는 이방인들이 이스라엘 및 유다와 소통할 때를 제외하고 그들에게 전혀 관심을 가지지 않았으므로 이방인들에 대한 공정은 이슈가 아니었다. 이방인들은 단순히 언약 밖에 있는 백성들, 곧 온 민족들일 뿐이었다. 신명기적 역사가는 과거를 연구하기보다는, 신학적 주장을 위해 과거를 사용했다. 신명기적 역사가가 인용한 자료("이스라엘 왕 역대지략" 등)는 독자가 참고할 권위 있는 문서들이라고 간주됐다.

다른 한편, 성경의 기사는 근동 역사가들의 양상을 따른다. 헤로도토스와는 완전히 다르게 여호수아-열왕기서는 연대기의 틀 내에 설정된 사사와 선지자와 왕들의 이름이 지배적이다. 또한 헤로도토스와 여호수아-열왕기서의 자료가 생생한 내러티브 기술을 사용하는 것은 사실이지만, 성경 본문의 가장 극적인 기사들 가운데 둘인 왕궁 역사와 엘리사 이야기는 판 시터즈가 신명기적 역사에서 후대에 추가된 것이라고 배제했다.[52]

또한 우리는 판 시터즈의 신명기적 역사가 실제로 헤로도토스와 같은 방식으로 병렬적이지 않다고 지적할 수 있다. 이는 헤로도토스가 고도의 일화를 중심으로 한 화법을 따르기 때문이다. 성경 역사는 어느 정도 사건 중심인 것은 사실이지만, 역사의 주제를 고수하며 광범위하고 때로 명백하게 조화를 이루지 않는 여담을 사용하는 데서 헤로도토스와 비교되지 않는다. 헤로도토스는 일화를 사용할 때 전반적인 목적을 가지지만, 그의 목적과 방법은 전혀

52 *Search*, 277-91, 306.

성경 역사와 비교할 수 없다.[53]

가장 중요한 점은 신명기적 역사가는 신학적 계획에 지배를 받았다는 점이다. 이 중심에는 다윗 언약(삼하 7장)과 이스라엘과 유다 모두 여호와의 언약의 조건들을 존중하기를 거부했기 때문에 멸망당했다는 확신이 있다.[54] 신탁과 자만에 대한 인간의 행위를 언급하는 데서도 알 수 있듯이 헤로도토스 역시 종교적인 맥락에서 활동했다. 그러나 헤로도토스에게서 이는 단순히 그의 역사적 연구에 영향을 미치는(그리고 때로 모호하게 하는) 종교적인 관점일 뿐이다. 헤로도토스의 저작은 근본적으로 정치적인 역사이며, 우리가 신명기적 역사에서 발견할 수 있는 것과 같은 신학적인 계획이 아니다.[55] 유대인들이 전기 예언서와 같은 성경의 전집을 언급하는 것은 이유가 없지 않다. 게다가 이 구분이 신명기적 역사에도 유효하다면 오경에 대해서는 훨씬 더 그렇지 않겠는가! 우리는 와이브레이가 실제로 헤로도토스와 오경이 동일한 장르로 되어 있으며 "함께 연구돼야 한다"고 말할 준비가 되어 있는지 궁금할 뿐이다.

판 시터즈가 이스라엘 역사 기록의 시작을 후대 연대로 정한 것은 다른 이유에서도 문제가 된다. 헤로도토스와 비슷하다고 주장하는 것 이외에도, 그는 역사 기록의 발전에서 이스라엘은 신-바벨론 연대기 저자의 모범을 따랐으며, "솔로몬의 실록"과 "이스라엘/유다 왕의 역대지략"이 이런 연대기에 대한 이스라엘의 예라고 주장한다. 따라서 이런 저작은 그들이 기록한 사건들보다 상당히 후대의 것임이 틀림없다. 사실 이 저작들은 자료를 위해 이

53 참고, Immerwahr, *Form and Thought*, 46-78. Van Seters, *Source*, 31-40는 임머바르(Immerwahr)를 광범위하게 인용하지만, 심지어 판 시터즈의 논의에서도 유일하게 중요한 점은 성경학자들이 너무 성급하게 자료의 구분과 편집적 영향의 증거를 주장했다는 것이다. 그렇지 않으면 헤로도토스와 성경은 명백하게 동일하지는 않다. 헤로도토스의 일화가 많은 문체에 대한 설명을 위해 Flory, *Archaic Smile*을 또한 보라. 그러나 여기서 다시 나는 신명기적 역사와의 어떤 유사점도 볼 수가 없다.

54 Van Seters, *Search*, 271-7은 이 본문이 주제상으로 신명기적 역사에 중심이라고 주장한다.

55 Shimron, *Politics and Belief*, 26-57을 특히 보라.

전 비문이나 연대기에 의존했지만 신-바벨론 자료 이후의 것임이 틀림없다.[56]

판 시터즈가 이런 재구성을 확립하려는 노력은 공상적이라고 할 수밖에 없다. 그는 더 이상 존재하지도 않고, 우리 중에 누구도 보지 못한 책들에 대한 장르 분석을 시도하고 있다. 그럼에도 판 시터즈는 자신의 논제와 일관되게 "솔로몬의 실록"은 "편찬자 당시에는 현존했던 솔로몬의 통치의 기록 특히 비문들의 모음집"이며 이 모음집은 아마도 성전 건축에 대한 기념물을 포함했을 것이라고 주장한다. 따라서 저작은 주로 "건축 활동, 명세서와 목록에 대한 언급"으로 구성됐다.[57]

그러나 아마도 자신 앞에 이 책을 두었던 성경 저자는 이 책이 "(솔로몬의) 행한 모든 일과 그의 지혜"(왕상 11:412)를 포함했다고 진술한다. 이것은 판 시터즈가 의미한 것보다 훨씬 광범위한 저작을 가리킨다. "그리고 그의 지혜"의 의미는 알려지지 않았지만, 열왕기상 4:29-34의 요약을 위한 토대였던 정보를 묘사할 수도 있다. 실제로 여기서 열왕기서의 다른 모든 이런 언급들에서처럼,[58] 저자는 그가 자신의 신학적(역사적이 아닌!) 목적에 필수적이라고 여겼던 정보를 추출하여 의심이 많거나 회의적인 독자에게 솔로몬의 통치에 대한 이전의 훨씬 자세한 역사를 언급하고 있는 것 같다. 이 자료의 형식과 작성 연대와 내용은 우리에게 알려지지 않았지만 판 시터즈의 분석은 본문이 내포하는 바와 일치하지 않는다.

와이브레이와 창세기로 돌아오자면 오경이 그리스 역사가들에게 영향을 받았다는 매우 의심스러운 입장을 옹호하고 싶지 않을 경우 그리스 역사가들이 어떻게 오경의 연대 문제와 관련이 있는지를 보기가 어렵다. 그리스 문학과 성경 사이의 양식상의 비슷한 점이 도움이 될 수 있지만, 창세기의 고대 근동 환경과 헤로도토스의 그리스 환경은 사실 문학적 역사와 관련하여 동떨어진 세계다. 두 저작이 명백히 동일한 장르로 되어 있고 분명하게 문학적

56 Van Seters, *Search*, 292-302, 357.

57 앞의 책, 301-2.

58 예를 들어, 왕상 14:29; 15:23; 15:31.

으로 의존한다고 하더라도, 각 저자는 같은 시대 사람들이었다는 것은 말할 것도 없고, 비슷한 동기를 가졌다거나 비슷한 환경에서 기록했다고 할 수는 없다. 명백한 예는 호머의 서사시와 베르길리우스의 서사시 아네이드Aeneid의 비교에서도 볼 수 있다. 진정한 역사 기록은 15세기가 되어서야 그리스에서 시작했다는 사실은 오경이 어떻게 작성됐는지 또는 언제 작성됐는지와 관계가 없다. 판 시터즈는 와이브레이의 논제를 신뢰할 만하게 지지할 증거를 제시할 수 없다.

와이브레이 가설의 부적설성

가장 중요한 점은, 포로기 이전 기록에서의 오경에 대한 언급이 부족하다는 와이브레이의 주요 주장이 그의 이론으로 적절히 설명되지 않고, 그의 이론을 뒷받침하는 데 사용될 수 없다는 것이다. 침묵에서의 논증(포로기 이전의 저작들은 족장의 삶에서의 사건들을 언급하지 않는다)은 포로기 이전 이스라엘 사람들이 결코 족장을 들어보지 못했다거나 최소한 족장들과 관련된 이야기들에 대해 어떤 것도 알지 못한다는 사실을 입증하려고 노력할 때만 합리적으로 사용될 수 있다. 족장들에 대한 소정의 책이 아직 기록되지 않았다고 제안하는 데 사용될 수 없다. 포로기 이전 이스라엘 사람들은 자신들이 창세기 족장의 후손이라고 믿고 족장들에 대한 이야기를 일부 알았고, 더 나아가 가나안 땅의 거주와 관련하여 족장들에게 하나님을 약속했다고 믿는다면 창세기가 완전하게 기록된 본문으로 있고 없고는 논쟁점이 된다. 어떤 경우든 포로기 이전 선지서에 아브라함에 대해 비교적 거의 언급하지 않다는 것은 사람들이 아브라함이 누구였는지 알지 못했기 때문이 아니다. 이렇게 창세기 자료에 대해 드물게 언급하는 것에 대해 다른 설명을 찾아야 한다.

와이브레이는 자신의 가설이 오경 저자에게 자료가 없었다는 것을 의미하지는 않다는 것을 동의해야만 한다. 아테네가 하루아침에 만들어지지는 않았다. 실제로, 와이브레이는 오경의 있음직한 자료가 오래됐다는 것을 논의하면서, "묘사된 사건에 이어지는 어떤 연대도 선험적으로 배제될 수 없다"

고 옳게 주장한다.[59] 확실히 와이브레이는 창세기의 많은 부분이 고대 민담을 허구적으로 개정한 것이라고 여기고 싶어 하지만[60] 심지어 창세기에서도 그는 자료들을 완전히 피할 수는 없다.

하지만 와이브레이의 접근에 치명적이지 않다면 자료에 대한 사실은 골칫거리다. 두 가지 실제 가능성만이 존재한다. 포로기 이전 이스라엘 사람들은 일반적으로 자신들이 아브라함과 이삭과 야곱의 자손이었고 그들에 대해 공통의 전통을 가졌다고 믿었든지 그렇지 않았든지 했을 것이다. 그들이 이런 전통을 보유하지 않았다면, 포로기의 공동체가 갑작스럽고 완전하게 족장들의 새로운 역사(출애굽과 율법은 말할 것도 없고)를 참되며 정경이라고 어떻게 받아들였는지를 설명해야만 한다. 실제로 이렇게 새롭게 기록된 오경이 너무나 설득력이 있어서, 신명기적 역사가는 돌아가서 신명기적 역사에 모세와 족장들에 대한 언급을 삽입했었다![61] 몇 가지 핵심적인 전통이 현재의 오경에 확장됐고 윤색됐다고 가정하기가 마찬가지로 받아들이기 어렵다. 군주제 시대 이스라엘 사람들이 족장의 전통을 알고 받아들였다면, 포로기 이전 문헌들에서 족장들에 대해 언급하지 않는 것은 책으로서의 창세기의 연대와 관련하여 이슈가 되지 않는다. 그리고 창세기 저자가 자료를 사용했다고 용인하는 것은 포로기 이전 이스라엘 사람들이 이 전통을 알았다고 용인하는 것이다. 아무튼 이스라엘 사람들이 어떤 공통의 기원 전통이 없이 한 나라로 포로기까지 존재했을 수 있다는 것은 생각할 수 없다.

그러므로 이슈는 포로기 이전 이스라엘 사람들이 족장에 대해 알았는가가 아니다. 그들은 분명히 알았다. 문제는 족장 역사에 대한 반영이 왜 구약 나머지에서(포로기 이후 자료를 포함해서) 드문가 하는 것이다. 대답은 족장 이야기들이 더 이상 공동체에서 살아 있는 전통이 아니었다는 것일 수 있다. 달리 표현하자면, 창세기의 이야기들은 출애굽 후의 이스라엘의 역사에

---

59 *Pentateuch*, 236.

60 앞의 책, 239-40.

61 Van Seters, *Source*, 323에 따르면, 신명기적 역사는 오경 자료보다 이전의 것이다.

서 삶의 정황*Sitzen im Leben*이 없다. 창세기는 사사 시대나 왕국 시대 또는 포로기 공동체나 포로기 이후 공동체의 시대에 던져질 질문을 위해 기록되지 않았고, 그 질문을 다루지도 않는다. 창세기의 자료는 민족 이스라엘이 생기기 오래 전 존재했던 공동체에 호소했으며 창세기의 기록된 본문은 군주제도나 분열왕국이나 포로기의 상황에서 일어날 역사적 · 신학적 문제와는 크게 다른 역할을 지녔다.

창세기는 이렇게 군주제 이전의 정황에서의 저작으로 여기는 것이 최선이다. 창세기와 오경의 나머지 사이에 어떤 관계가 있는지의 문제와 바벨론 포로기가 창세기를 위한 합리적인 정황을 제공했는지의 문제는 12장에서 다룰 것이다.

본문의 역사성

창세기 자료의 신뢰성을 유지하려는 보수주의의 시도는 순진한 시도라고 종종 무시됐다. 그러나 최근 복음주의 학자들은 학문적으로 매우 정확하고 민감하게 성가신 역사적 문제를 다뤘다.

바벨탑

데일 S. 드위트Dale S. DeWitt는 바벨탑 사건의 역사적 배경에 대한 이슈를 조사했다.[62] 그는 학자들이 일반적으로 이야기를 순수한 신화[63]로 간주했든지, 에누마 엘리쉬에 대한 문학적인 의존의 본보기[64]로 간주했다고 보았다.

---

62 Dale S. DeWitt, "The Historical Background of Genesis 11:1-9: Babel or Ur," *JETS* 22 (1979): 15-26.

63 역사 영역의 밖에 있다는 의미에서의 '신화.' 이런 식으로, Robert Davidson, *Genesis 1-11* (Cambridge: University Press, 1973), 6, 10-11, cited in DeWitt, "Babel or Ur," 15.

64 이런 식으로 E. A. Speiser, *Genesis*, AB (New York: Doubleday, 1964), 75-76.

하지만 드위트는 바벨탑 이야기를 수메르 역사의 맥락에 두는 강력한 논거를 제시한다. 드위트는 "시날 땅"(2절)이 정확히 수메르이며 본문의 언어는 전 세계적인 의미보다는 지역적인 의미로 읽힐 수 있다고 주장한다.[65]

더 나아가 드위트는 창세기 11:1-9과 수메르 문명에 대해 알려진 것과 많은 유사한 점이 있다고 지적한다. 첫째, 우르의 제3왕조 후반의 수메르 문헌은 그들이 한때 한 언어로 된 민족이었으나 엔키Enki가 그들의 언어를 혼란케 했다고 진술한다.[66] 이에 대한 역사적 배경은 셈족과 다른 민족들이 수메르를 침략한 것인데, 이 셈족과 다른 민족들은 새로운 언어를 도입했고 수메르 문명의 멸망을 야기했다. 드위트는 수메르 문헌과 창세기 모두에서 언어가 증가한 현상이 신의 활동의 탓이라고 설명한다. 그럼에도 드위트는 이 붕괴는 역사적인 원인 특히 아모리 사람들과 엘람 사람들의 침략 때문이었다고 설명한다. 드위트는 성경 다른 곳에서도 역사적인 활동은 신이 원인이 된 탓이라고 지적한다.[67]

또한 드위트는 수메르의 지구라트를 둘러싼 이데올로기는 창세기 11:4에서 건축자들의 목적에 대해 진술하는 것과 매우 조화를 이룬다고 말한다. 그들은 지구라트가 하늘 및 땅과의 연결고리가 되며("그 탑 꼭대기를 하늘에 닿게 하여"), 그들 자신의 영광과 권력에 대한 가장 위대한 가시적인 표시("우리 이름을 내고")가 됐다고 믿는다. 게다가 지구라트를 만들 때 화덕에 구운 벽돌을 사용하는 데서 역청 반죽과 마찬가지로, 최소한 이미 우르의 제3왕조의 일로 확인된다(창 11:3은 역청 대신에 '타르'[개역개정, '역청'-옮긴이]라고 기록한다).[68]

마지막으로 드위트는 우르의 제3왕조의 몰락은 수메르 민족이 흩어지는 결과를 낳았다("여호와께서 거기서 그들을 온 지면에 흩으셨으므로"[8절])고 주

---

65 드위트는 9절의 바벨에 대한 언급을 우상숭배에 대한 풍자를 의도하거나 우르를 바벨론이라는 후속 도시와 연결하려고 의도된 편집적인 논평으로서 다룬다(17-18).

66 S. N. Kramer, "The Babel of Tongues: A Sumerian Version," *JAOS* 88 (1968) 108-11, cited in DeWitt, "Babel or Ur," 19을 보라.

67 DeWitt, "Babel or Ur," 20.

68 앞의 책, 15, 20-24.

장한다.[69] 수메르 문명의 붕괴는 따라서 모든 인류의 자만에 대한 신의 저주를 상징한다.

족장 시기의 역사적 환경

K. A. 키친Kitchen은 족장 내러티브가 B.C. 2천 년 초의 팔레스타인 상황에 잘 들어맞는다고 지적했다. 키친은 이 판단에 대해 여섯 가지 이유를 제시한다.

"메소포타미아 국가들 사이의 권력의 동맹(창 14장)은 B.C. 2000-1750년경에 전형적인 모습이었다."[70] 키친은 이것이 이 시기 전이나 후의 실상인 것 같지는 않다고 주장하지만, B.C. 18세기의 마리 편지를 인용하는데, 이 편지에서 열 명과 열다섯 명과 스무 명의 왕들의 동맹을 언급한다. 그리고 키친은 이 시기에 "최소한 다섯 개의 다른 메소포타미아 동맹이 알려졌다"고 지적한다.[71] 또한 키친은 창세기 14장의 네 동쪽 왕들의 이름이 이 시기에 들어맞는다고 주장한다.[72]

더 나아가 키친은 족장들의 이름이 이집트 문헌과 메소포타미아 문헌에서의 이름과 비슷하며 모두가 B.C. 19세기에서 17세기까지의 시기에 있다고 주장한다. 키친은 아브라함이 포제너Posener 저주 문헌의 아부라하나Aburahana와 비교할 수 있으며 스불론은 이집트와 구 바벨론 자료의 자빌라누Zabilanu와 비슷하다고 진술한다.[73] 토마스 L. 톰슨Thomas L. Thompson은 저주 문헌에서의 아브라함의 유사성이 타당한지에 대해 의문을 제기하고, 아브

---

69 앞의 책, 24-25. 드위트(DeWitt)는 성경 기사를 우르의 제3왕조의 몰락 연대와 연결시키는 데 대해 다소 당황하지만(pp. 25-26), 내 견해로는 말할 필요도 없이 그렇다. 이 연구가 입증하듯이 바벨탑 이야기와 이어지는 족보 자료는 다른 자료에서 왔으며 바벨탑 사건이 연대상으로 족보에 나오는 사람들의 일생을 앞선다고 가정할 필요는 없다.

70 Kitchen, *Ancient Orient*, 47.

71 앞의 책, 45.

72 앞의 책, 43-44.

73 앞의 책, 48.

라함이라는 이름이 서부 셈어지만, 어느 연대 시기에도 분리될 수 없다고 주장한다. 톰슨은 아브라함과 비슷한 이름들이 "신-앗수르 시기까지 내려오는 마리 문헌의 시기에서도 발견된다"고 진술한다.[74] 그러나 톰슨의 결론은 과장된 것 같은데, 그의 단 하나의 신-앗수르의 사례가 의문스럽지만 그는 최소한 그럴듯한 이전 이름들을 배제하기 때문이다. 아브라함이라는 이름이 B.C. 2천 년의 연대를 요구한다고 주장할 수 없다는 것은 사실이지만, 그 이름이 B.C. 2천 년의 연대를 결코 배제하지 않는다는 것도 마찬가지로 사실이다.[75]

키친의 논리는 다음과 같이 계속된다. "팔레스타인의 남서 경계의 네게브 지역을 주기적으로 차지한 일은 B.C. 21세기에서 19세기까지(중기 청동기 1기) 동안 고고학적으로 입증되지만, 천 년 이전이나 이후 8천 년 동안에는 입증되지 않는다."[76] 족장의 거류는 창세기 20:1과 24:62에서 지적된다. 여기서 키친은 넬슨 글럭Nelson Glueck의 저작에 주로 근거한다. 판 시터즈는 이 지점에서 글럭에게 도전하고 캐슬린 케년Kathleen Kenyon을 따라 중기 청동기 1기의 문화는 본질적으로 반유목민의 문화였고, 창세기가 묘사하는 종료의 정착한 공동체는 "이 시기에 부적절"하다고 주장한다.[77] 그러나 톰슨은 이 점에 관한 케년의 주장의 약점을 입증했다.[78] 중기 청동기 1기 고고학은 족장의 이동과 모순되지 않는다는 입장이 여전히 유효하다.

---

74 Thomas L. Thompson, *The Historicity of the Patriarchal Narratives*, BZAW 133 (Berlin: de Gruyter, 1974), 22-36. 인용은 p. 35.

75 더 깊은 논의를 위해, D. J. Wiseman, "Abraham Reassessed," in *Essays on the Patriarchal Narratives*, ed. A. R. Millard and D. J. Wiseman (Winona Lake, Ind.: Eisenbrauns, 1983), 141-60, 특히 158-60을 보라.

76 *Ancient Orient*, 49. 그가 "중기 가나안 1기"라고 부르는 시대의 네게브에 대한 묘사에 대해, Yohanan Aharoni, *The Archaeology of the Land of Israel*, trans. Anson F. Rainey (Philadelphia: Westminster, 1982), 85-86을 참고하라. 칼 아머딩(Carl Armerding)은 중기 청동기 1기 후에, 네게브의 "첫 실제 확장"은 통일 이스라엘 왕국에서 왔다고 주장한다. *The New International Dictionary of Biblical Archaeology*, ed. E. M. Blaiklock and R. K. Harrison (Grand Rapids: Zondervan, 1983), s.v. "Negev."

77 *Abraham*, 105-7.

78 *Historicity*, 165-71. 톰슨은 창세기가 어디에 관심이 있는지에 대해 변증의 의도로 말하고 있지 않다.

키친은 "이동의 자유와 넓은 범위는 구 바벨론 시기에서 특히 분명하게 드러난다"고 주장한다.[79] 키친은 대상(隊商)이 하솔에서 엘람까지와 바벨론에서 소아시아까지의 지역을 횡단했다고 지적하며, 마리 기록보관소를 주요 증거 자료로 인용한다. 또한 키친은 반유목민들이 "때로 곡식을 경작하고 정착하는 생활을 했다"고 지적한다.[80]

갑바도기아의 구 앗수르 평판(B.C. 19세기)은 창세기에서 발견되는 신들에 대한 여러 명칭과 가장 유사한 내용을 제공한다. 이 이름들에는 "아브라함의 하나님," "이삭의 경외하는 이," "야곱의 전능자"가 포함된다. 하지만 알브레히트 알트Albrecht Alt가 제안한 대로 이 이름들은 개별 신들이 아니다. 키친을 인용하자면, "고대 근동에서 흔히 있는 일이듯이 이것들은 단일 하나님에 대한 다수의 별칭일 뿐이다."[81]

B.C. 2천 년에 존재했던 것으로 알려진 사회 풍습과 법은 창세기의 것들과 비슷하다. 예를 들어, "창세기 37:28에서 요셉을 위해 지불한 은 20세겔의 가격은 대략 B.C. 18세기의 노예에 대한 정확한 평균 가격이다. 이보다 이전에는 노예들이 더 쌌었고(보통 10-15세겔), 후에는 점차 비싸졌다."[82] 게다가 키친은 창세기 23장이 히타이트 재산법으로 가장 잘 설명되고, 신-바벨론 구두 계약으로 간주돼서는 안 된다는 입장을 지지한다.[83] 그는 창세기 23장이 실제 계약이 아니라 구매에 대한 보고라고 옳게 지적한다.[84] 마지막으로 키친은 아이 없는 부부가 할 수 있는 선택권과 관련된 풍습에 대한 성경의

---

79 *Ancient Orient*, 50.

80 앞의 책

81 앞의 책, 50-51.

82 앞의 책, 52-53.

83 반대의견, Gene M. Tucker, "The Legal Background of Genesis 23," *JBL* 85 (1966): 77-84.

84 *Ancient Orient*, 154-6. M. J. Selman, "Comparative Customs and the Patriarchal Age," in *Essays on the Patriarchal Narratives*, ed. A. R. Millard and D. J. Wiseman (Winona Lake, Ind.: Eisenbrauns, 1983), 91-139, 특히 p. 124을 또한 보라.

묘사는 우르 자료, 특히 누지 자료로 가장 잘 설명된다는 견해를 지지한다.[85]

족장 내러티브의 역사성에 대한 최근 도전

이미 언급한 최근 두 저작에서는, 족장 내러티브가 어떤 의미에서도 역사적으로 읽힐 수 없다고 주장했다. 톰슨의 『족장 내러티브의 역사성』*Historicity of the Patriarchal Narratives*과 판 시터즈의 『역사와 전통에서의 아브라함』*Abraham in History and Tradition*이 그 두 저작이다. 이 저작의 중요성과 저작들이 논의하는 박학함 때문에 최소한 몇 마디로 반응하는 것이 여기에 적절하다.

일부 필요한 수정

우선, 이 비평들은 창세기 연구에 일부 필요한 수정을 제공했다는 것은 분명하다. 특히 톰슨은 창세기와의 유사점이라고 주장되는 많은 내용과 족장 시대의 역사적 재구성을 논파했다. 그러나 나는 이런 재평가 중에 최상의 내용들이 창세기 본문의 세부 내용과 양립할 수 없을 수도 있는 어떤 학문적 재구성에 미치는 것만큼이나 실제로 족장 내러티브의 역사상에 영향을 주는지에 대해 의문을 제기한다. 몇 가지 예들이 이를 설명할 것이다.

베냐민 사람들

마리의 한 부족 집단의 이름을 비니아-미-나-아Binia-mi-na-a라고 음역함으로 말미암아 많은 학자들이 이 부족은 성경의 베냐민과 동일시 될 수 있다고 믿게 됐다. 따라서 이 부족은 모집단에서 분리되어 시리아에서 가나안까지 서쪽으로 왔다고 상정됐다. 그러나 톰슨은 의문시되는 이 이름이 '베냐민'이 아니라, '야미나Iamina 부족'이나 '남부 부족'으로 번역돼야만 한다는 사실

---

85 앞의 책, 153-54.

을 입증했다. 더 나아가 톰슨은 이 용어가 아마도 전혀 단일 부족을 가리키지 않고 메소포타미아의 두 구체적인 지역의 여러 부족들 가운데 일부를 가리킨다고 지적한다. 마리 평판에 언급된 집단은 베냐민이라는 이스라엘 지파와 전혀 상관이 없다.[86]

그러나 마리 집단이 성경의 베냐민과 동일시 될 수 있다면, 성경이 베냐민의 기원에 대한 역사를 심각하게 혼동했다는 사실을 보이는 것일 뿐이다. 여기서의 톰슨의 저작은 결코 성경의 역사성에 도전하지 않는다. 톰슨은 사실 창세기와 모순됐던 학문적 의견을 뒤집었을 뿐이다.

대상(隊商) 아브라함?

톰슨은 다른 학자들이 제기한 비판에 근거하여 족장들은 지역 사람들과 거래하려고 돌아다니는 상인들이었다는, C. G. 고든Gordon과 윌리엄 L. 올브라이트William L. Albright의 이론도 잠재웠다. 족장들이 "자유롭게 이동"할 수 있었다고 정확하게 번역하는 대신에 땅에서 자유롭게 "매매"했다는 것을 의미하도록 창세기 34:10과 42:34의 히브리어 본문을 해석하여 이 이론은 정당화됐다. 게다가 올브라이트는 초기 청동기 4기/중기 청동기 1기에 대한 불가능할 정도로 낮은 연대와 더불어, 아브라함을 '하비루 대상'과 연결시켜 이 논제를 주장하려고 했다. '하비루 대상'과 관련하여 톰슨은 하비루가 상인들보다는 해적들로 문헌에서 묘사된다고 지적했다.[87]

그러나 다시 한 번 성경은 결코 아브라함이 대상이었다는 사실을 내포하지 않는다. 사실, 보수적인 학자 키친은 오래 전에 대상 이론을 거부했다.[88]

아모리 족속의 팔레스타인 이주?

특히 올브라이트 학파와 연관된 또 다른 이론에서는 초기 청동기 4기/중

86 Thompson, *Historicity*, 58-66.
87 앞의 책, 171-86.
88 *Ancient Orient*, 49, n. 71.

기 청동기 1기 시대에 서부 셈족('아모리 족속' 또는 '아람 사람')이 먼저 우르에서 하란까지 북쪽으로, 그 다음에 팔레스타인까지 서쪽으로 이주했다고 주장한다. 논쟁은 적절한 용어에 대한 해석, 서부 셈족의 확인과 역사, 다양한 지역의 문헌, 특히 마리 문헌과 이집트의 저주 문헌의 함의와 관련된다. 이런 문제에 대한 톰슨의 연구의 깊이와 범위는 참으로 존경할 만하다. 그의 전반적인 결론은 주요 서부 셈족의 우르에서 하란까지의 북쪽 이동과 그 다음에 가나안으로 서쪽 이동에 대한 이론이 받아들이기 어렵다는 것이다. 더 나아가 톰슨은 이집트 문헌은 이 시기에 팔레스타인에서 내려와 새롭게 도착한 서부 셈족에 대한 묘사를 지지하지 않으며, 중기 청동기 1기의 팔레스타인에 대한 고고학은 이 지역에 반유목민이 가득했다는 사실을 가리키지 않는다고 주장한다.[89] 확실히 한 학자는 톰슨이 특히 이집트의 증거와 관련한 곳에서 그의 논거를 과장했다고 주장한다.[90] 그럼에도 아모리 족속의 이주에 대한 이론이 크게 타격을 입은 것은 분명하다.

그러나 다시 한 번 우리는 한 지점 곧 성경은 결코 아브라함이 민족의 대규모 이동에 속했다고 말하지 않는다는 지점에 왔다. 그 반대로 이 연구는 족장 내러티브의 주요 주제가 거류민들의 세계에서의 족장들의 소외와 고립이라는 것을 입증하려 할 것이다. 아내 및 소원해진 조카 롯과 몇몇 따르는 이들을 제외하고, 아브라함은 친족이나 동료 여행자들이 없었다. 야곱은 토착민들 사이에 그의 고립을 너무 걱정하여서 자기 아들들이 자기 이름을 "이 땅의 주민에게 악취"(창 34:30)를 나게 했다고 통렬하게(그리고 두려워하며) 불평했다. 간단히 말해서 족장들은 홀로였다. 어떤 학자들은 족장의 이동이 고고학적 연구로 확인됐다는 견해에서 만족할 수도 있지만, 면밀히 조사하면 이 '확인'은 그 자체로 성경 내러티브에 문제가 된다는 것이 드러난다. 성경에서 족장의 이주는 고립된 가족의 이동으로 제시된다. 사실, 역사적인 확인

89 *Historicity*, 52-187, 316-21.

90 Aelred Cody, review of *The Historicity of the Patriarchal Narratives*, by Thomas L. Thompson, *Bib* 57.2 (1976): 263.

은 필요하지도 가능하지도 않다.

족장들의 거류

판 시터즈는 고대 근동 연구가 유목민의 세 가지 특징을 드러낸다고 주장한다. 즉 이동 방목(가족과 가축이 함께 유목민의 우거진 목초지로의 주기적인 이주), 본토인들에 대한 적대감과 이주가 세 가지 특징에 해당한다. 판 시터즈는 족장들이 이 범주 가운데 어느 것도 충족되지 않는다고 주장한다.[91]

이에 대한 대응으로, 우리는 본문에서 족장들이 판 시터즈가 묘사하는 의미에서 이주자들이었다고 결코 내포하지 않는다는 것을 지적한다. 그들은 땅이 없는 이주민으로 제시된다.[92] 그들은 일부 이동 방복을 했지만, 무법자들이지도 않았고 대규모 이주의 일부도 아니었다. 판 시터즈 자신이 지적하듯이, 아브라함은 거류민으로 묘사되는데, 이는 "유목민을 가리키는 일반적인 명칭으로는 전적으로 적절하지 않은 용어다."[93] 또한 J. J. M. 로버츠Roberts는 "판 시터즈가 제시하는 정착 생활과 유목 생활의 극단적인 대조(p. 9)는 마리 지역의 B.C. 2천 년의 유목 생활이 정착과 유목의 특징의 조합으로 특징지어진다는 사실을 무시한다"고 지적한다. 또한 로버츠는 마리 '유목민들' 스스로도 땅을 얻고자 노력했다고 주장한다.[94] 성경의 묘사는 이런 상황과 전적으로 일치한다.

---

91 *Abraham*, 13-38.

92 Wiseman, "Abraham Reassessed," 141-58을 또한 보라. 아브라함이 이주자였다는 사실은 창세기가 그에 대해 돌리는, 지역 주민들 사이에서 존경과 영향을 얻었었다는 사실을 배제하지 않는다.

93 *Abraham*, 16.

94 Review of *Abraham in History and Tradition*, by John Van Seters, *JBL* 96.1 (1977): 109. 로버츠(Roberts)의 증거는 땅 상속이라는 주제를 "유목의 생활 방식에 완전히 이질적"이라고 부르는 Van Seters, *Abraham*, 16과는 반대된다.

아내-여동생 이야기와 누지

존경스러울 정도로 철저한 또 다른 분석에서, 톰슨은 E. A. 스파이저Speiser가 창세기를 '아내-여동생' 주제(12:13; 20:2; 26:7)와 누지 문헌을 연결시키려는 노력으로 말미암아 어떻게 효과적으로 두 가지 모두에 대한 균형감을 잃게 됐는지를 보여준다. 스파이저는 누지의 후르리인 상위 계층에서 남자는 여자와 결혼할 뿐만 아니라 여자를 자기 여동생으로 입양했다고 주장한다. 스파이저는 후르리 문화가 형제 중심 사회였기 때문에 이런 일이 일어났으며, 여자의 아내-여동생이라는 지위는 동시에 남편의 권위를 향상시키면서 아내에게 더 큰 보호와 더 높은 사회적(심지어 종교적) 지위를 보장했다고 믿는다. 이것이 사실이라면 하란(후르리 사회의 중심지)의 서부 셈족이 이 풍습을 채택했다고 결론 내릴 수 있다. 스파이저에 따르면, 창세기는 심하게 세부 내용을 혼동하기는 하지만 족장들에 대해 많은 내용을 함축한다. 성경은 법적 지위의 단순한 문제보다는, 아내-여동생 주제를 아브라함의 속임수와 비겁함의 문제로 제시한다. 따라서 스파이저는 창세기의 '아내-여동생' 이야기가 역사적인 핵심을 지닌다고 결론 내리지만, 이야기 자체는 역사적인 것만은 아니다.[95]

톰슨은 이 이론의 거의 모든 면이 면밀히 조사를 받아 붕괴된다는 것을 보여준다. 다른 무엇보다도 후르리인 남편이 자기 아내를 여동생을 입양한다는 개념은 본문을 잘못 해석한 것에 근거한다. 여자를 여동생으로 입양하는 남자는 그 여자와 결혼하지 않고, 여자를 결혼하게 할 권위를 가진다(따라서 신부 값의 몫을 받는다). 둘째, 후르리 사회는 형제 중심의 사회가 아니라 가부장제 사회였다. 셋째, 여자를 아내로 입양하는 것은 여자에게 특별한 지위를 부여하지 않았다. 마지막으로 스파이저의 방법은 심각한 방법론적인 문

95 이 주제에 대한 자신의 견해를 스파이저가 직접 요약한 것에 대해, *Genesis*, 91-94를 보라. 스파이저의 입장에 대해 충분히 설명한 것에 대해, E. A. Speiser, "The Wife-Sister Motif in the Patriarchal Narratives," in *Biblical and Other Studies*, ed. Alexander Altann (Cambridge: Harvard University Press, 1963), 15-28을 보라.

제를 포함한다. 후르리 풍습에 대한 그의 해석과 족장 이야기 사이에 유사점이 있다고 주장하려면, 창세기의 현재 이야기에 대해 실제 유사점이 존재하지 않다고 인정하고 원래의 세부 내용은 심각하게 혼동됐다고 전제해야 한다. 간단히 말해서 스파이저가 제시한 유사점은 창세기에 대한 상상에 의한 배경에 근거한다![96]

그러나 다시 한 번, 톰슨의 누지 자료에 대한 연구는 사실 사건의 창세기 버전이 비역사적이었음을 의미하는 유사점이라고 주장되는 바를 잠재웠을 뿐이다. 물론 톰슨은 창세기를 역사적인 것으로 받아들이지 않는다. 그는 창세기 12:10-20이 "이집트 사람들을 약탈한다"는 주제를 발전시킨다고 주장한다. 더 나아가 톰슨은 형제와 자매가 서로 결혼하는 주제는 신들과 타이탄들(하늘과 땅의 신의 아들-옮긴이)에게는 흔한 일이었으며 이집트의 제18왕조 자료에서 여동생은 한 사람의 연인을 가리키는 애칭이라고 주장한다.[97]

다른 한편, 창세기 12:10-20은 아마도 출애굽에 대해 예기적으로 읽힐 수 있겠지만, 이것은 이집트에 일어나지 않은 거기서나 비슷한 이야기(20:1-18; 26:1-11)에서 '아내-여동생' 주제를 결코 설명하지 못한다. 신들 가운데 가족 사이의 결혼과 애칭으로서 여동생을 사용하는 것은 모두 의미 없는 유사점들이다. 족장은 이야기에서 신들과 같지 않다. 즉 이삭의 경우, 아내-여동생 주제는 명백하고 단순한 거짓말이며, 따라서 결코 신화와 비슷하지 않다! 마찬가지로 아브라함은 이집트의 사랑 시에서와 마찬가지로 자기 아내를 애칭으로 부르는 맥락에서 '여동생'이라고 부르지 않는다.[98] 이 이야기를 어떻

---

96 관련된 누지 문헌에 대한 충분한 분석을 포함해서 세부 내용에 대해, Thompson, *Historicity*, 234-45를 보라. 누지 결혼 계약에 관한 최근 연구에 대해, Jonathan Paradise, "Marriage Contracts of Free Persons at Nuzi," JCS 39 (1987): 1-36을 보라. 패러다이스(Paradise)는 직접적으로 톰슨이 제기한 이슈에 관심을 가지지는 않지만, 그의 논의는 톰슨의 연구에 의문을 제기하지 않는다.

97 *Historicity*, 246-8.

98 자기 연인에 대해 형제와 자매라는 용어를 사용하는 현상은 특히 파피루스 체스터 비티(Chester Beatty) I와 파피루스 해리스(Harris) 500의 이집트 사랑 시에 발견된다.

게 이용하려고 하든지 간에 스파이저가 제시한 유사점이나 톰슨이 제시한 유사점은 의미가 없다.

누지와 다른 곳에서의 병행에 대한 주장들

많은 학자들이 B.C. 2천 년의 누지 문헌과 창세기 이야기 사이의 문화적인 병행을 지적하려고 시도했다. 판 시터즈와 톰슨은 이 접근법을 거부하고 다른 후대의 병행들이 더 설득력이 있다는 사실을 입증하려고 노력한다. 그들은 많은 경우 일부 이전의 지나친 사항들을 수정했지만, 나는 누지 문헌이 다음의 예들이 보여주는 대로 창세기의 많은 부분을 이해하는 데 도움을 준다고 믿는다.

대리모

많은 고대 문헌, 특히 누지 문헌 HSS 5:67은 아내의 노예를 자기 남편에게 대리모로 제공하는 아내에 대한 창세기 기사와의 병행으로 인용됐다. 판 시터즈는 이 병행을 거부하고, B.C. 12세기 후반의 이집트 문헌과 특히 니므루드Nimrud의 B.C. 7세기 문헌이 더 바람직한 병행을 포함하며, 창세기 이야기를 위한 B.C. 1천 년의 환경을 확립한다고 주장한다.[99] 그러나 톰슨은 모든 관련된 문헌들을 훨씬 신중하게 분석하고서, 이집트 문헌이 필연적으로 첩과 관계되는 것은 아니며, 니므루드 문헌은 "사실 우리 창세기 이야기와 놀랍도록 가깝지는 않다"고 지적한다.[100]

톰슨 자신은 성경 본문과 HSS 5:67이 유사하다고 보는 것에 대해 일곱 가지 반대를 열거하지만,[101] 그의 반대는 하갈 내러티브(창 16장; 21:1-21)보다는 라헬과 레아 내러티브(창 30장)에 훨씬 적합하다. 야곱의 아내와 첩의 이

---

99 판 시터즈는 "The Problem of Childlessness in Near Eastern Law and the Patriarchs of Israel," *JBL* 87 (1968): 401-8에서 자신의 논거를 처음 든다. *Abraham*, 70을 또한 보라.

100 *Historicity*, 254-5, 266-7. 인용은 p. 267.

101 앞의 책, 256-8.

야기는 독특하고 HSS 5:67과 관련되지 않는다는 사실은 의심의 여지가 없다. 즉 전자는 두 아내와 두 첩이 있는 남자를 다루는 반면,[102] 후자는 아내가 불임인 경우 첩에게 아이를 낳도록 하려고 데려올 수 있는 조항으로, 한 남자를 한 아내에 제한시키고 있다. 이처럼 라헬과 레아 이야기는 일부다처의 상황(초기 B.C. 2천 년의 환경을 필요로 하지는 않지만 배제하지도 않는 사실)에서 내재하는 문제를 묘사한다.

다른 한편, 하갈 사건은 톰슨이 고려한 것보다 HSS 5:67과 더 가깝다. 두 경우 남자는 일부일처이며 아내가 불임일 경우만 첩을 취한다. 두 경우에 아내가 첩을 선택한다. 또한 두 본문은 아내가 결국 아들을 낳을 경우에 아내의 아들이 상속자가 될 것이라는 사실을 분명히 한다. 중대한 차이점은 누지 문헌은 첩의 아이들을 추방하지 못하도록 금지하는데 이 추방은 성경 이야기에서 일어나는 사건이다. 톰슨은 이것이 결정적이라고 간주하며, 아브라함이 자연스럽지 못하게 자기 아들을 사막에 추방하는 사건은 잔인하게 버려진 아이라는 문학적 주제에 대한 변형이라고 주장한다.[103] 사실, 아브라함이 하갈과 이스마엘을 내보는 것에 대해 주저하고 근심하는 모습(창 21:11)은 두 점에서 모두 톰슨에게 대답이 된다. 아브라함은 이스마엘의 안전을 걱정하며, 또한 이스마엘을 멀리 내보내는 것은 일반적인 법적 기준을 어기는 것이라는 사실을 인식했을 것이다. 하나님의 말씀만이 아브라함에게 사라의 요청을 허락하도록 설득한다. 또한 하갈(16:4)과 이스마엘(21:9)의 악한 행동은 사라가 악한 계모가 아니라는 사실을 가리킨다.[104]

이것은 HSS 5:67과 하갈 이야기가 모든 점에서 비슷하다고 제안하는 것이 아니다. HSS 5:67은 후르리의 결혼 전의 계약인 반면에, 하갈 이야기는 이

---

102 유일하게 중요한 유사점은 라헬이 자신의 불임 기간에 아이를 갖도록 빌하를 사용한 것이다.

103 *Historicity*, 258.

104 이것은 또한 상속자로서의 이삭의 지위가 안전했으므로, 누지와 같은 풍습이 시행됐다면, 사라가 하갈과 이스마엘을 보내는 데 관심을 가질 필요가 없었다는 톰슨의 제안(257)에 대한 답이 된다. 창세기는 사라의 근심이 엄격하게 합법적이라고 지적하는 것이 아니라 이스라엘의 악의에서 이삭에 끼치는 위험을 보았다고 지적한다.

스라엘의 내러티브다. 이 병행은 아브라함이 후르리인이 아니므로, 족장 시대에 대한 정확한 연대를 확정하는 데 사용될 수도 없다. 그럼에도 누지 문헌은 창세기 기사에 대한 놀라운 설명을 제공한다. 알라카Alalakh의 문헌과 특히 함무라비 법전과 같은 다른 B.C. 2천 년의 문헌들은 하갈과 관계되는 사건들과의 흥미로운 병행을 제공한다. 게다가 톰슨 자신의 분석에서, 가장 최근의 주장된 바 있는 유사점(신-바벨론과 후대 그리스-이집트 문헌뿐만 아니라 이집트와 니므루드의 문헌들)이 가장 빈약한 것들이다.[105] 우리는 이스마엘의 출생과 추방에 대한 이야기가 B.C. 2천 년의 환경에 가장 잘 들어맞는다고 결론 내릴 수 있다.

신들 훔치기

야곱이 라반과의 다툼의 맥락에서 라헬이 자기 아버지의 신들을 훔친 사건(창 31:19)은 상당한 논쟁을 야기했다. 어떤 학자들은 누지의 병행 기사에서 라반이 야곱에게 자기 딸과 결혼하도록 허용하고자 계약했던 당시 아들이 전혀 없었다고 주장했다. 그러므로 라반은 누지 문헌에서 잘 설명되는 관습에 따라 야곱을 입양했다. 따라서 야곱은 라반이 나중에 아들이 생겼을지라도 재산의 몫에 대한 권리를 지녀야 하지만, 라반은 계획적으로 야곱을 쫓아내려는 계략을 썼다. 이것은 두 남자들 사이의 갈등에 근거한다고 간주됐다.

톰슨과 판 시터즈는 본문에서 야곱을 입양했다고 내포한다는 개념을 거부한다.[106] 그들의 주장은 견실하며, 요점에 대해 동의할 만하다. 결정적인 요인은 사위의 입양과 관련된 결혼에서 어떤 신부 값도 지불되지 않았다는 톰슨의 관찰이다.[107] 다른 한편, 야곱은 각 아내에 대해 7년의 노동이라는 실질적인 대가를 치렀다. 또한 물론 창세기는 라반이 야곱을 입양했다고 말하지 않지만, 그 반대로 야곱과 라반의 가족들이 재정적으로 분리됐다고 진술한

---

105 *Historicity*, 260-68.

106 *Historicity*, 269-80, 그리고 *Abraham*, 78-81.

107 Thompson, *Historicity*, 274.

다(31:1).

그러나 누지에서 어떤 병행이라도 발견되는가의 문제는 여기서 끝나지 않는다. 왜냐하면 누지 역시 신부 값이 지불되는 결혼과 고용된 목자에 대한 고용 조건을 묘사하기 때문이다. 마서 A. 모리슨Martha A. Morrison은 누지 문헌과 고 바벨론 문헌에 반영된 풍습과 야곱-라반 내러티브 사이의 밀접한 대응 관계를 입증했다.[108]

모리슨은 고용된 목자와 가축 소유자 사이의 일반적인 계약 조건을 묘사하며 시작한다. 그리고 이 조건들과 창세기 본문의 병행을 지적한다. 누지와 고 바벨론 세계의 목자들은 부주의한 결과로 야기되는 손실을 제외하고 이익의 몫에 대한 대가로 양을 돌보았다. 그러나 목자들은 자유인이었으며 분쟁이 일어날 경우 그들은 법정에 가서 양이 자신들의 부주의로 죽은 것이 아니라 신의 행위(함무라비 법전에 나오는 실제적인 법적 용어는 "신의 건드림"이다) 때문이거나 야생 동물 때문이라고 주장할 수 있다. 하지만 실제적으로는 주인들이 거의 모든 분쟁에서 이겼다.

봄의 양털 깎는 시기에 정산하고 다음 해를 위한 가축 할당이 이뤄질 것이다. 모리슨은 매년 목양 주기가 어떻게 농사 주기와 연결되어 둘이 서로 보완하는지를 묘사한다. 특히 목자들은 일을 서로 돕고자 경작과 씨뿌리기의 시기에 개간된 밭 가까이에서 양 떼를 돌봤다. 그들은 어린 식물의 안전을 위해 자라나는 계절에는 양 떼를 멀리 데려가 추수 때에 돌아왔다.

마찬가지로 창세기에서 야곱은 약정한 계약의 조건에 따라 일하는 자유인이지만(30:31-36), 자신의 부주의로 말미암아 손실된 양에 대한 재정적인 피해를 책임지는 비통함도 느꼈다(31:39). 르우벤의 합환채 사건에서, 야곱은 밤에 돌아올 수 있는 집에 가까이 양 떼를 지키고 있었다. 위에서 묘사된 농사 주기에서처럼 이 일은 "밀 거둘 때"(30:14) 일어났다고 한다. 게다가 야곱

---

108 "The Jacob and Laban Narrative in Light of Near Eastern Sources," *BA* 46.3 (1983): 155-64.

이 라반과 거주한 첫 달 동안, 그는 명백히 어떤 계약도 하지 않고 구체적인 임금도 없이 일했다. 그러나 그 달 마지막에 야곱과 라반은 라헬을 위해 야곱이 일할 것이라는 계약을 체결했다(29:14b-20). 이것은 양털 깎는 시기였을 수 있는데, 이때 새로운 계약이 체결되곤 한다. 7년 후 계약이 완결됐다. 양털 깎는 시기처럼 모든 사람들이 함께 했고 따라서 라반의 축제에 참석할 수 있었다는 사실을 주목하라(29:21-22).

또한 야곱의 봉사의 셋째 기간인 6년은 누지 양 떼를 위한 6년 반의 전환 시기와 가깝다는 사실은 흥미롭다. 이는 원래 양 떼의 양이 죽을 수도 있는 시간이었다. 이 시기 동안 라반의 양 떼 대부분은 죽고 모두가 야곱에게로 간 얼룩진 양 떼로 대체됐을 수 있다. 이렇게 해서 라반의 아들은 야곱이 모든 것을 빼앗았다고 불평했다(31:1).[109]

여기서 우리는 야곱과 라반의 갈등과 라헬이 신들을 훔친 사건으로 돌아간다. 모리슨은 누지에서 신부의 혼인 지참금이 일반적으로 결혼의 일부로 신부에게 주어졌다고 설명한다. 그러나 라헬과 레아는 자신들의 아버지가 결혼 지참금을 주지 않고 대신에 그들을 팔아 넘겼을 뿐이라고 불평한다고 모리슨은 주장한다. 라반은 딸들을 위해 지불된 돈(즉, 야곱의 봉사)을 자신이 사용했다(신부 값은 종종 결혼 지참금으로 신부에게 종종 되돌아갔다). 라반은 결코 부모의 의무를 이행하지 않았고 그의 딸들의 눈에는 결코 결혼 계약을 다하지 않았다. 딸들에게 야곱이 지난 6년간 축적한 부는 실제적으로 그들의 결혼 지참금이 됐다.(31:14-16).[110]

여전히 문제는 남아 있다. 라헬은 왜 신들을 훔쳤는가? 가정 신들은 일반적으로 주요 상속인에게 전해졌다. 가정 신들은 가족의 재산과 풍요를 대변했고, 그것을 잃는다는 것은 가족의 큰 재앙이었다. 가정 신들이 없다는 것은 말하자면 한 가족으로서 권한이 박탈당하는 것이었다. 그러나 어떤 해석가들

---

109 앞의 책, 156-60.
110 앞의 책, 160-61.

과는 반대로, 라헬은 야곱이 라반의 상속인이 되도록 하고자 신들을 가져가지 않았다. 야곱은 결코 상속할 혈통에 있지 않았다(그리고 가나안으로 이주하는 사실을 고려할 때, 상속은 결코 실현 가능성이 없었다).

대신 라헬의 훔친 행위는 가족이 가족의 신들에 대해 가지는 강력한 감정적인 집착과 신들이 제공할 가족의 합법화에서 온다. 이것은 라반이 결혼지참금을 주지 않은 사실에 비추어 라헬에게는 중요했다. 마치 라헬과 레아는 인격체가 아닌 듯했으며, 신들을 소유하면 이것이 치유될 것이다. 또 다른 누지 문헌, HSS 14:8은 해석이 어렵기는 하지만, 이런 문화적인 경향을 명백하게 입증한다.[111]

모리슨은 창세기 자료가 B.C. 2천 년에 자리매김 돼야 한다고 결론 내리지는 않지만, 모리슨이 제시한 증거는 명백하게 창세기 자료의 연대가 잘못된 것은 아니라는 것을 보여주며, 모리슨의 연구는 실제로 판 시터즈에 도전이 된다. 판 시터즈는 이 창세기 자료와 가장 유사한 내용은 신-바벨론과 아케메네스Achaemenid의 '대화 문서'에서 온다고 주장했기 때문이다.[112] 한편, 톰슨은 훨씬 후대 자료에서 온, 우연한 유사 내용을 인용한다.[113] 그러나 여기서 중요한 점은 전체 내러티브가 톰슨과 판 시터즈가 주장하는 대략적이며 고립된 유사점보다는 모리슨의 해석에서의 B.C. 초기 2천 년의 환경에 잘 들어맞는다는 것이다.

결론적으로, 우리는 일부 누지 문헌이 창세기 내러티브를 잘 설명하며 어떤 경우는 도움이 된다고 말할 수 있다. 또한 일부 누지 문헌은 내러티브가 B.C. 2천 년의 환경에 속한다는 사실과 1천 년 중반의 저자들이 창작한 것으로 간주돼서는 안 된다는 사실을 확립하는 데 도움이 된다. 이것은 병행들이 모든 점에서 정확하다고 말하는 것이 아니며 독자는 누지와 족장들 사이의

111 앞의 책, 161-64. 모리슨은 누지 문헌에 대한 두 가지 대안의 해석을 기술하고, 어떻게 두 대안이 창세기 자료를 읽는 것과 조화를 이루는지를 보여준다(162).

112 *Abraham*, 97-98.

113 *Historicity*, 278-80은 요세푸스와 아랍 이야기를 인용한다.

문화적(그리고 시간적) 간격을 염두에 둬야만 한다. 창세기 이야기가 누지로 입증됐다는 주장은 지나치다. 그렇다 하더라도 누지 자료는 성경 기사의 신뢰성을 향상시키며, 결코 축소시키지는 않는다.

창세기에 대한 후대 연대의 연대 착오와 다른 징후들

연대 착오가 본문에서 모든 역사적 신뢰성을 박탈하는 것은 아니지만[114] 당연히 창세기에 있는 내러티브의 역사성과 기원을 결정하는 데 목표를 두는 연구의 초점이 됐다. 판 시터즈는 아브라함 이야기와 유일하게 적절한 병행 내용들이 B.C. 1천 년의 중반에서 후반에 나온다(따라서 본문 자체는 이 시기에서 유래한다)고 특히 입증하려 했다. 그러나 이러기 위해서 때로 판 시터즈는 자신의 논거를 심각하게 과장한다. 예를 들어, 그는 갈대인의 우르(창 11:31)와 우르의 제3왕조 사이의 어떤 연관성도 거부한다.[115] 대신 판 시터즈는 나보니도스Nabonidus의 시기가 창세기 자료에 가장 잘 들어맞는다고 주장한다.[116] 그럼에도 그가 인용하는 증거는 정황적인 것이며 로버츠는 판 시터즈를 인용하면서 적절하게 "우르에서 하란까지의 이주가 '나보니도스에 대한 구체적인 역사적 언급'(p. 38)이라고 할 수 없다"고 설명한다.[117] 다른 예들도 역시 제시될 수 있다.

창세기 14장

판 시터즈는 몇 가지 고려 사항에서 창세기 14장의 비역사적인 성격을 입

---

114 A. R. Millard, "Methods of Studying the Patriarchal Narratives as Ancient Texts," in *Essays on the Patriarchal Narratives*, ed. A. R. Millard and D. J. Wiseman (Winona Lake, Ind.: Eisenbrauns, 1983), 35-51. 특히 46-48을 보라.

115 여기서 가장 중요한 문제는 실제로 우르가 "갈대아 사람의"라고 언급된다는 점이다. Gordon J. Wenham, *Genesis 1-15*, WBC (Waco: Word, 1987), 272는 이것이 "아마도 옛 전통에 대한 해설"이라고 지적한다. ISBE (rev. ed.), s.v., "Ur"에 있는 W. S. 라솔(LaSor)의 설명을 또한 보라.

116 *Abraham*, 23-26.

117 Roberts, review of *Abraham*, 112.

증하려고 시도한다. 판 시터즈는 소돔과 고모라의 왕의 이름, 베라와 비르사가 각각 '악하게'와 '불의하게'를 의미하며, 따라서 역사적인 가치는 전혀 없고, 단순히 경멸적인 이름일 뿐이라고 주장한다. 더 나아가 판 시터즈는 메소포타미아에서 팔레스타인까지의 왕들에 대한 보복의 원정대가 B.C. 2천 년보다는 1천 년과 일치한다고 주장한다.[118] 또한 그는 1-11절이 양식상으로 신-앗수르나 신-바벨론 군사 작전 보고와 비교할 수 있다고 주장한다. 보고의 양식상의 요소는 다음과 같다. 즉 군사 작전의 이유(보통 반역하는 종속 국가), 군사 작전을 위한 준비, 진행한 길과 싸운 전투, 군사 작전의 결과(파괴된 성읍이나 얻은 전리품에 대한 기사)가 포함된다. 판 시터즈는 이런 유형의 내러티브의 가장 최근 양식이 "연대기 양식"으로 3인칭을 사용한다고 주장한다.[119]

한편, 고든 J. 웬함Gordon J. Wenham은 베라와 비르사라는 이름이 "놀랍다"고 인정하지만, 대안의 어원을 제시하고, 이 이름들은 아마도 옛 전통에 의존하는 것 같다고 결론 내린다. 또한 웬함은 아드마와 스보임의 왕의 이름(각각 시납과 세메벨)이 더 믿을 만한 집단을 가진다는 것을 보여준다.[120] 아무튼 개인 이름을 경멸투로 바꾸는 것은, 필사자의 훼손을 가리킬 수는 있지만, 논의 대상인 사람이 역사적이지 않다는 것을 가리키지는 않는다. 한 예로, 사울의 손자 이름이 므립바알("바알이 내 변호자다")에서 므비보셋("수치의 발언")으로 바뀐다.[121]

B.C. 1천 년이 메소포타미아에서 팔레스타인까지의 보복의 군사 작전을 입증하는 것은 사실이지만, 키친은 창세기 14장에 묘사된 특별한 동맹 제도를 B.C. 2천 년 초기에 만연한 특별한 정치 상황과 비교했다. 판 시터즈의 양식 분석과 관련하여 이런 유형의 군사 작전 보고가 그가 가리킨 것보다 훨

---

118 *Abraham*, 112-20.

119 앞의 책, 299-300. 판 시터즈가 염두에 둔 문헌들은 앗수르의 승리 비문(*ANET*, 275-301)과 바벨론 연대기(*ANET*, 301-5)다.

120 *Genesis 1-15*, 309.

121 참고, 대상 8:34과 삼하 9:6-12.

씬 이전에 알려졌다는 사실은 주목할 만하다. 카르낙의 연대기는 므깃도 전투에서의 투트모스 3세(B.C. 1490-1436년 경)의 승리에 대해 자세하게 기록하는데, 판 시터즈가 동일한 순서로 묘사한, 모든 네 가지 양식의 요소가 포함된다. 이것은 또한 3인칭으로 되어 있고(신-앗수르 문헌과는 다르고 성경과는 비슷하다), 연대기적 정보를 제공하지만 연대기 문체라기보다는 내러티브로 되어 있다(신-바벨론 문헌과는 다르고, 성경과는 비슷하다).[122] B.C. 2천 년 중반의 병행 내용은 1천 년의 양식상의 병행 내용보다 더 강력하며, 창세기 14장의 양식은 판 시터즈가 가정하는 연대기적 중요성을 지니지 않는 것 같다.

톰슨이 창세기 14장을 다루는 것은 다소 이상하다. 그는 창세기 14장을 제1차 발칸 전쟁(1912년)의 시작에 대한 세르보-크로아티아 시로 된 기사와 비교한다. 이 기사는 밀먼 패리Milman Parry가 기록하고 해석했으며, 호머 연구에 대한 패리-로드 학파의 일부다. 그러나 창세기 14장이 유고슬라비아의 시인들과 정확하게 동일한 작성 기술을 따르는 구전 시인들에게서 온다고 입증할 준비가 되어 있지 않다면, 이 기사는 창세기 14장과의 병행으로서 완전히 쓸모없다. 그리고 톰슨은 그렇게 하려고 시도조차 하지 않는다.[123]

웬함은 창세기 14장의 역사성에 대한 증거를 훌륭하게 요약했다. 그는 동쪽 왕들의 이름, 침략 경로, '훈련된 자'를 가리키는 특이한 히브리어 용어(14절, 19세기의 이집트 문헌과 15세기의 다아낙Taanak 편지에서만 입증된 단어)와 멜기세덱에 대한 세부 내용이 모두 B.C. 2천 년의 연대와 조화를 이룬다고 주장한다. 웬함은 또한 창세기 14장에서 아브라함이 위대한 전사라는 사실과 다른 곳에서는 고립된 약한 사람이라는 불일치에 대한 비판을 거부한다.[124] 창

---

122 *ANET*, 234-38을 보라. 기사의 양식에 대해 다음을 주목하라. 반란[제 22년, 둘째 계절의 넷째 달, 25일], 준비와 계획[제 23년, 셋째 계절의 첫째 달, 5-16일], 전투[제 23년, 셋째 개절의 첫째 달, 19일], 약탈[제23년, 셋째 계절의 첫째 달, 23일].

123 *Historicity*, 188-89. 창 14장을 역사적으로 보는 견해에 관한 여러 반대에 대해 pp. 190-95을 보라.

124 *Genesis 1-15*, 318-20. Van Seters, *Abraham*, 115는 아브라함에 대한 묘사가 일관되지 않다고 주장한다.

세기 14장의 역사성이 '입증'되지는 않지만, 톰슨과 판 시터즈가 주장하는 만큼 결코 의심스럽지 않다.

창세기 17장 할례 의식

판 시터즈는 창세기 14장이 P의 단일화된 저작이라고 간주한다. 그는 아브라함 자료에서 P는 J에 유일하게 추가된 것이며 P의 저자는 자신의 저작의 자료로 J를 가지고 있다고 주장한다. 게다가 판 시터즈는 창세기 17장의 "할례의 제의적 제도"가 "전통 선집에 대한 P 자신의 기여를 나타낸다"고 주장한다.[125]

여기서 나의 유일한 질문은 할례의 기원 전통에 대한 이런 후대 연대가 합리적인가 하는 것이다. 성경 자료를 고려할 때, 할례는 다윗 시대 즈음에 충분히 성립됐고, 따라서 다윗보다 앞선다는 것이 불가피한 결론이다. 이스라엘 사람들은 P가 어떻게 의식이 기원했는지에 대한 기사를 제공하기까지 그렇게 오랫동안 기다렸을까? 판 시터즈의 분석에 근거하여 P가 고대 전통을 사용했다는 의견이 거의 배제된다는 사실을 주목하는 것이 중요하다. 하지만 할례의 기원에 대한 기사는 너무 후대여서 P의 창작이라는 입장은 신뢰할 수 없다.

창세기의 아라비아 사람?

판 시터즈는 신-앗수르, 신-바벨론, 페르시아의 자료가 아라비아 사람과의 접촉 및 그들의 정복을 묘사하지만, 아라비아 사람들이 B.C. 8세기 중반 이전에는 역사적인 자료에 나오지 않는다고 지적한다. 하지만 판 시터즈는 아브라함이 "아라비아 사람들의 아버지로 제시"되며 이는 나아가 창세기에 대한 B.C. 1천 년 중반으로 확립한다고 주장한다.[126] 그러나 사실 창세기

---

125 *Abraham*, 279-93을 보라. 인용은 pp. 281-82.

126 앞의 책, 35-37. 인용은 p. 36.

는 아브라함에 대해 어떤 주장도 하지 않는다. 후대 해석가들이 이스마엘과 아라비아 사람들 사이에 어떤 연관성을 지으려고 하든지 간에 창세기는 아라비아 사람들을 언급하지 않고, 대신 일관되게 '이스마엘 사람들'을 언급한다. 로버츠가 언급하듯이 창세기가 판 시터즈가 주장하는 만큼 후대의 것이라면 이는 다소 이상하다.[127]

창세기의 낙타

존 J. 데이비스John J. Davis는 고대 근동에서 낙타를 사용한 증거를 함께 모았다.[128] 올브라이트Albright[129]와 더욱 최근 판 시터즈[130]를 포함해서 많은 학자들은, 낙타가 족장 시대에는 길들여지지 않았다는 사실에 근거하여 창세기에서의 낙타에 대한 언급이 시대착오적이라고 간주한다.

증거가 외견상 없다는 것에 근거한 부정적인 평가는 위험하다. 1950년 이전에 동물 뼈는 의미를 지니지 않는다고 고고학자들이 소홀히 여겼으며, 동물이 길들여졌는지를 동물의 뼈에서 알아내는 것은 어떤 경우든 어렵다. 게다가 낙타는 도시 중심지에서는 흔히 사용되지 않고 따라서 낙타 유해는 이런 부지에서 발견되지 않는 것 같다.[131]

그렇다 하더라도 족장 시대 이전에 낙타를 길들였다는 증거는 상당하다. 사실 어떤 권위자는 낙타가 B.C. 4천 년 때부터 길들여졌다고 간주한다. 그려진 낙타든 작은 조각상 낙타든 왕조 이전의 이집트에서 발견됐고, 낙타털을 땋아 내린 줄이 속한 연대가 이집트의 제3왕조나 제4왕조까지 추정되는데, 이 줄이 북부 파이윰Faiyum 비탈에서 발견됐다. 우가릿의 수메르 사전 문

---

127 Review of *Abraham*, 112.

128 "The Camel in Biblical Narratives," in *A Tribute to Gleason Archer*, ed. Walter C. Kaiser, Jr., and Ronald F. Youngblood (Chicago: Moody, 1986), 141-52.

129 W. F. Albright, *From Stone Age to Christianity*, 2d ed. (New York: Doubleday, Anchor Books, 1957), 165.

130 *Abraham*, 17.

131 Davis, "Camel," 144.

헌은 낙타를 가축으로 열거하고, 또 니푸르Nippur의 다른 수메르 문헌은 낙타의 우유를 언급한다. 팔레스타인에서 낙타 뼈는 게셀과 므깃도와 다아낙에 있는 중기 청동기 시대 층에서 발견됐다.[132] 데이비스는 낙타가 B.C. 3천 년 이전에 고대 근동에서 알려졌고 2천 년 이전에 길들여졌다고 결론 내린다.[133]

모세 저작권의 가능성

대부분의 신학적 보수주의자들은 오경의 모세 저작권을 계속 주장하지만, 이 견해는 실제로는 무시됐다. 두 가지 이유를 이런 상황에 대해 들 수 있다. 어떤 극단적인 보수주의자들은 단순히 이것을 반대자들에게 신앙이 부족하기 때문이라고 여길 것이다. 이런 태도는 대화를 이끌어 내지 못한다. 동일한 것이 다른 측에도 해당될 수 있다. 문서설과 같은 이론을 받아들이는 학자들은 자신들의 무리 밖에서의 비평에는 마땅히 그래야 하는 만큼 열려있지 않을 수 있다.

둘째 중요한 요인 역시 고려돼야만 한다. 즉 모세 저작권 홀로 창세기의 자료가 무엇인가라는 근본적인 질문에 답하지 않는다. 모세는 창세기 내러티브의 역사 어떤 기간에도 생존하지 않았으며, 신학적 보수주의자들도 일반적으로 모세가 자료를 어디에서 얻었는지 설명하려고 하지 않는다.[134] 심지어 창세기의 가장 최근 부분도 모세보다는 400년 이전에 발생했다고 주장된다는 점을 고려할 때, 이 문제는 매우 복합해진다.

그럼에도, 오경의 모세 저작권에 대해 말할 수 있다. 이것은 모세가 현

---

132 앞의 책, 145.

133 앞의 책, 146.

134 참고, Gleason Archer, Jr., *A Survey of Old Testament Introduction* (Chicago: Moody, 1974). 아처(Archer)는 다양한 비평 이론을 공격하는 데 많은 분량을 할애하고, 모세가 오경을 썼을 수 있다고 주장하는 데 상당한 분량을 할애하지만(109-18), 모세가 어떻게 오경을 썼는지에 대해서는 말하지 않는다. 특히 자료에 대한 질문은 조사하지 않은 채로 남겨둔다. 동일한 양상이 다른 보수주의 저술에 이어진다. 참고, Harold G. Stigers, *A Commentary on Genesis* (Grand Rapids: Zondervan, 1976), 7-32.

재 본문의 모든 단어를 기록했다는 것을 의미하지 않는다. 앞으로 논의하겠지만, 실제로 모세 이후의 편집이라는 견해가 자료에 대한 명료하게 분석하는 데 필수적이다. 그럼에도 모세가 교육을 많이 받았고(바로의 가정에서 길러져), 새로운 민족의 아버지라는 성경의 증거에 직면하여 우리는 모세가 율법을 기록하기에 충분한 위상의 인물이었다는 사실을 의심할 수 없다. 이스라엘 백성이 무기력하게 자신들의 역사를 혼동하고 오해했다고 말할 준비가 되어 있지 않다면, 모세를 이스라엘의 역사에서 중요하지 않은 위치에까지 떨어뜨리려는 마틴 노트Martin Noth의 시도는 부당한 단적인 회의주의로 간주되어야만 한다.[135]

게다가 오경이 B.C. 2천 년의 법적 · 사회적 풍습에 대해 정확하게 묘사하고 고대 히브리어 형태를 사용하는 경향이 있다는 사실과 더불어, 오경의 이집트 기원에 대한 상당한 내적 증거는 오경의 기원이 이스라엘의 군주제보다 앞선다는 사실을 암시한다.[136] 사실 표준 성경 히브리어의 어떤 형태는 B.C. 2천 년의 이집트어에서 빌렸다.[137] 우리는 이런 형태가 이집트 거류 시기에 채택됐고, 오경에 포함됨으로써 표준 히브리어의 항구적인 일부가 됐다고 추론할 수 있다.

그럼에도, 창세기와 관련하여 자료에 대한 문제가 남아 있다. 나는 창세기가 성경의 예언적 말씀의 일부라고 단언하지만, 이것은 창세기에 포함된 역사와 족보가 직접적인 계시로 모세나 그 밖의 다른 이에게 왔다는 것을 의미할 리는 없다. 본문의 오직 제한된 분량이 기원상 환상에 의한 것이라고 여겨져야 한다. 이것은 다른 구약 역사서들에서도 볼 수 있는 것과 일치하는데, 이 책들에서는 명백하게 자료를 사용한다(다음을 보라, 민 21:14; 수 10:13; 삼

---

135 Martin Noth, *The History of Israel*, (London: SCM, 1958), 135-7을 보라.

136 Archer, *Survey*, 109-18은 여기서 유용하다. Harrison, *Introduction*, 537-41을 또한 보라.

137 Jesse L. Boyd III, "An Example of the Influence of Egyptian on the Development of the Hebrew Language During the Second Millennium BC," in *A Tribute to Gleason Archer*, ed. Walter C. Kaiser, Jr., and Ronald F. Youngblood (Chicago: Moody, 1986), 191-5을 보라.

하 1:18; 왕상 11:41; 14:29; 15:7, 23, 31; 대하 16:11; 20:34; 스 4:11). 한편, 역사적 내러티브가 그 자료를 직접적인 계시로 가지는 것에 대해 성경에서 어떤 유사한 것도 존재하지 않는다.

그러나 모세가 오직 여러 문서들을 모으고 함께 묶었다고 여겨서는 안 된다. 모세는 분명히 자료들을 수정하고 편집하고 배열했다. 아마도 누가가 자신의 복음서를 위해 자료 모음집을 사용한 것과 비슷한 방식으로(눅 1:1-4), 모세는 운용했을 것이다. 모세가 자료를 사용했지만, 기계적으로 서로에게 추가된 자료의 모음집이 아니라 새롭고 독창적인 문서를 만드는 방식으로 자료를 배열하고 편찬했다.

편찬 과정을 인정한다는 것은 두 가지를 내포한다. 첫째, 창세기 배후의 문서를 분리시키려는 어떤 시도도 가설로 남아야만 한다. 독단주의는 여기서 불가능하다! 현재 그대로의 본문은 모세의 작업과 모세 이후의 편집자의 작업 때문에 현재의 형태로 갖춰졌다. 우리는 현재 형태로 된 어떤 본문도 원래의 자료를 문자 그대로 제시한 것이라고 여길 수 없다. 둘째, 창세기의 자료를 찾는 것은 창세기의 구조를 확인하는 것과 같지 않은데, 창세기의 구조는 편집 과정의 결과다. 자료에 대한 질문과 구조에 대한 질문은 혼동돼서는 안 된다.

모세 이후의 편집

모세가 창세기의 현재 본문의 주요 저자라는 주장은 우리가 정확하게 현재 가지고 있는 대로, 창세기가 모세의 손에서 왔다는 사실을 의미할 필요는 없다.[138] 그 반대로, 우리는 저작이 모세 이후의 편집을 거쳤다고 확신 있게 추정할 수 있다. 이런 편집이 일어나게 된 주요 이유는 본질적으로 어떤 식으로든 책을 바꾸려는 것이 아니라 후대 독자 세대들에게 이해할 수 있도록 하기 위해서다.

---

138 참고, Segal, *Pentateuch*, 34-35.

위에서 지적한 대로, 창세기는 고대 형태이기는 하지만 표준 히브리어로 기록된다. 오경이 표준 히브리어 발전에 주요 역할을 했다고 주장할 수 있지만, 히브리어에서의 의미론적 발전과 보조를 맞추기 위해 어떤 개정도 없었다고 생각할 이유는 없다. 게다가 후대에 흔했던 이름에 의한 지리적 배경의 장소는 편집의 흔적을 가리킨다. 가장 잘 알려진 예는 단을 창세기 14:14에서 지명으로 언급한 것인데, 이는 명백히 시대착오적이다. 하지만 이것은 본문이 약간의 수정을 겪었다는 것을 입증할 뿐이다. 창세기 36:31의 이스라엘 왕들에 대한 언급에 대해서도 동일하게 말할 수 있다.[139]

요약과 결론

이 장은 창세기가 모세 자신에게로 거슬러 올라가는 저작이라는 것에 대해 의미 있게 말할 수 있다는 사실을 입증하려고 시도했다. 우리는 오경이 후대에 약간 수정됐을 수 있다고 인정할 수 있지만, 이런 변화는 모세 저작권에 대한 개념을 무효화할 정도로 크게 본질적일 필요는 없다. 게다가 창세기는 허구적이거나 혼란스럽다기보다는 역사적이며 신뢰할 만하다는 입장이 변호됐다![140]

이 모두는 현안 연구에 대해 예비적이다. 창세기는 참되다거나 모세가 창세기를 기록했다고 결정적으로 입증할 어떤 시도도 이뤄지지 않았다. 실제로 한때 J 문서가 있었다거나 오경은 포로기의 한 단일 저자의 저작이라고 '입증'할 수 없는 것과 마찬가지로, 극적인 고고학적 발견을 제외하고는 아브라함이 실제로 살았다고 '입증'할 수도 없다. 그럼에도 창세기의 모세 저

139 신명기에도 역시 많은 편집적 개정과 설명이 있다. 신 2:10-12; 3:11, 13b; 34:1-12을 보라.

140 존 골딩게이(John Goldingay)는 "역사적 사실성이 신앙을 위한 충분한 토대가 되지는 않을지라도 필요하다. 위험을 감수하지 않고 역사의 장점을 취할 수는 없다"라고 정확하게 주장했다. "The Patriarchs in Scripture and History," in *Essays on the Patriarchal Narratives*, ed. A. R. Millard and D. J. Wiseman (Winona Lake, Ind.: Eisenbrauns, 1983), 1-34를 보라; 인용은 p. 34.

작권과 창세기의 진실성이 현명한 선택이라고 옳게 주장할 수 있다면, 창세기의 자료와 자료의 원래 의도와 배경에 대한 가설을 발전시키려고 진행할 수도 있다. 이처럼 모세 저작권은 우리가 그 범위 내에서 운용할 수 있는 패러다임이 된다.

과학 철학에서의 극적인 발전은 토마스 S. 쿤Thomas S. Kuhn의 『과학 혁명의 구조』*The Structure of Scientific Revolutions*가 출판됨으로 야기됐다. 이 책에서 쿤은 많은 이들이 오랫동안 전제한 대로, 과학적 발견이 사실들을 점진적으로 축적하여 하나씩 세워진 것이 아니라, 한 패러다임이 다른 패러다임에 의해 전복되는 과학적 혁명에 의해 세워진다고 주장한다. 한 패러다임이 지배하게 되면, 모든 이론과 현상에 대한 해석은 이 패러다임에 적합하도록 구조화될 것이다. 쉽게 패러다임에 들어맞는 '사실들'에 주목하게 될 것이며, 들어맞지 않는 관측에 대해 더 정교하게 설명하려고 시도하게 될 것이다. 변칙이 너무나 명백하고 골칫거리여서 옛 패러다임이 부적절하다고 여겨질 때 위기가 일어난다. 이 상황은 새로운 패러다임이 옛 패러다임을 전복할 때까지 계속될 것이다.[141]

창세기 연구에서, 문서설과 전승사 비평이라는 옛 패러다임은 명백하게 위기 상황에 있다. 절망적이게도 모든 문제들을 설명하려는 복잡한 이론들은 프톨레마이오스의 천문학의 복잡함을 떠올리게 한다. 다른 이론들(와이브레이와 톰슨의 이론과 같은)[142]이 이제 제시되고 있다. 하지만 창세기는 창세기가 말하는 것을 의미하고, 창세기의 기원은 구약 나머지보다 훨씬 이전 연대로 거슬러 올라간다는 가장 단순한 설명은 '비평 이전'의 것이라고 해서, 잠깐 고려했을 따름이다. 이어질 장들에서는 가장 오래된 패러다임이 사실은 모든 패러다임 가운데 최선의 패러다임이라는 사실을 입증하려 시도할 것이다. 이 패러다임은 현재의 비평적 '합의'(여전히 이 용어를 사용할 수 있다면)에

---

141 Thomas S. Kuhn, *The Structure of Scientific Revolutions*, 2d ed. (Chicago: University of Chicago Press, 1970).

142 Thompson, *Origin Tradition*, 61-131. 톰슨의 이론에 대한 논의를 위해 부록 B를 보라.

대한 대안으로 제시될 것인데, 이 비평적 합의는 진부하게 된 합의이며 "낡아지고 쇠하는 것은 없어져 가는 것이니라"(히 8:13).

2부

창세기의 구조와 자료

4장

창세기의 톨레돗과 내러티브 자료

창세기 본문의 역사를 재구성하는 어떤 접근에서도 발전의 몇 가지 단계를 고려해야만 한다. 여기서는 본문의 네 단계의 발전을 제안한다. 즉 초기의 회상과 전달 이 이야기들을 기록하고 구조화되지 않는 구전 자료를 복합적인 문학 단위로 바꾸는 모세 이전의 편집, 모세의 편집, 모세 이후의 편집들이 있다.

초기 회상 기간에 족장들은 자신들의 삶의 역사에 대한 이야기를 자녀들에게 자세히 이야기했다. 또한 이 시간에 족장들은 그들이 무슨 자료를 소유했든지 다음 세대에 전달했을 것이다. 두 번째 단계에 다양한 이야기들은 복합적인 내러티브 구조로 편집됐고, 기록 양식으로 보존됐을 것이다. 이야기들이 복합적인 내러티브 구조로 구전 단계에 모였는지 아니면 단순히 회상한 것을 예비적으로 필사한 후에 모였는지는 알기가 불가능하다. 복합적인 문학 구조는 아마도 여러 회상한 자료에서 왔을 내러티브 저작들일 것이다. 이 복합적인 내러티브 단위들은 양식비평에 근거하여 창세기의 현재 본문에서 분리될 수 있다. 모세의 편집이라는 셋째 단계에서, 책에 현재의 양식과 현재의 내용의 대부분이 갖춰졌다. 이 단계는 원 창세기Urgenesis로 불리는 것이 적절하겠다. 모세 이후의 편집(들)이라는 넷째 단계에서 저작에 현재의 모양이 갖춰졌다.

이야기의 초기 회상은 구전 형태였겠지만 어떤 장기간의 구전 전승사를 이 모델에서 의도하지 않았다는 사실을 주목하는 것이 중요하다. 구전의 회상 단계는 상대적으로 짧은 기간(백 년이 안 되는)이었다는 것이 합리적이다.[1] 가능성이 매우 낮겠지만, 창세기의 모든 이야기가 발생한 그 세대에 기록됐다고(또는 이야기들이 기록된 문서로 시작했다고) 주장할 준비가 되어 있지 않다면, 구전 자료는 불가피하다.[2] 그럼에도 우리에게는 자료 역사의 구전 단계에 대해 의미 있게 조사할 도구가 전혀 없다. 즉 개념은 가설적인 가능성일 뿐이다.

어떤 단계에서는 이 구전 자료가 글로 옮겨졌고 직접 구전 자료에서 창세기의 현재 본문으로 옮겨지지 않았다면 중간 단계가 필요했다. 게다가 처음 구전 자료를 옮길 때 혹은 그 직후에 자료가 고대 근동 양식의 개별 단위로 구조화됐다고 가정하는 것이 합리적이다. 물론 일부 구전 자료는 옮겨 적기 전에 더 크고 형식적인 내러티브 구조로 형성됐을 수 있지만, 이것이 사실이라고 전제할 필요는 없다. 구전 단계가 양식들 배후에 있어야 한다는 전제는 오류다(2장을 보라).

그러나 어떤 단계에서 이런 창세기 이전의 자료들이 여기서는 원 창세기로 불리는 현재의 창세기의 일반적인 구조로 되어 있는 한 저작으로 형성됐음이 틀림없다. 정확하게 현재 존재하는 대로의 창세기는 직접 자료에서 왔을 수도 있지만, 창세기가 매우 후대의 저작이 아니라면 이럴 가능성은 낮다. 히브리어 어휘와 문법과 어형론에서의 변화, 지명의 변화, 새로운 자료(예, 36:31-42)의 추가 등은 창세기가 처음 틀을 갖춘 이후 편집됐다는 사실을 가리킨다.[3] 여기서 상정된 네 단계의 역사가 모든 점에서 정확하게 실제

---

1 Patricia G. Kirkpatrick, *The Old Testament and Folklore Study*, JSOTSS 62 (Sheffield: JSOT Press, 1988), 113-14에 따르면 150년은 구전 역사가 정확하게 전달될 수 있는 최대한의 기간이다.

2 R. N. Whybray, *The Making of the Pentateuch* (Sheffield: JSOT Press, 1987), 236을 보라.

3 3장을 보라.

적인 역사적 과정과 일치하지 않는다고 해도, 이것은 합리적이며 실행 가능한 가설이다.

그러나 이 네 단계의 역사가 유효하다고 인정된다 해도 주요 질문은 개별 자료의 특성과 범위에 대해 어떤 것이든 결정될 수 있는가 하는 것이다. 여기서 질문은 어떻게 자료들이 모세의 손에 들어오게 됐는지 뿐만 아니라, 자료의 유형과 구조와 목적(즉, 양식비평의 문제들)에 대한 것이다. 또한 어떻게 자료들이 일관된 전체로 엮어졌는가? 자료와 구조는 별개지만 관련된 문제다. 그리고 마지막으로 창세기의 현재 구조는 주로 모세의 편집 때문인가, 아니면 본문이 모세 이후 시기에 너무나 철저하게 재편집되어 원래의 모세의 구조는 상실됐는가? 이 장에서 우리는 자료의 특성에 대해 예비적으로 평가하려 할 것이며, 그 다음에 후속 장들에서 다른 문제들을 다룰 것이다.

톨레돗 자료들

톨레돗의 의미

창세기의 자료와 초기 단계를 함께 묶으려는 시도에서 매우 중요하고 많이 논의되는 용어가 톨레돗이다. 톨레돗(תּוֹלְדוֹת)이라는 단어는 종종 '세대' 또는 '기사'로 번역되며, "이것은...의 계보라"라는 정형화된 문구에서 성경 독자에게 익숙하다. 이 단어는 성경에서 각 지파의 인구를 세는[4] 민수기 1장의 12회와 민수기 3:1에서의 1회를 포함해서 39회 나온다. 톨레돗이라는 단어는 역대상에 9회 나오는데,[5] 거기서 여러 개인들의 후손과 같은 이름의 부족 구성원들이 나온다. 룻기 4:18이하는 톨레돗이라는 용어로 시작하여, 베레스에서 다윗까지의 혈통을 열거한다. 출애굽기 6:16과 6:19에서, 톨레돗은

---

4 민 1:20, 22, 24, 26, 28, 30, 32, 34, 36, 38, 40, 42.

5 대상 1:29; 5:7; 7:2, 4, 9; 8:28; 9:9, 34; 26:31.

레위 자손을 가리키는 데 사용되는 반면에, 출애굽기 28:10에서는 야곱의 열두 아들과 관련된다.

나머지는 창세기에 13회 나온다.[6] 창세기 밖의 모든 경우에 톨레돗은 한 개인의 직계의 자손들을 가리키거나 동일한 이름의 부족 구성원을 가리킨다. 이것은 '낳다'를 의미하는 어근 야라드(ילד)와 일치한다. 특히 흥미로운 것은 "그들의 톨레돗을 따라서"라는 구절이다.[7] 이 경우 "그들의 톨레돗"은 "그들의 자손"이 아니라 "그들의 족보"를 의미하는데, 톨레돗의 부족 구성원들 자신이 톨레돗 기록의 개별 구성원들이기 때문이다. 그러므로 톨레돗은 이런 식으로 사용되어 가족과 부족 기록을 보존하는 방법을 가리키는 전문적인 용어다. 마찬가지로 민수기 1장에서 "그들의 톨레돗"은 "그들의 족보"를 의미한다.[8] 이에 근거하여 톨레돗은 기록하는 방법이라는 원리가 확립된다. 다른 중요한 점은 톨레돗 패턴이 일반적으로 동일한 이름의 부족 우두머리 자신의 출생을 포함하지 않는다는 것이다(아마도 중요하지 않은 예외가 창 25:19에서 나오는데, 거기서는 "이삭의 톨레돗" 뒤에 이삭이 아브라함의 아들이었다고 한다).[9]

그러나 창세기에서 톨레돗은 약간 특이한 방법으로 사용된다. 첫 예인 창세기 2:4는 하늘과 땅의 톨레돗을 제시한다는 점에서 주목할 만하다. 또한 어떤 사람들의 톨레돗 본문이 그들의 자손들에 대한 묘사에 종종 한정되지만, 때로 한 개인의 톨레돗은 단순히 족보를 제공하는 것을 넘어서며 역사적 사건을 소개하는 것 같다(창 6:9과 37:2은 특히 문제가 된다). 한 족장의 톨레돗은 종종 그가 낳은 자녀들과 관련하여 자신의 삶의 상황에 대한, 몇 가지 중요한 세부 내용을 포함한다(예, 장자가 태어났을 때 그 족장의 나이, 그 족장과 부족이 살고 이동한 장소, 족장이 죽었을 때의 나이; 다음을 보라, 창 5:1ff.; 11:27ff.;

---

6 창 2:4; 5:1; 6:9; 10:1, 32; 11:10, 27; 25:12, 13, 19; 36:1, 9; 37:2.

7 예, 창 10:32; 25:13; 출 6:16; 대상 5:7; 7:9.

8 NASB와 같이.

9 *Theological Wordbook of the Old Testament*, ed. R. Laird Harris, Gleason L. Archer, Jr., and Bruce K. Waltke, 2 vols. (Chicago: Moody, 1980), 1:380을 보라.

25:19ff.). 많은 학자들이 창세기에서 톨레돗 용법을 이해하기 위한 열쇠를 찾으려 했지만 어떤 의견의 일치도 이루지 못했다.[10]

와이즈먼-해리슨 이론

톨레돗이 13회 나오는 것은 창세기의 평판 자료를 표시하는가에 대한 질문에 많은 이들이 주목했다. 마지막 입장은 P. J. 와이즈먼Wiseman이 『고대 기록들과 창세기의 구조』(*Ancient Records and the Structure of Genesis*)에서 제시했고,[11] 해리슨Harrison이 강력하게 지지했다.[12] 와이즈먼과 해리슨은 톨레돗 혈통이 창세기 배후의 11개의 원 평판을 표시한다고 주장한다(10:32과 25:13는 반복되는 것이며 분리된 평판을 표시하지 않기 때문에, 13개보다는 11개의 평판이다). 이 이론은 메소포타미아의 고대 평판에서 뒷받침된다. 거기서 종종 평판들은 제목이나 콜로폰(고서나 사본 등의 끝장에 해당하며 보통 마지막 장에 저자, 제목, 인쇄소, 발행인, 날짜, 사본의 필경사 등을 기입한다-옮긴이)과 같은 특징적인 표제로 시작하거나 끝난다. 이것은 연속되는 평판을 위한 고유의 순서를 가리키는 역할을 할 것이다(평판들은 명백히 함께 묶일 수 없으므로). 그러므로 문서설과는 대조적으로 이 이론은 고대 근동의 문학적 관습이 뒷받침하며, 고대인들이 문서를 어떻게 다루었는가에 대한 "오려 붙이기"라는 견해를 두지 않는다.

그러나 와이즈먼과 해리슨의 입장의 큰 어려움은 각 톨레돗 진술이 각 본문의 조각의 마지막에 온다고 간주한다는 것이다(즉, 각 톨레돗은 원래의 콜로폰을 나타낸다는 것이다). 이것은 이상하게도 2:4a이 2:4이하가 아니라 1:1-2:3

---

10 견해에 대한 훌륭한 개관을 위해, M. H. Woudstra, "The toledoth of the Book of Genesis and their Redemptive-Historical Significance," *CalThJ* 5 (1970): 184-89를 보라. 우드스트라(Woudstra) 자신의 입장은 충분히 설득력이 있을 정도로 발전되지 않았다.

11 P. J. Wiseman, *Clues to Creation in Genesis*, ed. D. J. Wiseman (London: Marshall, Morgan and Scott, 1977), 3-105로 재인쇄됨.

12 R. K. Harrison, *Introduction to the Old Testament* (Grand Rapids: Eerdmans, 1969), 543-53.

에 속한다는, 그라프-벨하우젠Graf-Wellhausen의 입장과 일치한다. 와이즈먼-해리슨의 입장에 대한 완벽하게 표를 사용한 분석은 표 4.1에서 볼 수 있다. 요셉의 이야기는 평판 자료에 대한 후대 첨가물이었다고 간주된다.[13]

표 4.1 톨레돗 자료에 대한 와이즈먼-해리슨 이론

평판 번호	범위	내용
1.	1:1-2:4	우주의 기원
2.	2:5-5:2	인류의 기원
3.	5:3-6:9a	노아의 역사
4.	6:9b-10:1	노아의 아들들의 역사
5.	10:2-11:10a	셈의 역사
6.	11:10b-11:27a	데라의 역사
7.	11:27b-25:12	이스마엘의 역사
8.	25:13-25:19a	이삭의 역사
9.	25:19b-36:1	에서의 역사
10.	36:2-36:9	에서의 역사
11.	36:10-37:2	야곱의 역사

면밀히 조사하면, 톨레돗 진술에 대한 이 견해는 결코 지지받을 수 없다. 창세기 25:12은 이스마엘의 톨레돗이다. 해리슨의 모델로는 이 절이 아브라함의 삶의 역사인 창세기 11:27b-25:12을 가리킨다. 이스마엘이 아브라함의 생애 모두(이스마엘이 쫓겨난 후의 시기를 포함해서)를 묘사하는 평판에 있다는

13 앞의 책 551-3.

것이 놀랍다는 사실이나, 어떤 다른 이유에서 이 기록이 "이스마엘의 톨레돗"이라고 불렸다는 사실을 제외하고, 25:12에는 실제로 13-18절의 짧은 섹션이 이어지는데, 이 섹션은 이스마엘 부족의 이름들과 여정을 묘사한다. 상식적으로는 이 작은 섹션이 이스마엘의 톨레돗 25:12-18이라는 사실을 가리킬 것이다. 하지만 와이즈먼-해리슨 이론에서는 이 이스마엘의 섹션이 사실 이삭의 톨레돗이라고 진술한다(25:19)![14]

비슷한 상황이 창세기 36:1에서의 톨레돗에서도 일어나는데 이는 와이즈먼-해리슨의 이론에 따르면 이삭과 야곱의 이야기인 25:19-36:1을 가리킨다. 여기서 다시 이 사실은 창세기 36장이 에서의 후손들과 에돔 왕들을 열거한다는 사실과도 조화를 이루지 않는다. 이런 어려움은 와이즈먼과 해리슨의 이론에 치명적이다. 일반적인 규칙은 톨레돗 정보가 섹션을 마무리하기보다는 소개한다는 것이다.[15]

대안의 접근법

그러나 가능한 해결책은 톨레돗 정보가 사실 콜로폰이 아니라 자료 제목이며, 그렇게 보이는 것처럼 도입하는 역할을 한다고 보는 것이다. 이 경우 우리는 실제로 톨레돗 정보가 창세기의 완전한 본문 이전에 존재했던 고대 자

---

14 Wiseman, *Clues* 44는 창세기 11:27-25:19가 함께 이스마엘과 이삭의 톨레돗을 구성한다고 주장하여 이 어려움을 모호하게 하지만, 이것은 톨레돗 정보가 본문에서 어떤 역할을 하는지에 대한 와이즈먼 자신의 기준을 어기는 것이다.

15 와이즈먼-해리슨 이론을 수정하여 부활시키려는 한 시도가 Dale S. DeWitt, "The Generations of Genesis" *EvQ* 48 (1976):196-211에서 이뤄졌다. 드위트(DeWitt)는 톨레돗 정보가 이전 내러티브뿐만 아니라 이어지는 족보를 가리킨다고 주장한다. 그러므로 드위트는 각 평판에는 제목, 내러티브, 콜로폰 톨레돗 정보가 앞면에 있고, 족보와 요약 콜로폰이 뒷면에 있다고 주장한다. 드위트의 제안은 여러 이유에서 실패했다. 그가 제안하는 평판 형식에 대해 고대 근동의 유사한 것을 제시할 수 없으며, 그의 견해에서 '콜로폰' 정보는 때로 매우 특이한 곳에 왔고, 그의 가설적인 평판 일부는 그의 양식 구조를 전혀 따르지 않는다(6:1-9:18은 특히 문제가 있다). 드위트는 자신의 이론을 주장하려고 임의적으로 본문의 일부를 다양한 평탄에 할당함이 틀림없다(그는 인위적으로 12:1-25:11을 '이스마엘'[12-16장]과 '이삭'[17:1-25:11] 평판으로 나눈다. 2:7a가 평판 제목이라는 그의 주장은 동일하게 독특하다). 사실, 콜로폰 이론에 대한 이런 수정을 채택할 설득력 있는 이유가 없을 뿐이다.

료를 가리킨다고 주장할 수 있다. 그러므로 톨레돗 자료에서 우리는 모세 이전의 문서들을 가지게 된다.

하지만 이 톨레돗 자료의 내용은 무엇인가? 톨레돗 정보가 한 톨레돗 정보에서 다음 톨레돗 정보까지의 모든 내러티브 자료를 포함한 평판을 소개한다면, 이 평판들은 매우 불규칙적인 길이로 되어 있음이 틀림없다. 이스마엘의 톨레돗은 단지 일곱 절(25:12-18)에 해당하는 섹션을 소개하는 반면 데라의 톨레돗(11:27)은 열세 장 이상의 섹션을 소개한다. 분명히 아브라함의 이야기(12-24장에 포함되는)는 이스라엘 부족의 이야기보다 이스라엘에게 더 중요하다. 그럼에도 아브라함을 다룬 장들의 매우 다양한 내용들과 내러티브의 길이로 말미암아 이것이 단 하나의 평판이었을 가능성은 매우 낮다. 이 문제에 대한 최선의 해결책은 톨레돗 정보가 자료를 소개하지만, 이 자료들은 톨레돗의 표제에서 다음 톨레돗이라는 단어를 사용하는 데까지의 모든 자료를 반드시 포함하는 것은 아니라고 이해하는 것이다. 다시 말해서 창세기의 상당한 양은 톨레돗이 없는 내러티브 자료에서 온다.

위에서 개관한 대로 창세기의 톨레돗 자료가 부족의 이동이나 죽을 때의 족장들의 나이에 대한 세부 내용을 포함한다고 해도 실제로 우리는 톨레돗 자료가 특성상 오로지 족보라는 점에 동의하게 될 것이다. 분명히 데라의 톨레돗 자료(11:27)는 아브라함의 모든 이야기를 포함하는 것은 아니고(25:11까지), 이삭의 톨레돗 자료도 야곱 내러티브 모두를 포함하는 것은 아니며(25:19-35:29), 야곱의 톨레돗 자료도 요셉 내러티브 모두를 포함하는 것은 아니다 (37:2-50:26).

그러므로 우리는 창세기가 아마도 많은 자료들을 포함하며, 각각은 톨레돗 표제로 가리키지만, 이 자료들은 다른 계시와 전승으로 보충됐을 것이라고 주장해야 한다. 우리에게는 이제 톨레돗 자료와 내러티브(톨레돗이 아닌) 자료라는 두 가지 폭넓은 분류가 있다.

톨레돗 자료의 범위

내러티브 자료의 수와 유형과 길이에 대한 문제는 다시 고려하겠지만, 우선 톨레돗 자료와 내러티브 자료를 구분할 필요가 있다. 이를 위해서는 톨레돗 자료의 가능한 길이를 이제 고려해야만 한다.

몇 가지 경우 자료들은 25:12-18와 마찬가지로 다음 톨레돗까지 줄곧 확대된다. 노아의 톨레돗(6:9a)은 9:29까지 이어지는데 이 이후는 노아의 아들들의 톨레돗(10:1)을 가리킨다. 그러나 6:9a-9:29의 경우 대부분의 족보 자료는 내러티브 자료에 흩어져 있는 것 같다. 족보 자료는 6:9a, 10, 7:6, 9:18-19, 28-29에서 발견된다. 다른 톨레돗 본문은 창세기 10:1-32이다. 이 경우 톨레돗이라는 용어는 창세기 10:32에 있는 섹션의 마지막에 나오지만, 이것은 톨레돗 정보가 일반적으로 표제 정보라는 규칙에 대한 예외는 아니다. 여기 톨레돗 정보는 명백히 10:1을 회상하고 둘은 인클루지오를 형성한다. 셈의 톨레돗(11:10)은 11:26까지 확장되는데 거기서 11:27의 데라의 톨레돗이 이어진다. 에서의 톨레돗(36:1)은 다음 톨레돗 정보인 37:1-2a이 설정한 종착 지점인 36:43까지 확장된다(36:9의 톨레돗 정보는 개별 자료를 소개할 수도 있고 그렇지 않을 수도 있다; 아래를 보라). 그러므로 어떤 경우 한 톨레돗 자료의 종착 지점은 이어지는 톨레돗 정보에 의해 설정된다.

다른 경우 한 톨레돗 자료의 종착 지점은 다음 톨레돗 정보에 의해 설정되지 않는다. 아담의 톨레돗(5:1)은 명백히 5:32까지 확장되지만, 홍수 내러티브에 속하는 섹션인 6:1-8을 포함하지 않는다. 데라의 톨레돗 평탄(11:27)은 아마도 11:32까지만 확장되고 창세기 12:1이하는 아브라함에 대한 개별 내러티브 자료에 속할 것이다.

이 모든 경우에서 톨레돗 자료의 길이에 대해 '최소주의' 입장을 취하는 것이 최선이다. 즉 엄격하게 족보 역사와 관련된 자료가 톨레돗 유형으로 되어 있고, 톨레돗 자료를 나타낸다는 것이다. 이것은 장자 출생 때와 자신의 죽을 때의 나이 기록과 부차적인 정보들과 더불어 후속 세대가 나오는 문제와 엄격하게 관련된 기타 정보들(예, 한 세대의 출생과 다음 세대의 출생 사이의 가족 이주)뿐만 아니라, 개인의 후손들의 이름을 포함한다. 이 접근법은 창세기에 톨레돗이라는 단어가 나오는 대부분의 곳에서 톨레돗의 가장 자연스럽고 명백한 의미와 일치할 뿐만 아니라 창세기 밖의 본문에 있는 이 단어의 용법과도 일치한다.

그러나 창세기의 네 가지 톨레돗 본문, 즉 하늘과 땅의 톨레돗(2:4), 노아의 톨레돗(6:9a), 이삭의 톨레돗(25:19), 야곱의 톨레돗(37:2)은 특히 문제가 된다.

하늘과 땅의 톨레돗(2:4)은 독특하다. 여기서만 살아 있지 않는 대상에게 톨레돗이 있다고 한다. 옛 문서설과는 반대로 2:4a은 1:1-2:3에 속하지 않는다. 첫째, 톨레돗은 보통 창세기의 한 섹션을 소개하며, 이것을 예외로 여길 설득력 있는 이유가 없다. 둘째, 위에서 언급한 대로, 한 사람이나 부족의 톨레돗은 일반적으로 그 사람이나 같은 이름의 부족 우두머리 자신의 출생 이야기를 포함하지 않는다. 대신 한 개인의 톨레돗은 그 사람 뒤에 나오는 자들을 열거한다. 하늘과 땅의 창조 이야기가 하늘과 땅의 톨레돗으로 불린다는 것은 이례적이다. 하늘과 땅의 톨레돗은 하늘과 땅의 창조에 이어지거나 그 창조에서 나오는 것과 관계가 있을 것이라고 기대할 것이다. 셋째, 1:1이하에 추가된다면, 2:4a은 의미 없는 지점까지의 어처구니없는 결말이 된다.[16] 그러므로 톨레돗 정보는 뒤에 나오는 내용에 속한다.

하지만 창세기 2:4은 족보보다는 이야기를 소개한다(2:4-4:26). 이것은 톨레돗 자료로 간주될 수 있는가? 간주된다면 이것은 분명히 다른 톨레돗과는 같지 않다. 우리가 다른 곳에서 내러티브 자료라고 묘사한 이야기들과 훨씬 비슷하다.

이 문제에 대한 해결책으로 우리는 2:4이하가 내러티브 자료에서 온다고

---

16 참고, Claus Westermann, *Genesis 1-11* trans. John J. Scullion (Minneapolis: Augsburg/Fortress, 1984), 74-173. 베스터만은 문서설을 고수하지만, 이 장의 본문에 대한 대규모 주석에서, 2:4a에 대해 거의 아무 것도 언급하지 않는다(p. 81을 보라). 이 절은 단순히 이전 것에 속하지 않는다.

상정하는 것이 최선이겠는데, 이 내러티브 자료는 편집할 때 의도적으로 톨레돗 자료를 모방하여, 문학적인 목적을 위해 "이것은…의 톨레돗이다"라는 표제가 주어졌을 것이다. 이렇게 과감하게 변화를 주는 이유는 상상하기가 어렵지 않다. 창세기 전체는 하나님의 백성 이스라엘이 온 민족들에게서 나오면서, 이 백성의 족보 역사를 중심으로 구조를 이룬다. 이 모든 역사, 실제로 모든 인간의 역사가 땅의 창조 자체에서 나온다는 진술로 창조 내러티브를 시작하는 것보다 이 이야기를 시작하는 더 좋은 방법은 찾을 수 없다. 아담은 흙으로 만들어졌고, 그런 의미에서 땅에서 태어났다. 타락의 이야기는 자체로 하늘과 땅의 톨레돗이다. 그러므로 창세기 2:4이하는 톨레돗 정보로 시작하는 내러티브 자료며, 진정한 톨레돗 자료는 아니다.

노아의 톨레돗(6:9)은 9:29까지 확장될 수 있는데, 9:29에서 노아가 죽을 때 그의 나이를 기록한다. 모든 홍수 내러티브 6:11-9:27이 이 자료에 속할 가능성은 낮다. 하지만 9:18-19과 28-29절은 톨레돗 자료 형태로 되어 있다. 즉 노아의 아들들의 이름과 홍수 후의 노아의 생애의 햇수와 그의 생애의 전체 햇수를 포함한다. 이는 톨레돗 원 자료가 필요에 따라 내러티브로 자료에 의해 분리됐다는 것을 시사한다. 노아의 원 톨레돗은 아마도 그의 아들의 이름에 대한 알림(6:10; 9:18-19), 홍수 시작할 때(7:6)와 끝(9:28)의 나이와 죽을 때의 나이(9:29)를 포함했을 것이다.

이삭의 톨레돗(25:19)은 야곱의 내러티브에 의해 우리 본문에서 나뉜다. 최소한 톨레돗 자료는 에서와 야곱의 출생에 대해 알리는 기사와 35:22c-29뿐만 아니라, 25:19-20을 포함했다. 톨레돗 자료는 에서와 야곱의 출생 이야기인 25:21-26의 자료를 포함했을 것이다. 다른 대안으로 25:21-26b는 원래 내러티브 자료의 일부였을 수도 있다. 이 경우 원래 이삭 톨레돗 자료는 쌍둥이의 출생에 대해 알리는 더 짧은 기사를 포함했을 것인데 이 기사는 원 창세기 편집에서 과다하다고 삭제됐다. 창세기 25:26c은 톨레돗 자료의 일부로 여겨져야 하는데 이는 에서와 야곱의 출생 때에 이삭의 나이를 알려주기 때문이다.

야곱 톨레돗의 문제는 톨레돗 표현이 나온 직후 요셉 이야기가 갑작스럽게 시작한다는 것이다(37:2b). 요셉 내러티브는 야곱의 족보 역사에 한정되지 않으므로 이 이야기가 야곱의 톨레돗 자료일 가능성은 없어 보인다. 다른 한편, 보통 톨레돗 자료의 명백한 예는 46:8-27에 나온다. 이 본문은 야곱의 후손들의 목록과 이집트로의 가족 이주에 대한 언급(26-27절)을 포함하는데, 모두 톨레돗 자료에는 흔한 내용이다. 해결책은 이것이 또 다른 편집의 사례라는 것이다. 즉 톨레돗 제목은 그 내용인 46:8-7과 분리됐고, 요셉 내러티브가 둘 사이에 삽입됐다는 것이다. 이렇게 삽입된 이유는 요셉의 아들들을 포함해서 이스라엘의 아들들이 어떻게 이집트에 있게 됐고 그들의 민족이 거기서 시작하게 됐는지를 설명할 필요가 있었기 때문이다. 다시 말해서, 현재의 편집에서 요셉 내러티브는 야곱의 톨레돗 내에서 46:26-27을 설명한다. 야곱 후손의 목록이 친숙한 톨레돗 정보 없이 46:8에서 소개되는 것은 주목할 만한데, 46:8에서 나머지 자료와 분리됐었고, 톨레돗과 내러티브 자료의 편집으로 37:2a에 남겨졌기 때문일 것이다.[17]

톨레돗 자료의 숫자와 범위는 표 4.2에서 제시된다.

표 4.2 톨레돗 자료

본문	묘사
5:1-32	아담에 대해; 각 족장의 해에 대한 정보 포함
6:9a, 10; 7:6; 9:18-19; 28-29	노아에 대해; 홍수 이야기가 끼어듦
10:1-32	노아의 아들들에 대해; 니므롯과 바벨론에 대한 부수적인 세부 내용을 포함
11:10-26	셈에 대해; 족장들의 해에 대한 정보 포함

17 아마도 창 37:1은 편집됐을 것이다.

11:27-32	데라에 대해; 가족 이주를 묘사
25:12-18	이스마엘에 대해; 가족 이주를 묘사
25:19-20; 35:22b-29	이삭에 대해; 야곱 내러티브가 끼어듦
36:1-43	에서에 대해; 가족 이주를 묘사하고, 에돔 지파의 우두머리를 열거; 9절에서 가리키듯이, 원래 두 개별 자료였을 수 있다
37:1-2a; 46:8-27	야곱에 대해; 요셉 내러티브가 끼어듦; 가족 이주 묘사

내러티브 자료

톨레돗 자료가 아닌 것은 모두 내러티브 자료라고 명백히 주장할 수 있다. 이것은 사실이지만, 이보다 더 정확한 것이 필요하다. 우리는 어떻게 내러티브 자료 사이에서 구분할 수 있는가?

우리는 출발점으로서 창세기의 많은 자료가 공관복음서의 단락들과 비슷하게 개별 이야기로 나뉜다는 것을 볼 수 있다. 독립적인 단위—다시 말해서 창세기의 더 큰 내러티브의 흐름을 깨지 않고서도 그들의 문맥에서 분리할 수 있는 단위—로 된 이야기들은 아마도 원래 독립적인 전승 단위였을 것이다. 우리는 이 접근법이 방법론적으로 건전하다는 전제에서 진행할 것이다.[18] 그러나 우리는 여기서 이야기 내에 있는 작은 세부 내용과 사건들이 아니라 완전한 이야기를 말하고 있다는 것을 주목하라.

---

18 이것은 개별 자료 단위들이 필연적으로 개별 공동체에 의해 전달됐다거나, 한 세트의 이야기를 말한 자들이 다른 이야기의 존재를 인식하지 못했다는 것을 의미하지는 않는다. 이런 식으로 분리된 것은 자료를 전하는 구두 전달자(공동체의 전통을 보존하고 전통이 다음 세대에 전달되도록 책임지는 자들)가 아니라 자료들이다.

내러티브 자료의 두 가지 단순한 사례는 (a) 바벨탑(창 11:1-8)과 (b) 하몰과 세겜 마을의 살육(창 34장)이다. 그러나 이는 단지 예비적인 두 사례들일 뿐이다. 창세기 내러티브 구조의 대부분은 매우 복잡하다. 창세기의 내러티브 자료의 완벽한 분석은 다른 요인들을 고려했을 때에야 비로소 가능하다.

그럼에도 본문에서의 개별적으로 분리되는 내러티브 단위의 중요성을 인식하는 것이 세 가지 면에서 도움이 된다. 첫째, 이것은 자료들을 서로에게서 분리하는 데 도움을 준다. 예를 들어 창세기 34장의 세겜 이야기는 명백히 자체의 역사를 지니는 별개의 이야기다.

둘째, 이 규칙을 지키면 비평가는 문서설 학파에서 드러난 혹평에 빠지지 않게 될 것인데, 문서설 학파에 의하면 본문은 여러 자료들로 파편화된다. 예를 들어 멜기세덱의 이야기는 창세기 14장의 더 광범위한 맥락에 속하며, 인위적으로 롯의 구출 이야기에 삽입된 원래는 독립적인 내러티브로 간주될 필요는 없다. 실제로, 아래에서 양식에 근거하여 보여주겠지만 멜기세덱 이야기는 창세기 14장에 본질적인 내용을 이룬다. K. A. 키친Kitchen이 입증했듯이, 고대 근동 세계에서 단일 본문은 여러 문학적 문체와 자료의 유형을 포함할 수 있다.[19]

위에서 간략하게 제시된 방식으로 자료를 분리하는 것은 역시 셋째 면에서도 도움이 될 것이다. 이런 분리로 말미암아 창세기 내러티브에 대한 의미 있는 양식비평적 조사가 가능해지기 때문이다. 이런 식으로 본문에 접근할 때, 본문에 대한 중요한 통찰을 얻을 수 있다.

원 자료의 최초의 전달

이제 최초의 단계에서 자료들이 어떻게 모이고 전달됐는지를 결정할 필

---

19 *Ancient Orient and Old Testament* (Chicago: Inter-Varsity, 1966), 125-26.

요가 있다. 이 장의 시작에서 창세기 본문의 네 단계 역사를 간략하게 서술했으며 족장들이 어떤 기록을 소유했든지 그 자료뿐만 아니라 그들 개인적 역사를 전한 첫 단계를 우리는 여기서 고려해야만 한다.

톨레돗 자료

족보 기록에서처럼 창세기의 톨레돗 자료는 본질적으로 민수기, 에스라, 느헤미야, 역대상, 마태복음, 마가복음에서 발견되는 것과 동일한 종류의 족보 자료다. 그러므로 성경은 태곳적부터 이런 기록을 보존했다는 것을 입증하며, 각 가족과 부족은 자체의 족보 기록을 보존했을 것이다. 이런 기록들은 아마도 매우 이른 시기부터 기록된 형태로 보존됐고, 각 새로운 세대가 대두할 때 갱신됐을 것이다.[20] 톨레돗 자료에 대해 긴 구전의 초기 단계를 상정할 필요는 없다.[21]

이것들을 기록했다는 사실이 창세기의 현재 본문이 완전히 어떤 톨레돗 자료도 포함한다는 것을 의미하지는 않는다. 그 반대로, 톨레돗 자료는 아마도 선택적으로 사용됐고, 편집자의 목적과 조화를 이루며 사용됐을 것이다.[22] 무엇보다 족보는 명백히 계속 이어지는 것이 아니라 중대한 간격이 있다.[23] 둘째, 현재의 본문은 의도적인 것처럼 보이는 대칭을 보인다(예, 홍수 전에 10세대와 홍수 후에 10세대). 이 모두는 아마도 편집의 활동을 가리킬 것이다. 다른 증거도 존재한다. 예를 들어 때로, 족보는 한 족장의 한 후손만 거론한다(창

---

20 매우 초기의 족보 일부에 대한 기원 문제는 많은 추측을 야기했다. 학자들은 한때 수메르 왕 목록이 창세기 5장과 11장의 족보 배후에 있다고 주장했지만, 이 입장은 포기됐다. Gerhard F. Hasel, "The Genealogies of Genesis 5 and 11 and their Alleged Babylonian Background," *AUSS* 16 (1978) 361-74를 보라.

21 Kitchen, *Ancient Orient*, 135-38을 보라. 다른 한편, 우리는 족보가 일정 기간 동안 구전 형태로 존재했을 가능성을 배제할 수 없다. 참고, Robert R. Wilson, "The Old Testament Genealogies in Recent Research," *JBL* 94 (1975): 178-86.

22 편집 목적을 위해 족보 자료를 선택적이며 의도적으로 사용하는 것이 창세기에서 분명하지만, 이것은 족보가 '인위적인 이음매'라는 것을 의미하지는 않는다. 이는 Terry J. Prewitt, "Kinship Structures and the Genesis Genealogies," *JNES* 40 (1981): 87-98에서도 주장되는 바다.

23 Kitchen, *Ancient Orient*, 36-39.

5장; 11:10-26; 룻 4:18ff.). 이 배후에 있는 원래의 기록은 훨씬 더 광범위했을지도 모르는데, 많은 족보들이 형제들을 거론하기 때문이다(예, 창 36장). 특히 창세기 11:10-26(다양한 족장들의 나이에 대한 정보와 함께, 데라까지 내려오는 셈의 혈통)이 창세기 10:21-31(민족 목록표에 나오는 셈의 후손)과 비교된다면, 이 두 본문은 단일 원본으로 거슬러 올라갈 수도 있다는 것이 분명한데, 이 단일 원본은 이전에는 두 부분으로 된 다른 두 방식으로 사용됐었다. 원자료는 그 이상은 아니더라도 두 부분이 함께 포함하는 것만큼은 최소한 포함했을 것이다. 편의상 창세기 11:10-26과 같은 본문들을 톨레돗 자료로 간주하는 것이 바람직하겠지만, 우리가 실제로 가진 것은 톨레돗 자료 자체가 아니라 톨레돗 자료에 대한 증거라는 것을 깨달을 필요가 있다.

내러티브 자료

내러티브 자료의 기원과 특성에 대한 질문은 더 복잡하다. 무엇보다 예를 들어 야곱 내러티브가 어떻게 기록된 자료로 시작할 수 있었는지를 상상하기가 어렵다. 사실, 유일한 가능한 방법은 야곱 자신이 자신의 모험에 대해 직접 경험한 기사를 기록하는 것이다. 기록된 자서전은 고대 근동 세계에서 알려지지 않은 것은 아니다. 현존하는 이집트 문헌은 '웨니의 자서전'Autobiography of Weni(제6왕조),[24] '하쿠프의 자서전'Autobiography of Harkhuf(제6왕조),[25] 유명한 '시누헤의 이야기'(제12왕조)[26]와 '웬-아몬의 페니키아로의 여행'Journey of Wen-Amon to Phoenicia[27]을 포함한다. 고대 근동 왕들의 많은 1인칭 기사들이 현존하며, 이것들은 종종 왕의 생애에 대해 상세히 기록한다.[28] 이 자료는 최소한 족장들의 생애에 대한 기록된 기사가 매우 일찍 존재했음을 가리킨다.

---

24 Miriam Lichtheim, *Ancient Egyptian Literature*, 3 vols. (Berkeley, University of California Press, 1973), 1:18-23을 보라.

25 앞의 책, 1:23-7.

26 앞의 책, 1:222-35.

27 *ANET*, 25-29.

28 참고, "The Story of Idrimi, King of Alalakh," *ANET*, 557.

다른 한편, 현재의 본문에는 어떤 것도 1인칭으로 되어 있지 않다. 원래의 자서전 저자가 편집 단계에서 3인칭으로 변형했을 것 같지는 않다. 마찬가지로, 아브라함이나 이삭이 자신의 생애 이야기를 3인칭으로 기록했다고 가정할 이유도 없다.

그러나 이 자료들이 원래 구전 형태로 되어 있다고 해도 여전히 족장들과 그들의 직계 가족에게서 유래했음이 틀림없다. 두 가지 논증이 이 주장을 뒷받침한다. 첫째, 이야기들의 사건에 개인적으로 관여한 자들만이 사건들에서 일어난 세부 내용을 알았을 수 있다. 이 주장은 물론 내러티브의 역사적 가치에 대해 회의적인 사람들에게는 만족시키지 못하겠지만, 이야기가 역사적인 가치를 지닌다고 느끼든 그렇지 않든, 둘째 증거는 고려할 것을 요구한다.

족장 내러티브를 읽을 때 이 내러티브들이 1인칭으로 되어 있지 않더라도 족장이나 족장과 관련된 인물의 관점을 반영하며, 전지적 관점에서 기록되지 않았다는 사실은 주목할 만하다. 라반 가정의 야곱 이야기에서 독자는 아마도 야곱은 배제됐을, 라반 가족 사이의 내부 논의에 대해서는 어떤 것도 알지 못한다. 예를 들어 라반과 그의 가족이 결혼에서 라헬 대신에 레아로 대체하려고 상의했을 때, 이 일이 어떻게 이뤄졌는가? 이것은 라반 자신의 계획이었는가? 레아는 반대했는가, 아니면 레아가 먼저 야곱과 결혼하기로 요구했는가? 라헬은 반대했는가? 이에 대해 독자는 야곱의 관점에서 행동을 보기 때문에, 아무 것도 알지 못한다. 실제로, 독자는 야곱 자신이 합리적으로 알았을 것이라고 기대할 수 있는 것보다 어떻게 진행되는지에 대해 알지 못한다. 마찬가지로 독자는 에서가 야곱을 만나는 것을 제외하고는 그의 인성이나 경험에 대해 아무것도 알지 못한다.

그러나 야곱 자신에 대해 이 상황은 다르다. 독자는 야곱 자신이 경험했던 거의 동일한 관점으로 야곱의 생애의 가장 사사로운 순간(벧엘에서의 환상, 결혼 첫날밤 후의 레아 발견, 주님의 천사와의 씨름)을 경험한다. 야곱이 어떤 상황에 놓이든지 독자는 다음에 무슨 일이 일어날지에 대해 최소한만 알게 된다.

이 모두는 단순히 해설자의 기술로만 돌려져서는 안 된다. 이것은 다소 기록된 내러티브의 초기 단계, 곧 족장 자신의 관점으로 된 것이기도 하면서 족장 자신에게서 오는 초기 단계를 반영한다. 그러므로 내러티브가 1인칭에서 3인칭의 문체로 변형된 것은 족장들이 자녀들에게 들려주었던 이야기가 자녀들에게서 손자와 증손자에게로 다시 들려지면서, 아마도 구전 단계에서였을 것이다. 어느 지점에서(아마도 백 년 내의 기간에) 이야기들은 신뢰할 만한 전달을 위해 기록됐을 것이다.

다른 내러티브에도 동일하게 적용된다. 독자가 아브라함의 여정을 통해 그를 좇을 때, 독자는 아브라함 자신의 관점에서 결코 멀리 있지 않다. 게다가 심지어 아브라함의 개인적인 경험 밖의 세부 내용들도 아브라함이 즉각적으로 알았을 내용들이다. 아브라함은 개인적으로 아비멜렉의 환상을 경험하지 않았지만(20:3-7), 의심의 여지없이 독자는 아비멜렉이 다음 날 아침 아브라함에게 환상에 대해 말했을 것이라고 이해할 수 있다(20:8-9). 또한 우리는 아브라함 사이클의 많은 자료들이 원래는 하갈이나 롯에게서 나온 개별 자료들에 있었을 것이라고 주장할 것이다.

마찬가지로 요셉이 이집트에서 권력에 오르게 된 것은 일관되게 그의 관점을 반영한다. 요셉이 이집트의 감옥에 들어갔을 순간에 보디발과 그의 아내는 이야기에서 갑작스럽게 사라지며 독자는 그들의 운명에 대해 어떤 것도 듣지 못한다. 전지한 해설자가 보디발의 아내에게 닥친 재앙을 묘사하여 요셉을 옹호했을 수도 있었다. 다른 인물들이 똑같이 갑작스럽게 나타나고 사라진다. 요셉이 알았을 것이라고 생각되는 것 이상으로는 어떤 것도 언급되지 않는다. 중요한 예외는 37:18-35에 있는데, 거기서 독자는 야곱의 아들들 사이에서의 요셉을 어떻게 처리할 것인지에 대해 논쟁한 것과 불확실했던 것에 대해 듣는다. 여기서 내러티브는 요셉 자신이 알 수 있었던 내용보다 상당히 자세하게 다룬다. 즉 형제들은 요셉을 죽이려고 공모하고, 르우벤은 형제들에게 구덩이에 넣자고 설득하여 나중에 풀어주려고 계획한다. 형제들은 식사를 하고, 유다는 형제들에게 요셉을 노예로 팔자고 설득한다. 르우벤은 요셉이 없는 것을 발견한다. 요셉이 짐승에게 죽었다고 형제들이 야곱에게 말했을 때, 야곱은 위로할 수 없는 애탄에 빠진다. 이 내용 가운데 많은 부분은 요셉의 개인적인 경험 밖에 있으며 요셉이 미디안 사람들에게 팔리는 상황을 묘사할 때도 이 경험에 대한 요셉의 관점은 눈에 띄게 없다.

하지만 이것은 내러티브가 족장의 관점에서 온 것이라는 주장과 모순되지 않는다. 왜냐하면 형제들 자신이 족장 전통의 일부이기 때문이다. 실제로, 이 내러티브에서 정확하게, 구전 단계에서 개별 자료에 대한 증거가 나타난다. 요셉 내러티브의 첫 부분에서(37:2b-36), 제시된 모든 자료는 형제 모두가 아는 내용이었을 것이다(요셉이 몰랐을, 18-35절의 일부를 제외하고). 유다와 다말의 막간 후에(38장), 요셉 이야기는 엄밀히 요셉의 관점에서 재개한다(39:1ff.). 합리적인 결론은 구전 단계에서 이집트에서 가족들이 재회한 후 형제들이 어떻게 요셉을 노예로 팔았는지에 대한 이야기를 들려주었다는 것이다(르우벤과 유다는 특히 자신들의 버전을 들려주었던 것 같다). 그리고 요셉은 자신의 모험과 권력에 오른 상황을 자세히 말했다(45:15b을 보라).

창세기의 개인 이야기(그리고 지금은 우리가 상실한, 많은 다른 족장 내러티브)가 언제 기록됐는지에 대한 질문은 확실하게 대답할 수는 없다. 하지만 여기서 키친이 시도한 고대 근동 세계에서 중요한 정보의 전달과 보급 사이의 구분을 유지하는 것은 가치 있는 일이다. 고대인들 가운데 보존할 가치가 있다고 여겨지는 자료(역사, 신화, 법, 계약)는 기록된 형태로 세대에서 세대로 전달됐다. 아직 대중 매체 수단이 없었으므로(예, 인쇄기) 이 정보는 각 세대에 구두로 보급됐다.[29]

이스라엘 사람들이 족장 이야기가 매우 가치 있다고 여겼다는 것을 전제하면, 이것은 많은 구두 전승이 꽤 이른 시기에 기록됐을 것이라는 사실을 가리킨다.

창세기에 대한 이런 예비적인 분석은 일련의 톨레돗 자료가 본문에서 구분될 수 있다는 사실을 가리킨다. 이것들은 주로 특성상 족보이며, 아마도 이

29 Kitchen, *Ancient Orient*, 135-36

른 시기부터 기록된 자료로 전달됐을 것이다. 그러나 창세기 대부분은 특성상 내러티브다. 이 자료들은 원래 족장들에게서 온 구전된 기사들이었고, 후에 기록됐을 것이다. 어떤 내러티브 자료는 본문에 있는 개별 단위들로 분리될 수 있다. 그러나 이 자료들의 특성을 온전히 평가하려면, 먼저 창세기의 구조를 조사할 필요가 있다.

5장

창세기의 구조

그 자체로 큰 규모라는 가치 이외에도 고고학과 언어학적 조사를 통한 고대 근동 문명의 발굴은 성경 연구에 매우 중요하다. 같은 시대의 메소포타미아와 가나안과 이집트 연구에 비춰 읽힐 때, 성경 역사, 시, 지혜, 예언의 의미는 새롭게 명확해졌다.

더 이상 학자들은 그리스-로마의 고대 유산까지 거슬러 올라가는 전통에서 서구의 관점을 통해 구약을 읽지 않아도 된다. 많은 성경 본문의 정확한 의미가 여전히 의심스럽고 특정 고대 근동의 '병행'의 정확한 의미가 논란의 여지는 있어도 같은 어족어와 역사적 동시대물에 대한 연구로 시대착오적 해석이 있었던 많은 층이 벗겨졌다.

창세기, 아트라하시스 신화, 고대 서시사의 구조

특히 고대 문학 장르에 대한 연구는 성경 본문의 이해를 향상시켰다. 많은 병행 내용들이 명확하고, 종종 성경 연구에서도 지적된다(예, 에누마 엘리쉬와 성경의 창조 기사; 함무라비 법전과 성경의 법전; 우가릿의 찬양과 성경의 찬양). 그러나 고대 문학 구조의 복잡함이 이제 인식되기 시작한다. 예를 들어 학자들은 이제 내러티브와 시의 교차대구적 구조가 한때 인식되는 것보다 훨씬 흔하다고 이해하기 시작한다.[1] 우리는 고대 장르와 문학 구조 분야에서 아직 더 많은 연구가 이뤄질 수 있다고 말하는 것이 좋겠다.

그러나 여기서 중대한 발전은 아이작 키키와다Isaac Kikiwada와 아서 퀸Arthur Quinn의 창세기 1-11장의 최근 분석, 『아브라함이 있기 전』*Before Abraham Was*에 있다.[2] 키키와다와 퀸은 고대 메소포타미아의 아트라하시스 신화를 조사하며 시작한다. 이 신화에서 일하는 신들, 이기기Igigi가 상위 신들, 아눈나키Anunnaki의 종으로서 자신들의 지위에 반대하며 반란을 일으킨 후 인간이 창조됐다. 인간은 실제로 이기기를 그들의 봉사에서 자유롭게 하려고 신들의 노예로 만들어졌다.

최고 신 엔릴Enlil의 요청으로 여신 마미Mami와 신 엔키Enki가 만들었고, 인류는 급속도로 증가하여 땅에 가득했다. 엔릴은 인간이 일으킨 소요로 고통을 당하면서, 먼저 역병으로, 그 다음으로 기근과 홍수로 인간들을 다루려 했다. 엔키가 인간 아트라하시스에게 배를 만들라고 경고하지 않았더라면, 홍수는 인간을 완전히 파멸시켰을 것이다.

그러나 마침내 해결책이 생겼다. 신들은 더 이상 인간을 파멸시키려고 하지 않고, 인류의 인구가 일부 여인들 사이의 불임과 태아 사망과 일부 여사제들의 독신으로 억제됐다. 다시 말해서 모든 여자들이 다산의 능력이 있는 것은 아니며, 여인에게서 태어난 많은 아기들이 죽을 것이다.[3] 인간의 생명은 이 냉혹한 이야기의 신들 대부분에게는 거의 가치가 없다.

키키와다와 퀸은 이전 학자들을 따르면서 신화는 창조 내러티브와 인간 생존에 대한 세 가지 위협(역병과 기근과 홍수)과 해결로 구성된 다섯 가지 요점의 구조를 둔다고 지적한다. 그들은 도입과 세 가지 위협과 해결이라는 동

---

1 John W. Welch, ed., *Chiasmus in Antiquity* (Gerstenberg Verlag, 1981)을 보라.

2 *Before Abraham Was: A Provocative Challenge to the Documentary Hypothesis* (Nashville: Abingdon, 1985).

3 앞의 책, 39-47.

일한 구조가 창세기 1-11장과 트로이 전쟁의 고대 이야기와 옛 이란 홍수 이야기에서도 발견된다고 지적한다.[4] 게다가 그들은 이 패턴이 어떻게 출애굽기 1-2장과 마태복음 1-3장에서 이어지는지를 보여준다.[5] 또한 월터 브루그만Walter Brueggemann의 연구[6]에 근거하여 키키와다와 퀸은 창세기 1-11장과 다소 비슷한 구조를 지닌 다윗의 집의 역사 사이에 강력한 병행 내용이 있다고 본다.[7]

이것은 중요한 패턴을 규명한다. 고대 문학에서, 특별한 유형의 내러티브는 종종 (1) 도입, (2) 서사시가 관여하는 영웅이나 무리에 대한 세 가지 위협, (3) 해결이나 결론이라는 구조를 지닌다. 나는 이 패턴을 조상 서사시 패턴이라고 부르는데, 이 패턴은 창세기의 지배적인 구조다. 창세기 1-11장과 아트라하시스 신화 모두 조상 서사시 패턴을 따른다. 둘 사이의 병행 내용은 표 5.1에서 볼 수 있다.

표 5.1

아트라하시스	창세기
A. 창조(I.1-351) 신들의 일에 대한 요약 인간 창조 B. 첫 위협 (I.352-415) 인간의 수의 증가 역병, 엔키의 도움	A. Creation (1:1-2:3) 하나님의 일에 대한 요약 인간 창조 B. 첫 위협 (2:4-3:24) 하늘과 땅의 족보, 아담과 하와

4 앞의 책, 48-52.

5 앞의 책, 111-18.

6 "David and his Theologian," *CBQ* 30 (1968): 156-81. 브루그만은 창세기 1-11장에서의 J 구성이 다윗 이야기에 의존한다고 주장한다(p. 158). 물론, 키키와다와 퀸은 J의 존재를 거부하고 순서를 바꾸어, 다윗 이야기가 창조 서사시에 의존한다고 본다. 이 이슈는 제외하고서라도, 브루그만이 두 성경 내러티브 사이에 도출하는 병행들은 놀랄만하다.

7 Kikiwada and Quinn, *Before Abraham Was*, 107-11.

C. 둘째 위협(II.i.1-v. 21)	C. 둘째 위협 (4:1-26)
인간의 수의 증가	가인과 아벨
1. 기근, 수의 증가	1. 가인과 아벨, 족보
2. 강화된 기근, 엔키의 도움	2. 라멕의 조롱(족보에서)
D. 최종 위협(II.v.22-III.vi.4)	D. 최종 위협(5:1-9:29)
수의 증가	족보
아트라하시스의 홍수, 배로 구원	노아의 홍수, 방주로 구원
E. 해결(III.vi.5-viii.18)	E. 해결(10:1-11:32)
수의 증가	족보
엔릴과 엔키의 타협,	바벨탑과 분산
'출산 조절'	족보, 아브람이 우르를 떠나다

이 표는 다음의 글에 나오는 표를 수정한 버전이다, Isaac M. Kikiwada and Arthur Quinn, Before Abraham Was: A Provocative Challenge to the Documentary Hypothesis (Nashville: Abingdon, 1985), 47-48.

키키와다와 퀸이 제시하는 강력한 양식과 관련한 논증을 넘어, 창세기 1-11장에 대한 내부 구조 분석을 개발한다. 가장 중요한 것은 성경 내러티브에서 족보가 전반적인 구조의 각 주요 부분 사이에 온다는 것이다. 이런 식으로 아담과 하와, 가인의 아벨 살해, 라멕, 홍수, 노아 후의 흩어짐의 이야기 모두에는 족보가 이어진다. 창조 내러티브에는 공식적인 족보가 이어지지 않지만, "이는 하늘과 땅의 내력(톨레돗)이니"라는 표현이 이어진다.[8] 창세기 1-11장의 구조는 표 5.2에서 볼 수 있다. 아트라하시스 신화와의 병행 내용은 주목할 만하다. 병행 내용은 심지어 둘째 위협과 쌍을 이루기까지 확대된다. 기근의 위협이 아트라하시스에서 두 번 반복되듯이 가인-라멕 섹션(C, C′)에 폭력에 관한 이중의 기사가 있다.

8 이것은 창세기 2:4에서의 톨레돗 사용이 인위적이며, 톨레돗 정보는 원 톨레돗 자료를 나타나지 않고 편집됐다는 우리 주장을 뒷받침한다.

표 5.2 원시 역사의 구조

A. 창조

족보 = 하늘과 땅

B. 아담과 하와

족보 = 하와의 아들들

C. 가인과 아벨

족보 = 가인의 혈통

C′ 라멕의 조롱

족보 = 아담/셋

D. 노아의 홍수

족보 = 민족 목록

E. 흩어짐

족보 = 셈의 혈통

Isaac M. Kikiwada and Arthur Quinn, *Before Abraham Was: A Provocative Challenge to the Documentary Hypotheses* (Nashville: Abingdon, 1985), 60.

키키와다와 퀸은 또한 아트라하시스와 창세기 1-11장에 공통으로 있는 매우 중요한 주제를 지적한다. 이 가운데 가장 중요한 것은 인구 증가와 인류의 지리적 확장이라는 이슈에 대한 공통된 관심을 가진다는 것이다.

아트라하시스에서 인구 증가는 신들에게 주요 문제다. 즉 붐비는 사람들이 야기하는 소음과 소동은 엔릴에게 매우 성가셨다. 파쉬투pashittu(유아 살해)와 다른 다산에 대한 제한으로 인구 증가를 억제했을 때, 이 상황은 해결됐다.

성경에서 하나님은 인류가 번성하고 땅에 가득하기를 바란다는 사실은 주목할 가치가 있다. 인간이 신에게 성가셔서가 아니라 인간의 죄가 위협이 된다. 하나님은 거듭 자신이 바라는 대로 사람들이 땅에 가득하는지 조치를 취해야만 한다. 문제는 바벨탑에서 해결되는데, 이때 한 장소에 모이려는 경향이 있었던(인류의 확장에 방해하면서) 인류는 하나님의 조치로 멀리 흩어진다.[9]

그러므로 사람들과 그의 후손들이 다양한 위협에 맞서 생존할 수 있는지의 문제는 조상 서사시의 지배적인 개념이다. 창세기 1-11장을 아트라하시스의 배경에서 읽는 신학적인 의미는 명백하다. 민족들의 신들이 사람들을 기껏해야 견딜만한 성가신 존재로 여기지만, 여호와는 자신의 피조물을 사랑하고, 심지어 사람들을 스스로에게서 보호했다.

이것은 문서설에서의 본문을 파편화하는 것에 맞서 창세기 1-11장의 통일성에 대한 강력한 논거를 제시하는데, 이는 실제로 키키와다와 퀸이 내린 결론이다. 그러나 키키와다와 퀸의 가설은 창세기 1-11장에 대한 개별 자료가 없었다는 것을 확립하지는 않음을 지적할 가치가 있다. 이는 내러티브 배후의 자료들이 현재의 구조와 모순되지 않음이 틀림없으며 문서설이 하는 방식으로 자료들이 구조를 위협하지 않는다는 사실을 의미할 뿐이다.

창세기의 구조

이전 시도들

모든 창세기 주석가들은 창세기의 구조에 대해 어떤 식으로든 언급했다. 가장 전통적인 주석들에서 이 진술은 창세기의 개요에 불과했는데 고대 근동의 양식에 거의 주목하지 않았던 서구 학자들의 본문 읽기에 따라 마련됐

---

9 Kikiwada and Quinn, *Before Abraham Was*, 80.

다.[10] 반면에, 문서설 비평가는 창세기의 문서 자료에 너무 집착하여, 전체의 전반적인 구조에 거의 주목하지 않았다.[11] 그들은 최종 편집이 매우 늦은 시기에 이뤄졌다고 간주했으므로, 고대 내러티브 기법의 표시를 찾으려 하지 않았다.[12] 그러므로 학자들이 다른 성경 가장 주목할 만하게는 신명기에서 고대 근동의 양식을 입증하기까지 했으나 창세기의 내러티브 구조는 이제 탐구되기 시작했을 뿐이다.

이것은 어떤 것도 이뤄지지 않았다고 말하는 것이 아니다. 실제로, 창세기의 내러티브 구조에 대한 여러 중대한 연구가 최근에 나왔다. 키키와다와 퀸의 창세기 1-11장에 대한 분석 이외에도 마이클 피쉬베인Michael Fishbane은 야곱 사이클(창 25:19-35:22b)에 대한 중요한 분석을 했는데 이 분석에서 야곱 사이클이 교차대구의 구조를 이룬다고 입증했다.[13] 피쉬베인의 결론은 개리 A. 렌즈버그Gary A. Rendsburg가 인정하고 더 발전시켰는데 렌즈버그는 표 5.3에서 볼 수 있는 대로 교차대구의 구조를 제시한다.

표 5.3

A 신탁을 구하다, 출생에서의 다툼, 야곱이 태어나다(25:19-34)

B 간주: 이방 궁전에서의 리브가, 이방인들과의 조약(26:1-34)

---

10 예, Derek Kidner, *Genesis*, TOTC (Downer's Grove, Ill.: Inter-Varsity, 1968) 42; Harold G. Stigers, *A Commentary on Genesis* (Grand Rapids: Zondervan, 1975), 43-45.

11 예, John Skinner, *A Critical and Exegetical Commentary on Genesis*, 2d ed., ICC (Edinburgh: T. and T. Clark, 1930) xlii-lxvi; E. A. Speiser, Genesis, AB (New York: Doubleday, 1980), liii-lx.

12 다른 한편, George W. Coats, Genesis: *With an Introduction to Narrative Literature*, FOTL (Grand Rapids: The Ancestor Epics 283 Eerdmans, 1984), 27-34에서는 창세기 전체와 J, E, P 내러티브의 구조를 제시하려 시도한다.

13 "Composition and Structure in the Jacob Cycle (Genesis 25:19-35:22)," JJS 26 (1975): 15-38. Michael Fishbane, *Text and Texture* (New York: Schocken, 1975), 40-62를 또한 보라.

C 야곱이 에서를 두려워하고 도망하다(27:1-28:9)

D 전령들(28:10-22)

E 하란에 도착(29:1-30)

F 야곱의 아내들의 다산(29:31-30:24)

F′ 야곱의 가축의 다산(30:25-43)

E′ 하란에서의 도주(31:1-54)

D′ 전령들(32:1-32)

C′ 야곱이 돌아오고 에서를 두려워하다(33:1-20)

B′ 간주: 이방 궁전에서의 디나, 이방인들과의 조약(34:1-31)

A′ 신탁이 성취되다, 출생에서의 다툼, 야곱이 이스라엘이 되다(35:1-22)

Gary A. Rendsburg, *The Redaction of Genesis* (Winona Lake, Ind.: Eisenbrauns, 1986), 53-54.

피쉬베인은 본문의 교차대구 구조를 뒷받침하는 많은 증거를 제시한다. 예를 들어 A와 A′ 사이의 유사성은 다음과 같다. A는 (1) 장자(에서)가 동생(야곱)을 돌보아야 한다는 예언에 대해 말하고 (2) 쌍둥이가 출생할 때 리브가의 고통을 묘사하며, (3) 야곱의 이름을 짓는 기사를 제공한다. A′는 (1) 야곱에 대한 축복(35:11-12), (2) 베냐민의 출생 때 라헬의 죽음에 대한 기사, (3) 야곱의 이름을 이스라엘을 바꾸는 것에 대한 언급을 포함한다.

섹션 B와 B′는 어느 섹션도 더 큰 내러티브에서 가까운 문맥과 관계가 없다는 점에서 비슷하다. 둘은 할례받지 못한 이방인들(블레셋 사람, 세겜 사람)의 왕궁에서 겪는 야곱 가족(야곱의 어머니 리브가, 야곱의 딸 디나)의 여자들 가운데 한 사람에 대한 이야기를 다룬다. 그리고 두 섹션은 족장 측에서의 속임수와 관계가 있다. 렌즈버그는 피쉬베인이 먼저 제시한 증거에 상당히 많이 덧붙였는데, 이 증거들은 이 관계와 다른 관계들이 교차대구의 모든 쌍에서 나온다는 것을 가리킨다.[14] 전체 내러티브의 교차대구 구조는 부인할 수 없다.

교차대구에 대한 두 가지 경고

그러나 교차대구 구조를 논의할 때, 두 가지 중요한 점을 염두에 둘 필요가 있다. 첫째, 교차대구 구조가 존재한다는 것이 전체 내러티브를 한 저자가 한 번에 작성했다는 사실, 즉 어떤 별개의 이전 자료가 존재하지 않았다는 사실을 입증하지는 않는다. 어떤 학자들 특히 문서설에 반대하는 논쟁을 펼치는 학자들은 어떤 교차대구의 구조도 자료비평 작업에 맞서는 증거가 된다고 여기는 경향이 있다. 교차대구는 더 큰 단위의 본문에 속하는 특정 하부 섹션이 후대에 삽입된 것이 아니라는 사실을 주장하는 데 바람직한 토대를 제공하며 근본적으로 교차대구에 영향을 미치는 본문에 대한 문서의 자료비평 접근에 맞서는 논증을 한다. 다시 말해서, 가설적 자료들이 어떻게 명백한 교차대구에 합쳐졌는지에 대한 그럴듯한 설명이 없다면, 가설적인 자료 문서는 아마도 결코 존재하지 않았을 것이다. 하지만 교차대구를 접하는 곳마다 자료비평 연구를 멈추게 할 수는 없다.[15]

둘째, 교차대구(그리고 병행)의 구조가 주해를 지배해서는 안 된다. 교차대구가 때로 매우 중요하더라도 때로 해설자의 기법을 미묘하게 보여줄 뿐이다. 해설자의 기법이 본문의 표면 아래에서 잘 엮여 있기 때문이다. 교차대구가 한 본문의 내러티브(또는 시적) 구조를 항상 결정하는 것은 아니다. 실제적인 내러티브 구조는 정확하게 토대를 이루는 교차대구와 일치하더라도, 교차대구와는 독립적일 수 있다. 교차대구, 병행법, 알파벳 순서에 따른 구

---

14 이 교차대구적 해석을 뒷받침하는 증거를 자세히 보여주는 것에 대해, Gary A. Rendsburg, *The Redaction of Genesis* (Winona Lake, Ind.: Eisenbrauns, 1986), 53-69를 보라.

15 피쉬베인도 렌즈버그도 이 오류에 빠지지 않는다. Rendsburg, *Redaction*, 99-106에서는 문서설을 논박하려고 창세기 본문에서 그가 보는 구조를 사용하지만, 교차대구만이 아니라 건전한 언어학적 증거에 근거하여 신중하게 논박한다.

조, 또는 다른 장치들도 본문 형성에서 유일한 결정적 요인은 아닐 수 있다.

고대 청중들에게 이런 병행의 요소들은 반전, 유사함, 아이러니, 해결을 야기하도록 깊은 차원에서 작용했다. 교차대구는 이야기를 함께 묶는 경향이 있다. 구조에서의 병행법은 둘이나 그 이상의 사건들이 어떻게 다소 비슷한지를 보여주는 경향이 있다. 그럼에도 이것들은 수학 공식이 아니라 이야기다. 실제로 고대 저자들은 그들의 문학 기법을 매우 자유롭게 다뤘다.

예를 들어, 이사야서 분석에서 R. K. 해리슨Harrison은 W. H. 브라운리Brownlee의 연구를 따르면서, 이사야서가 놀라운 병행법을 사용한다는 것을 보였다. 즉 1-33장은 많은 면에서 34-66장과 병행을 이룬다는 것이다. 누구나 이런 발견이 최소한 제2이사야와 제3이사야[16]에 대한 부정적인 의미를 지닌다는 해리슨의 입장에 동의할 수 있다(그 자체로는 이것이 다수의 저작권 이론을 논박하지는 않을지라도).

하지만 해리슨은 이 병행법을 본문의 조망에 관한 지배적인 특징으로 삼으려 하면서 너무 깊이 나아갔다.[17] 그 반대로, 문학적인 구조에서 이사야서는 예루살렘이 바벨론에 포로로 끌려갈 운명이라는 예언을 하는 39장에서 절정에 도달하는 것이 명백하다.

마찬가지로 신약 학자들은 사도행전이 어느 정도 바울의 생애와 베드로의 생애를 병행 구조로 둔다는 사실을 오랫동안 인정해 왔다.[18] 그러나 이런 병행이 사도행전의 내러티브 구조를 통제한다고 결론 내리는 것은 옳지 않다. 큰 규모의 병행법이나 교차대구는 중요하지만, 다른 더 분명한 특징이 다른 방향으로 가리킬 때, 본문의 구조를 고정시키는 틀이 아니다.

---

16 *Introduction to the Old Testament* (Grand Rapids: Eerdmans, 1969), 788-89.

17 앞의 책, 764.

18 Donald Guthrie, *New Testament Introduction* (Downer's Grove, Ill.: Inter-Varsity, 1970), 339을 보라.

렌즈버그의 가설

렌즈버그는 『창세기의 편집』*The Redaction of Genesis*에서 피쉬베인, 움베르토 카수토Umberto Cassuto, J. M. 새슨Sasson, 네이훔 사르나Nahum Sarna 등의 연구에 근거하면서, 창세기가 일련의 병행과 교차대구의 사이클로 구조를 이룬다는 사실을 보여주려 한다(표 5.4를 보라). 렌즈버그는 창세기 25:19-35:22의 교차대구 구조를 지지하면서 피쉬베인이 제시한 것과 같은 비슷한 유형의 교차대구와 병행 구조를 위한 많은 논증을 사용한다. 게다가 렌즈버그는 특히 다양한 본문들 사이의 상응 관계를 확립하고자 그 본문들 사이의 문자 그대로의 병행 내용들을 인용한다.

표 5.4

섹션	범위	구조
원시 역사	1:1-11:26	병행
아브라함 사이클	11:27-22:24	교차대구
연결 자료	23:1-25:18	35:23-36:43와 병행
야곱 사이클	25:19-35:22	교차대구
연결 자료	35:23-36:43	23:1-25:18와 병행
요셉 이야기	37:1-50:26	교차대구

Gary A. Rendsburg, *The Redaction of Genesis* (Winona Lake, Ind.: Eisenbrauns, 1986), 8, 28-29, 53054, 71, 80.

아브라함 자료

렌즈버그의 많은 연구가 유용하다. 카수토와 사르나를 따르면서 렌즈버그는 창세기 11:27-12:24에서 다음의 교차대구 구조를 본다(표 5.5를 보라). 렌즈버그가 제시하는 교차대구의 요소 이외에도, 구조를 뒷받침하는 많은 문자 그대로의 병행 내용들을 입증했다. 예를 들어, B에서 아브람은 "너의 고향과 친척과 아버지의 집을 떠나…가라"고 듣고(12:1), 모레로 이동하는 반면 (12:6), B′에서는 "네 사랑하는 독자 이삭을 데리고…가서…번제로 드리라"는 명령을 받고 그는 모리아로 간다(22:2).[19] 이 본문에서의 교차대구를 위한 증거는 설득력이 있다.

표 5.5

A 데라의 족보(11:27-32)

B 아브람의 영적 여행 시작(12:1-9)

C 이방 궁전에 있는 사래; 시련이 평화와 성공을 끝나다; 아브람과 롯이 갈라서다(12:10-13:18)

D 아브람이 소돔과 롯을 구하러 오다(14:1-24)

E 아브람과의 언약; 이스마엘에게의 통고(15:1-16:16)

E′ 아브람과의 언약; 이삭에게의 통고(17:1-18:15)

D′ 아브라함이 소돔과 롯을 구하러 오다(18:16-19:13)

C′ 이방 궁전에 있는 사래; 시련이 평화와 성공으로 끝나다; 아브라함과 이스마엘이 갈라서다(20:1-21:34)

B′ 아브라함의 영적 여행의 절정(22:1-19)

A′ 나홀의 족보(22:20-24)

Gary A. Rendsburg, *The Redaction of Genesis* (Winona Lake, Ind.:

19 Rendsburg, *Redaction*, 31.

Eisenbraruns, 1986), 28-29.

요셉 자료

그러나 렌즈버그가 소개한 다른 부분은 충분히 설득력이 있는 것은 아니다. 요셉 사이클에 대한 분석[20]은 어떤 면에서는 문제가 있다. 그는 37:1-50:26이 교차대구를 이룬다고 주장한다(표 5.6을 보라). 이 분석은 일부 의심의 여지가 있다. 예를 들어 렌즈버그는 창세기 38장(유다와 다말)이 창세기 49장(야곱의 축복)과 상응한다고 주장한다. 이것은 시작부터 그럴듯하지 않아 보이며 요셉이 창세기 38장에는 있지 않았고 창세기 49장에는 명목상으로만 있었다는 그의 설명은 도움이 되지 않는다.

표 5.6

A 요셉과 그의 형제들, 야곱과 요셉이 헤어지다(37:1-36)

B 간주: 요셉이 있지 않다(38:1-30)

C 반전: 요셉의 유죄, 보디발의 아내의 유죄(39:1-23)

D 이집트의 영웅 요셉(40:1-41:57)

E 이집트로의 두 번의 여행(42:1-43:34)

F 최종 시험(44:1-34)

F′ 시험의 결론(45:1-28)

E′ 이집트로의 이주에 대한 두 번의 언급(46:1-47:12)

D′ 이집트의 영웅 요셉(47:13-27)

C′ 반전: 장자 에브라임, 둘째 므낫세(47:28-48:22)

---

20 앞의 책, 79-97.

B′ 간주: 요셉이 명목상으로 있다(49:1-28)

A′ 요셉과 그의 형제들, 야곱과 요셉이 헤어지다(49:29-50:26)

Gary A. Rendsburg, *The Redaction of Genesis* (Winona Lake, Ind.: Eisenbrauns, 1986), 80.

렌즈버그는 이전 학자들의 연구를 따르면서 창세기 38장과 49:8-12의 중요한 연결을 지적한다. 49:10의 '실로'는 38:5, 11, 14, 26의 '셀라'를 떠올리게 한다. 49:10의 규는 38:18, 25의 지팡이를 떠올리게 하며 유다가 다말을 방문한 이야기에 대한 반영에서 성적인 함축된 의미를 지닌다. 실로라는 용어는 유다가 다말에게 주지 않으려 했던 아들 셀라를 넌지시 가리킬 수 있다.[21] 또한 나귀와 암나귀를 가리키는 히브리어 단어는 창세기 38장의 엘과 오난이라는 이름에 대한 언어유희일 수 있다.[22]

창세기 38장과 모든 중요한 병행 내용은 창세기 49장의 나머지가 아니라, 유다의 축복에 있다. 창세기 38장과 49장 사이의 문자 그대로의 병행 내용에 대한 다른 시도는 종종 무리한 것이거나 중요하지 않다. 예를 들어 49:3과 7절에는 오즈*`oz*('강한')가 있고, 38:17과 20절에는 이짐*`izzim*('염소들')이 있다.[23] 게다가 어떤 점에서는 유다에 대한 축복이 유다-다말의 사건 밖에 있으며, 따라서 렌즈버그가 보는 교차대구 밖에 있는 본문을 암시하는 것 같다. 옷을 포도의 피에 빤다는 것(49:11)은 요셉의 옷이 염소의 피에 담그는 것(37:31)을 떠올리게 한다.[24] 시므온과 레위에 대한 섹션(49:5-7)은 명백히 창

21 Edwin M. Good, "The Blessing on Judah, Gen 49:8-12," *JBL* 82 (1963): 430.

22 Rendsburg, *Redaction*, 84.

23 앞의 책, 85. 이런 언어 유희는 단어들이 가까이에서 나온다면 있을 법하지만, 여기는 그런 경우가 아니다.

24 Good, "Blessings," 431.

세기 34장[25]을 암시하지, 창세기 38장을 가리키지는 않는다. 요약하자면 창세기 49장에서 창세기 38장과 순수하게 병행을 이루는 내용은 유다에 대한 섹션에 있다. 이것의 중요성은 9장에서 탐구할 것이다.

이것은 렌즈버그의 분석이 더 큰 본문들의 단락들 사이에 상응하는 현상에 대한 가치 있는 통찰력을 주지 못한다고 말하는 것이 아니다. 37:1-50:26에 있는 많은 교차대구의 요소는 렌즈버그가 묘사한 대로 기능한다. 37:1-46:7에 있는 이전 갈등과 긴장의 요소들은 46:28-50:26에 반복된다. 야곱과 요셉의 죽음(50장)은 37장의 요셉의 외견상의 죽음을 떠올리게 하고, 유다의 축복(49:8-12)은 역설적이게도 창세기 38장(유다와 다말)을 떠올리게 하며 기근이 계속되는 동안 요셉의 지혜(47:13-27)는 40-41장에서 지혜를 드러내는 것을 떠올리게 한다. 이 모두는 렌즈버그의 연구에서 밝혀졌다.[26]

렌즈버그는 보디발의 아내 이야기(창 39장)에 창세기 48장과 주목할 만한 주요 병행 내용이 있으며 둘 다 반전의 주제를 이용한다고 지적한다. 렌즈버그가 지적하는 두 본문 사이의 연결되는 주요 표현 가운데, 아마도 가장 중요한 것은 39:8과 48:19에 나오는 "그가 거절하며 이르되"의 반복, 그리고 샤카브*shakab*(눕다; 39:7-14; 47:30)와 야드(yad, 손; 39장에 9회 나온다; 참조, 48:14, 17)와 레헴*lehem*(빵)이라는 단어를 사용할 때의 역설적인 풍자일 것이다. 마지막 단어는 39:6과 39:9의 비교에서도 내포하듯이 비유적으로 보디발의 아내일 것이다. 이 용법에서 렌즈버그가 지적하듯이 48:7에서 베들레헴을 언급하는 것이 설명된다.[27]

하지만 렌즈버그의 분석에서 관찰되지 않지만 중요한 병행 내용은, 장자였던 자가 자기 자리를 잃는 두 형제 베레스와 세라의 이야기(38:27-30)와 동생이 형보다 앞서는 두 형제 에브라임과 므낫세의 이야기(48:13-22) 사이에서 발견된다. 게다가 요셉이 39장에서 보디발에게서 부당한 대우를 받는 것

---

25 Calum M. Carmichael, "Some Sayings in Genesis 49," *JBL* 88 (1969): 435-37을 보라.

26 *Redaction*, 79-92.

27 앞의 책, 86-88.

은, 48:1-12에서의 특별한 축복에 대해 열두 형제 가운데 선택되어, 그의 아버지에게서 '부당한' 혜택을 받는 것과 대조를 이룬다. 이런 식으로 두 반전은 서로 대치된다. 첫째는 동생과 형의 위치의 반전이며, 둘째는 요셉이 받는 불이익/혜택이다.

창세기 42-45장도 어느 정도 렌즈버그가 지적하지 않은 방식으로, 46:28-47:12과 대조를 이룬다. 창세기 42-45장에서 야곱은 요셉의 형제들을 이집트로 내려 보내지만, 요셉이 형제들을 정탐꾼이라고 고발한 후 두 번째는 베냐민과 함께 형제들을 보내야만 한다. 그때 형제들은 요셉에게 속아, 요셉의 이집트 부하에게 체포되지만, 자신의 정체를 형제들에게 드러내어 구출된다. 그 다음에 야곱 자신은 이집트를 향해 떠난다.

46:28-47:12에서 야곱은 준비하도록(유다의 협의로 베냐민을 보냈었듯이) 유다를 미리 보내고, 요셉에게서 환영을 받으며(형제들이 그랬던 것처럼 위협받지는 않는다), 요셉의 이집트 부하에게 체포되는 대신에 요셉의 상관인 이집트의 바로에게 소개된다. 마지막으로 야곱은 이전 섹션의 마지막에 이집트로 떠난 대로, 라암셋이라는 상으로 받은 지역으로 옮긴다.

46:8-27의 족보 자료는 두 주요 섹션(37:3-46:7과 46:28-50:26) 사이를 구분하는 표시어 역할을 한다. 렌즈버그가 주장하듯이 이 교차대구 구조의 중심은 44:1-45:28이 아니라 46:8-27(야곱의 후손)이라는 사실을 주목하라. 그러므로 많은 교차대구의 요소는 37:1-50:26에 있다(표 5.7을 보라). 이 교차대구의 요소들은 내러티브의 구조를 지배하지는 않지만, 내러티브 구조 아래에서 작용한다. 교차대구의 요소들은 배경음악이다. 이 결론은 각각의 두 주요 구분의 실제 절정이 나오는 곳을 주목함으로써 확인된다.

36:1-46:8의 요셉 이야기에서, 요셉이 형제들에게 자신을 드러낼 때(45장) 42:1-44:34(형제들의 방문)의 극도의 긴장이 무너지는 데서 명백히 절정은 온다.[28] 하나님이 안전에 대한 확신을 주는 가운데, 야곱이 이집트로 떠나

28 참고, Robert E. Longacre, *Joseph: A Story of Divine Providence* (Winona Lake, Indiana:

는 사건(46:1-7)은 긴장이 없는 수준으로 이야기가 돌아가는 절정에서 결론으로 옮겨가는 역할anti-climax을 한다. 이때 족보 자료는 드라마의 종결을 알리기 위한 경계를 형성한다(46:8-27).

표 5.7

A 형제들이 요셉에게 보이는 적대감(37:3-11)

B 요셉의 외견상의 죽음, 야곱이 애도하다(37:12-35)

C 유다와 다말(38:1-26)

D 부당한 반전

Da 베레스와 세라(38:27-30)

Db 보디발의 아내와 요셉(39:1-23)

E 요셉의 지혜(40:1-41:57)

F 이집트로의 이주(42:1-46:7)

Fa 야곱이 형제들을 보내고, 형제들은 위협하며, 야곱은 둘째 여행에서 베냐민을 보내다

Fb 형제들이 요셉에게 속고, 이집트 부하에게 체포되고, 요셉은 자신을 드러내다

Fc 야곱이 이집트를 향해 출발하다

G 족보(46:8-27)

F′ 이집트에서의 정착(46:28-7:12)

F′a 야곱이 이집트에 도착하지만 유다를 먼저 보내다

Eisenbrauns, 1989), 22, 28. 요셉이 자신을 드러내는 일이 중요하다는 것(45)은 이 사건이 큰 교차대구의 구성의 중심에 있다는 렌즈버그의 주장을 뒷받침하는 것 같다. 하지만 이것은 오해하기 쉬운데, 왜냐하면 렌즈버그는 또한 44장을 교차대구의 중심에 속한다고 보기 때문이다. 창세기 44장은 42:1-44:34에서 긴장감이 점차로 고조되는 내용의 일부이며 해결에 속하지 않는다.

F′b 요셉이 야곱을 환영하고, 바로에게 소개하다

F′c 야곱이 라암셋으로 이동하다

E′ 요셉의 지혜(47:13-26)

D′ '부당한' 반전

D′a 야곱이 요셉을 선호하다(48:1-12)

D′b 에브라임과 므낫세(48:13-22)

C′ 유다의 축복에서의 아이러니(49:8-12)

B′ 야곱의 죽음, 요셉이 그를 장사지내다(49:29-50:14)

A′ 요셉이 형제들이 다시 확신시키다(50:15-21)

46:28-50:26에서, 내러티브의 지배적인 특징은 야곱이 자기 아들들에게 하는 축복이다(48-49장). 이스라엘 사람들은 오랜 기간 이집트에 정착했고, 적은 무리의 나이 든 족장은 곧 죽는다. 이 적은 외부인들의 무리에게 어떤 미래가 펼쳐지겠는가? 그들에게 미래는 있는가? 야곱의 축복은 이 질문을 해결하는 데 기여하고 족장들의 이야기를 마무리하며 민족의 이야기를 미리 내다본다.

간단히 말해서 두 가지 절정의 본문이 교차대구의 병행을 이루지 않는다. 그럼에도 9장에서 입증하겠지만 여기서 발견된 교차대구적 요소들은 중요하다.

'연결 자료'와 원시 역사

렌즈버그 분석에서의 '연결 자료'는 훨씬 더 문제가 된다.[29] 렌즈버그는 두 가지 연결 자료(3:1-25:18과 35:23-36:43)를 "병행하는 행을 따라" 배열된다고 주장한다. 하지만 심지어 렌즈버그의 분석에서도 두 섹션은 대략적으로도

---

29 *Redaction*, 71-77.

구조적으로 병행을 이루지 않는다. 그는 첫 섹션을 다섯 부분(A, B, C, D, E의 순서로)으로 나눈 반면, 둘째 섹션은 다른 순서로(C', D', B', E'; A'는 없어짐) 하여 네 부분으로 나눈다. 렌즈버그는 '불완전'하다고 인정하지만 이런 부적절함 때문에 이것을 병행법이라고 불러야 하는지에 대한 질문을 제기하게 된다. 게다가 개별 부분들이 항상 실제로 상응하는 것은 아니다.[30]

마찬가지로, 렌즈버그는 명백히 원시 역사에 병행하는 요소들이 있다는 점을 보여주었지만[31] 본문은 병행 구조가 지배하지 않는다. 병행 구조는 본문의 표면 아래에서 훌륭하게 기능하며 이야기꾼으로서의 해설자의 여러 기법을 나타내지만 본문의 형성을 결정하지는 않는다.

그러나 아마도 렌즈버그의 주장의 가장 분명한 약점은 이것이다. 즉 그의 논제에서 창세기의 각 주요 부분들이 매우 신중하고 종종 극단적으로 미묘한 병행과 교차대구의 구조로 되어 있다고 해도 창세기 전체는 이런 구조를 전혀 가지고 있지 않다는 것이다. 대신에 뒤섞인 두 가지 '연결 부분'을 제외하고 주요 교차대구와 병행 내러티브는 어떤 추이도 없이 나란히 놓여 있을 뿐이며, 전반적인 구조는 없다. 다시 말해서 편집자는 각 주요 섹션을 교차대구와 병행 구조로 서로 엮은 것을 분명히 알리는 실마리를 포함시키는 데 깊은 관심을 가졌었다고들 말했으나, 전적으로 전체 구조에 무관심하고, 단순히 주요 내러티브를 연대순으로 나열했을 뿐이다. 따라서 이것은 가능성이 낮다.

그럼에도 렌즈버그는 창세기 모든 50장 전반에서 상응과 문학적 병행에 대한 몇 가지 매우 중요한 증거를 함께 묶는다. 본문을 다양한 차원에서 미묘하게 서로 엮는 것은 문학적 성취로서의 창세기의 규모에 대해 우리가 더 깊이 이해하는 데 기여할 따름이다. 렌즈버그가 지적하듯이, 이로 말미암아 우리는 창세기를 문서들의 조각으로 다루는 자료 이론과 편집 이론에 대해 의

---

30 예를 들어, 렌즈버그는 창세기 24장의 내러티브를 36:1-5의 족보 자료와 조화시키려고 노력하지만, 이것은 설득력이 없다.

31 *Redaction*, 7-25.

심을 품게 된다.[32] 게다가 렌즈버그는 초기 왕국 시대 때의 편집에 대한 중요한 주장을 제기한다.[33]

새로운 가설: 조상 서사시 문학으로서의 창세기

그러므로 창세기의 구조에 대한 문제는 여전히 해결되지 않았고, 새롭게 조사할 필요가 있다. 게다가 키키와다와 퀸의 연구에 비추어, 창세기 전체가 아트라하시스 신화 및 창세기 1-11장과 동일한 구조를 지니는지에 대해 고려할 가치가 있다. 그들은 이 분야에서 이미 예비적 연구를 마쳤다.

키키와다와 퀸은 창세기가 원시 역사와 세 족장(아브라함, 이삭, 야곱)과 결론(요셉 이야기)의 순서를 따른다고 주목한다. 그들은 또한 창세기 1장이 창세기의 마지막 장들과 상응하는 요소를 지니면서 인클루지오 양식이 있다고 주목한다. 또한 그들은 전체 오경에 대해 비슷한 구조를 찾는다(창세기와 신명기는 도입과 결론 역할을 하고, 출애굽기-민수기는 저작의 중심 역할을 한다). 렌즈버그와 마찬가지로, 키키와다와 퀸은 해설자의 기법이라는 놀라운 증거를 내놓았다.[34]

그럼에도 키키와다와 퀸이 창세기를 위해 제안한 구조는 만족스럽지 못하다. 문학적 관점에서 열두 지파 전에 세 족장이 있다는 사실은 중요하겠지만, 창세기를 지배하는 세 인물은 아브라함과 야곱과 요셉이다.[35] 이것은 몇 절만이 이삭에 할애되기 때문이 아니라 이삭이 단순히 창세기의 주요 문학적 주제에 약간만 나오기 때문이다. 나중에 논의하겠지만 이 주제는 소외다.

이제까지 봤지만, 조상 서사시 양식은 (온전한 형태로) 서언, 중심인물에 대한 위협을 묘사하는 삼중의 내러티브 각 주요 섹션 사이에 전환의 자료가

---

32 앞의 책, 99-106.

33 앞의 책, 107-20.

34 Kikiwada and Quinn, *Before Abraham Was*, 119-25.

35 참고, Speiser, *Genesis lviii; Rendsburg*, Redaction, 1. Robert L. Cohn, "Narrative Structure and Canonical Perspective in Genesis," *JSOT* 25 (1983): 3-16을 또한 보라.

있는 결론을 포함한다. 창세기의 주요 인물들, 즉 아브라함과 야곱과 요셉 각각은 고향에서 멀어진다. 이 인물들이 소외되고 종종 위험에 처하면서 이야기를 지배한다. 그러나 이삭은 결코 자신이 출생한 땅에서 벗어나 헤매지 않는다. 한 이야기는 적대적인 환경, 즉 아비멜렉의 왕궁에 놓인 이삭을 묘사하지만, 양식에 근거하여 나중에 입증되듯이 창세기 26:1-16은 원래 개별 서사시 구조에 속했다. 그러므로 내러티브 구조의 관점에서 이삭은 주요 인물이 아니다.

게다가, 톨레돗 자료, 즉 족보는 정확하게 원시 역사의 주요 구분 사이에 놓였던 것처럼 창세기의 주요 사이클 각각의 사이에 놓였다. 사실 양식은 아트라하시스 및 창세기 1-11장의 양식과 정확하게 동일하다. 원시 역사는 서언 역할을 하며, 세 족장(아브라함과 야곱과 요셉)의 사이클은 창세기의 핵심을 구성하며, 야곱이 도착한 후의 이집트에서의 이스라엘의 이야기는 결론이다.

창세기의 전반적인 구조는 표 5.8에서 볼 수 있다. 게다가 인간에 대한 위협이 아트라하시스와 창세기 1-11장의 두 번째 사이클에서 두 번 반복되는 것처럼, 야곱은 자신의 (두 번째) 사이클에서 두 번 에서에게서 위협받는다 (27:42; 32:6-8). 이 접근이 유효하다는 점은 다섯 가지 주요 사이클 각각이 개별적으로 전체 구조의 일부로서 기능을 하는 방식에서도 엿보인다.

표 5.8 창세기의 구조

서언	원시 역사	1:1-11:26
전환	족보	11:27-32
위협	아브라함 사이클	12:1-25:11
전환	족보	25:12-18
위협	야곱 사이클	25:19-25:22b
전환	족보	35:22c-36:40

위협	요셉 사이클	37:1-46:7
전환	족보	46:8-27
해결	이집트 정착	46:28-50:26

서언인 창세기 1-11장은 전체 내러티브에 대한 안내와 양식의 역할을 한다. 서언은 이른 시기에 인류를 어려움에서 이끌어낸 하나님이 어떻게 특별한 언약 백성의 조상들에게도 동일하게 행할 것인지를 보여준다. 하지만 창세기는 민족(이스라엘)이 실제로 시작하기도 전에 어떻게 위협받았는지에 대한 이슈에 주로 관심을 가지는데, 이는 창세기의 세 가지 주요 사이클에 나온다.

내러티브의 세 주요 인물은 종종 후손을 가지거나 보존할 희망이 거의 없는 채 적대적인 땅에 홀로 있다. 오직 언약 하나님의 보호 때문에 그들은 생존하고 번성하며 자신들의 자녀를 볼 수 있다. 아브라함은 가나안 족속의 낯선 땅에 거주하도록 명령받지만, 이 땅은 정확하게 하나님이 그의 자손을 가득하게 할 그 땅이다. 야곱은 믿을 수 없는 라반에게 도망하지만, 라반의 계략 때문에 야곱이 열두 지파의 번성한 아버지가 되는 것은 바로 거기서다. 요셉은 자신들의 형제의 손에 노예로 팔리지만, 결국에는 자신이 잘못을 저지르지는 않았더라도 이집트의 감옥에 버려지고 잊히게 된다. 하지만 요셉이 바로 옆의 자리에 오를 수 있게 되고 기근으로 생존의 위협을 당할 때 자기 가족을 구원하게 된 것은 정확하게 바로 그 감옥에서다.

아트라하시스와 마찬가지로, 창세기는 인간 생존에 대한 조상 서사시이지만, 창세기는 그 이상이다. 창세기는 조상들의 하나님 여호와가 어떻게 인류의 참된 아버지였는지를 알려주는 기사다.

아브라함 사이클의 구성은 다음 장에서 더 자세하게 탐구하겠지만, 여기서 카수토와 사르나와 렌즈버그가 발견한 교차대구(11:27-22:24)는 아브라함 사이클이 12:1에서 25:11까지 확대된다는 주장을 결코 무효화하지 않는다는 것을 주목할 가치가 있다. 교차대구의 구조는 본문의 더 큰 구조 아래에서 기능을 한다. 교차대구의 끝에 나오는 나홀 후손에 대한 보고(22:20-24)는 사실 작은 정거장이다. 이 보고는 창세기의 주요 구분을 확립하는 종류의 톨레돗 본문이 아니다. 그 이상으로 22:24의 끝에 있는 교차대구의 밖에 있더라도[36] 23:1-25:11이 아브라함의 더 큰 사이클에 속한다는 사실을 부인할 수 없다. 이 사이클은 아브라함이 죽을 때에야 끝이 난다.

교차대구로 이뤄진 섹션의 통일성은 중요하다. 이것은 아브라함 기사를 구성한 다양한 자료들이 함께 모였을 때, 교차대구의 내러티브로 편집되는데 적합한 종류의 자료라는 것을 의미한다. 자료 내러티브 자체는 교차대구적 병행을 구성할 수 있는, 병행 사건들을 포함했을 것이다. 그러나 문서설과 같은 이론은 개별 이야기들을 조각들로 바꾸고, 단일 자료에 있는 병행하는 짝을 이루는 사건들에 대해 호의적이지 않았는데, 이런 이론들은 아브라함 사이클의 교차대구적 구조와 양립하지 못한다.

여기서 제안된 야곱 사이클은 우연의 일치로 피쉬베인이 제안한 교차대구의 범위와 정확하게 상응한다(25:19-35:22).[37] 이것은 완전히 다른 방법으로 달성되었으므로, 결론이 유효하다는 것을 강화한다.

요셉 사이클(37:1-46:7)은 또한 그 자체로 대칭 구조로 구성되어 있으며, 이 대칭은 37:3-50:26의 교차대구 구조와는 독립적이다. 이야기는 높은 차원에서 요셉과 함께 시작하지만, 요셉의 지혜와 능력에도 불구하고, 그의 운명은 점차 가라앉는다. 요셉이 바로 바닥에 있을 그때, 하나님의 일련의 조치가 그의 운명을 바꾸고 높은 영광의 자리에 되돌려 놓는다. 요셉은 화려하게 장식된 옷을 입고 아버지의 사랑을 받으며 시작하지만, 죄 때문이 아니라 그

36 7장에서 나는 역시 창세기 23장과 24장이 아브라함 사이클의 나머지와는 양식상으로 구분되는 자료에서 온다고 지적한다.

37 "Composition," 15-38. 나는 피쉬베인의 결론과 내 결론이 비슷한 것은 우연이라고 보는데, 내가 피쉬베인의 연구를 알기도 전에 야곱 사이클의 범위에 대한 내 결론에 도달했었기 때문이다. 또한 내 분석 방법은 매우 다르다.

가 받은 계시를 솔직하게 말했다고 해서 자기 아버지 앞에서의 특권을 잃는다(37:1-11). 아버지는 형제들을 보라고 요셉을 보냈지만, 형제들의 배반 때문에 그는 거의 죽임을 당하고 마침내 노예로 팔린다(37:12-36).

유다와 다말 이야기는 직접적으로 요셉과 관련 있는 것은 아니지만, 유다가 그로서는 형편없는 모습이 드러난 후에 인격적인 사람이었음을 보여준다(38:26). 요셉은 보디발의 집의 집사장이 되지만, 보디발의 아내의 탐욕으로 말미암아 요셉은 감옥에 간다(39장). 그는 이집트 감옥에서 두드려졌고 두 명의 바로의 관원장 곧 떡 굽는 관원장과 술 맡은 관원장에게 지혜를 구하는 부탁을 들어준다. 하지만 이 조치는 잊힌 듯하다(40장). 요셉의 인생에서 가장 낮은 위치는 40:23에서 "술 맡은 관원장이 요셉을 기억하지 못하고 그를 잊었더라"라고 할 때이다.

그러나 이 지점에서 반전이 일어난다. 바로는 꿈을 꾸는데, 독자는 이 꿈의 배후에 요셉을 감옥에서 일으키려는 하나님의 역사라는 점을 이해할 것이다(41장). 요셉이 감옥에 갔으나 반전이 일어났다. 다음의 주요 반전에서 하나님은 기근으로 형제들이 이집트에 오도록 하고 그들은 요셉의 꿈이 예견했던 대로 요셉에게 절한다. 그들이 이전에 야곱을 속이고 그들의 동생이 죽었다고 말한 그대로 요셉은 형제들을 속이고, 그들의 막내 동생을 보겠다고 요구한다. 형제들이 베냐민을 이집트로 데려왔을 때, 보디발의 아내가 자신을 계략에 빠뜨린 것처럼 요셉은 베냐민을 계략에 빠뜨린다. 여기서도 역시 반전이 일어난다. 요셉은 그의 형제들을 감옥에 넣지 않고 유다가 다말에 대한 이야기에서 그랬던 것처럼 마지막에 자신의 성품을 입증한 후에 그들을 환영한다(44:33).

마침내, 야곱이 요셉을 보내려고 한 결정의 반전으로 야곱 자신은 요셉에게 합류하러 출발하고 요셉에게 갈 때 하나님께서 안전하게 하겠다는 확신을 받는다. 꿈에서 예견됐던 것처럼 야곱이 요셉에게 절하지는 않지만(37:10), 하나님은 야곱에게 요셉의 손이 그의 눈을 감길 것이라고 한다(46:4). 이것은 모든 점에서 정돈되어 있지는 않다. 하지만 미묘하고 자유롭지만 사이클의 모든 주요한 가닥을 놀랍도록 신중하게 엮었다. 이것은 최고의 해설자에게서 기대할 수 있는 것이다.

창세기의 마지막 해결(46:28-50:26)은 막 대두하는 작은 백성에게 어떤 위협도 묘사하지 않는다. 그들은 이집트의 최상의 지역에서 안전하며(47:11), 존중받는 손님으로 모든 예우를 받는다. 그럼에도 아트라하시스 및 창세기 1-11장의 해결과 마찬가지로 전적으로 행복한 해결은 아니다. 그들은 여전히 자신들의 것이 아닌 땅에서 살아가는 거류민이다. 15:13에 비추어 잠재적인 위협이 분명히 존재한다. 문제의 완벽한 해결은 하나님의 다음 조치 곧 출애굽에서 발견된다.

6장

—

조상 서사시

창세기의 전반적인 구조를 조사한 후 이제 이 구조 배후에 있는 자료들을 분리할 필요가 있다. 이렇게 하려면, 우리는 몇 가지 용어를 정의해야만 한다. 용어 선택은 다소 임의적이겠지만 이것은 어쩔 수 없다. 우리가 새로운 분야로 들어갈 때, 옛 용어는 새롭게 정의되거나 새로운 용어가 만들어져야 한다. 때로 이로 말미암아 혼란이 오겠지만[1] 방법이 단순하고 일관되게 유지된다면 이런 어려움은 최소화될 수 있다.

용어

최선의 방법은 우리가 이미 사용했고 어느 정도 정의된 용어, 조상 서사시ancestor epic로 시작하는 것이다. 온전한 조상 서사시는 아트라하시스와 창세기 1-11장과 창세기 전체 본문에서 발견되는 양식으로 되어 있는 내러티브다. 조상 서사시는 서언과 위협의 세 가지 주요 이야기와 해결resolution을 포함한다. 창세기의 온전한 서사시에서 이들 각 사이에는 톨레돗 원 자료로 구성되는 전환의 섹션이 있다.

---

1 여기가 창세기 연구에서 사가(saga)라는 단어를 사용할 때 가장 혼란스러운 곳이다. 나는 내 자신의 특별한 의미를 덧붙이기보다는 이 용어를 완전히 피하는 것이 최선이라고 본다.

그러나 형식뿐만 아니라 내용은 온전한 조상 서사시를 정의하는 데 도움이 된다. 온전한 조상 서사시의 중심에는 인류의 생존에 대한 질문이 있다. 그러므로 세 가지 모든 위협은 개별 사람들에 대한 단순한 위협이 아니라 전체 사람들의 생존에 대한 도전으로서 특히 중요하다. 아트라하시스와 창세기 1-11장에서, 인류의 생존이 불확실한 반면, 창세기(전체 본문)에서는 이스라엘의 생존이 불확실하다.

이런 이유에서 번식과 후손의 문제가 이야기에서 두드러지게 나온다. 아트라하시스에서 인류의 풍요로운 번식은 신들에게는 귀찮은 문제가 되며 이런 능력에 대한 억제가 해결을 구성한다. 창세기 1-11장에서 하나님은 인류가 땅에 가득하기를 바라지만, 죄와 폭력과 다른 왜곡이 인류를 위협한다.[2] 해결은 언어를 혼란케 하고 사람들을 흩는 데서 온다. 창세기에서 위협은 족장들의 방랑과 그들이 직면하는 어려움의 형태로 온다. 불임, 폭력의 위협, 배반하는 주인, 기근, 다른 위험 요소들이 모아져서 아브라함의 후손이 일찍이 가나안 땅을 가득하게 할 것인지에 대한 가능성을 의심스럽게 만든다. 톨레돗의 전환의 자료는 사람들이 이런 위협에도 번성한다는 사실을 집중하는 데 기여한다. 이야기는 후손들이 자랄 수 있는 보호처, 곧 이집트의 비옥한 삼각주를 그들에게 제공하여 해결된다.

창세기 본문 내에서 많은 병행하는 서사시가 존재한다. 이것들은 온전한 조상 서사시는 아니다. 즉, 이미 묘사한 서사시의 모든 요소들이 있는 것은 아니다. 특히 현재의 상태에서 서언이나 에필로그나 전환의 자료가 없다. 일부는 원래 훨씬 크고 모든 요소들을 포함하는지는 말할 수 없다. 원 창세기 Urgenesis를 모세가 편집할 때 많은 양이 손실됐을 수 있다. 다른 한편, 그 이름에서 내포되듯이 병행하는 서사시의 주요 사이클(에피소드들)은 병행 구조로 되어 있다. 온전한 조상 서사시에서 주요 위협이 서로 구조적으로 항상 병

2 여기서 중요한 것은 인간들과 반신 인물들, 곧 창세기 6:1-3의 "엘로힘의 아들들"(개역개정, "하나님의 아들들"-옮긴이)과 함께 거주함으로써 제기되는 인류에 대한 위협이다.

행하는 것은 아니다.

그럼에도 병행하는 서사시는 조상 서사시와 관련이 있다. 양식 구조의 관점에서 내러티브는 삼중적 또는 (한 경우에) 이중적 위협 구조를 중심으로 구성된다. 동일한 이름의 우두머리나 어머니 쪽의 우두머리의 모습으로 공동체는 세 번(또는 두 번) 위협받는다. 그가 생존할지의 문제가 각 삼중적 조상 서사시의 중심에 있으며 조상에 대한 각각의 위협은 자신의 후손을 위협하는 것으로 이해된다. 번식의 문제가 다시 크게 강조된다.

이전 장에서, 창세기의 세 가지 주요 섹션(아브라함과 야곱과 요셉의 섹션)은 사이클로 불렸다. 여기서도 사용하는 대로 사이클은 조상 서사시 내의 주요 위협과 관련된다.

이야기는 단일 줄거리를 따르고 병행하는 사건의 삼중적 또는 이중적 구조를 사용하지 않는다는 점에서 조상 서사시와는 구별된다.[3] 때로 가족 혈통에 대한 위협이 묘사될 수 있다. 그러나 이야기의 목적은 혈통이 어떻게 주요 위협을 견디는가를 묘사하는 것이 아니다. 대신에, 사건들이 위협적이든 그렇지 않든 이야기는 민족과 민족의 후손 역사에 중요한 사건들을 자세히 들려준다.

다른 양식의 문학도 창세기에 존재하지만 이 양식들을 모두 거론하는 것은 이 장의 목적이 아니다. 예를 들어, 창세기 1:1이하에 있는 신중하게 헵타드(7)로 구성된 구조는 그 자체로 한 유형이다. 요셉 이야기도 특별한 범주에 속한다. 이 본문들은 이 연구에서 나중에 더 자세히 조사하겠다.

3 이야기(tale)라는 용어는 어떤 의미에서도 자료가 허구라는 것을 의미하지는 않는다.

창세기의 조상 서사시

원시 역사

창세기 1-11장은 이미 이전 장에서 조상 서사시로 묘사됐다. 조상 서사시의 모든 주요 요소들이 여기에 있고 조상들의 모습으로 되어 있는 공동체(모든 인류)에 대한 위협이라는 지배적인 주제가 뚜렷하게 드러난다. 창세기 1-11장의 편집 역사에 대한 질문은 10장에서 다루겠다.

야곱의 조상 서사시

야곱의 조상 서사시는 창세기 본문에 있는 족장 서사시들 가운데 분별하기에 가장 완벽하고 쉬운 서사시다. 다른 모든 서사시와 마찬가지로 이것은 단순히 개인 이야기가 아니라 민족의 이야기다. 이것은 이스라엘 사람들이 어떻게 통합된 민족으로 존재하게 됐는지를 다루는 이야기다.

야곱의 조상 서사시는 어떤 다른 지파나 민족이 아니라 이스라엘 민족의 이야기이므로 특히 중요하다. 아브라함의 사이클은 이스라엘뿐만 아니라 이스마엘과 모압과 암몬과 그두라의 지파들과도 관계가 있다. 이삭의 이야기는 이스라엘과 에돔 모두와 관계가 있다. 요셉 이야기는 이스라엘 모두에게 중요하지만, 이스라엘을 위한 조상 서사시는 아닌데, 요셉은 에브라임과 므낫세에게만 조상이 되기 때문이다. 야곱 사이클은 창세기의 중심에 있으면서 독특하게 이스라엘의 이야기다.

현재 본문의 더 큰 야곱 사이클 내(창 25:21-35:22b)에, 야곱의 조상 서사시가 주요 문서 자료다. 서사시 이외에도 야곱 사이클은 두 가지 다른 주요 문서 자료, 즉 이삭에 대한 추가 자료와 함께 아내-여동생 조상 서사시의 셋째 섹션(창 26장)과 디나 이야기(창 34장)가 있다. 이 자료는 사이클에서 배제되지만, 남은 것은 온전한 조상 서사시다. 야곱의 조상 서사시 구조는 표 6.1에서 볼 수 있다. 조상 서사시는 서언과 세 사이클(창 27:1-28:22, 29:1-31:55, 32:1-33:20)과 해결과 심지어 아트라하시스와 창세기 1-11장에서 발견되듯이 둘째 사이클의 중간에 이중 구조를 갖추어 완벽하다. 흔히 그렇듯이, 해결은 부분적으로 비극이다.

표 6.1 야곱의 조상 서사시의 구조

서언	25:21-34	에서와 야곱의 출생; 갈등이 시작되다
위협	27:1-28:22	야곱이 에서의 축복을 받고, 살기 위해 도망하다
위협	29:1-31:55	밧단아람에 있는 야곱
	1. 29:15-27	라반이 야곱을 속이다
	2. 31:1-2	라반이 야곱을 미워하다
위협	32:1-33:20	야곱이 에서를 만나다
해결	35:1-22b	야곱이 벧엘에 돌아오다
		베냐민이 태어나고 라헬이 죽다

야곱에게 베풀어진 하나님의 축복은 서사시 내러티브의 각 단계에서 중요한 역할을 한다. 이 가운데 첫째 축복은 야곱이 에서를 피해 홀로 알려지지 않은 영토로 옮겨갈 때 벧엘에서 나온다(28:10-22). 둘째 축복은 31:10-13에 나오는데, 거기서 야곱은 자기 아내에게 자신이 꾼 꿈에 대해 말한다. 하나님은 야곱에게 하나님의 섭리(그리고 야곱의 독특한 유전학에서의 시도가 아니라)로 말미암아 라반과의 갈등에서 야곱의 양떼가 늘어났다는 사실을 보여준다. 셋째 주요 축복은 창세기 32:22-32에 묘사되는데, 거기서 야곱은 에서를 만나기 직전에 천사와 씨름한다. 이 세 축복의 각각은 야곱에 대한 위협 가운데 하나와 연결된다. 이 축복들은 조상 서사시에서 위협에 대한 역행과 이스라엘의 초자연적 기원에 대한 증거가 된다.

병행 서사시

삼중적 서사시

양식상으로 그리고 위에서 제공한 정의에 비추어 조사하면, 창세기 자료의 많은 양이 원래 삼중적 서사시의 양식으로 되어 있었다고 볼 수 있다. 이 서사시들은 한때는 개별적으로 존재했더라도 창세기의 현재 본문으로 엮이도록 나뉘었다. 이 서사시들을 더 큰 편집(원 창세기)에 삽입하는 과정에서 많은 자료들이 삼중적 서사시에서 생략됐을지도 모른다. 원래는 온전한 서사시였을 수 있지만, 이 주장은 입증하기가 어렵다.

아내-여동생의 삼중적 서사시

창세기의 어떤 독자도 족장이 이방 왕의 땅에 머물고, 자기 목숨을 보전하고자 두려워하며, 자기 아내를 여동생인 것처럼 행세하는 이야기가 삼중으로 반복되는 데서 자극을 받지 않을 수 없다(12:10-20; 20:1-18; 26:1-17). 학자들도 오랫동안 이 문제에 대해 당황스러워 했고, 이를 설명할 다양한 이론을 발전시켰다.[4] 그러나 삼중적 구조는 조상 서사시 양식으로 된 이야기와 마찬가지로, 이 이야기들이 다른 자료들과 분리되어 있으나 한때는 함께 회람됐다는 것을 강력하게 시사한다.

양식의 징후와 자료의 징후는 이 접근이 유효하다는 개연성을 강화한다. 첫 사이클은 창세기 12:10-20에 나온다(표 6.2를 보라). 우리는 독자가 이 사이클의 어떤 요소에 대해서도 사전 이해를 필요로 하지 않는다는 점에서 이

---

4 옛 문서설 학자들은 이것을 동일한 이야기에 대한 세 가지 변형된 것으로 간주했는데, 첫째 이야기는 J이고, 둘째는 E이며, 셋째는 P이다. 참고, John Skinner, *A Critical and Exegetical Commentary on Genesis*, 2d ed., ICC (Edinburgh: T and T Clark, 1930), 251, 315, 363; Gerhard von Rad, *Genesis*, trans. John H. Marks (Philadelphia: Westminster, 1961), 226, 270; E. A. Speiser, *Genesis*, AB (New York: Doubleday, 1964), 150-2. 더 최근에 둘째 내러티브는 첫째의 확장이라고 주장됐다. George W. Coats, *Genesis: With an Introduction to Narrative Literature*, FOTL (Grand Rapids: Eerdmans, 1984), 151을 보라.

사이클이 독립적이라는 점에 주목한다.

둘째 사이클인 아비멜렉 영토에 있는 아브라함 이야기는 창세기 20:1-18에서 발견된다(표 6.2을 보라). 이전 사이클보다 거의 두 배로 길지만, 이 사이클은 최소한 한 측면에서는 완전하지 않고, 정보를 이해하려면 이전 사이클에 의존해야 한다. 아비멜렉이 사라를 취하는 어떤 동기도 제시되지 않는다. 그가 손님의 여자 하나를 취해야 했다면, 왜 더 어린 여자를 택하지 않는가? 물론 이유는 이전 내러티브에 있는데, 거기서는 아브라함과 이집트 사람들이 모두 사라의 아름다움에 대해 지나치게 말했다. 또한 둘째 사이클에서 유괴에 대한 논의가 상당히 생략되고 마지막에 그들이 떠나는 것에 대한 명백한 언급이 생략된다.

표 6.2

첫 사이클 (12:10–20)

섹션	본문	내용
이주	10	아브람이 기근 때문에 이집트에 가다
속임수	11-13	그는 사래의 아름다움을 보고
		자기 여동생이라고 하라고 사래에게 말하다
유괴	14-16	바로는 사래를 취해 아브람에게 보상하다
구원	17	주님이 바로를 괴롭히다
대면	18-19	바로는 아브람을 꾸짖다
결론	20	아브람이 재산을 가지고 떠나다

둘째 사이클(20:1–18)		
섹션	본문	내용
이주	1	아브라함이 그랄로 가다
속임수	2a	그는 아비멜렉에게 사라가 자기 여동생이라고 말하다
유괴	2b	아비멜렉이 사라를 취하다
구원	3-7	주님이 꿈에서 아비멜렉을 꾸짖다
대면	8-16	아비멜렉이 아브라함을 꾸짖지만 그에게 보상하다
결론	17-18	아브라함이 아비멜렉을 위해 기도하다 (출발이 이해되다)

셋째 사이클(26:1, 7–17)		
섹션	본문	내용
이주	1	이삭이 그랄로 가다
속임수	7	그랄 사람들이 리브가에 대해 물을 때, 이삭은 리브가가 자기 여동생이라고 말하다
유괴	-	유괴가 없음
구원	8	아비멜렉은 이삭이 리브가를 애무하는 것을 보다
대면	9-13	아비멜렉이 이삭을 꾸짖지만 그를 보호하다; 주님이 이삭을 축복하다
결론	17	경쟁관계가 발전하자, 이삭이 아비멜렉과 헤어지다

셋째 사이클은 다시 그랄의 아비멜렉과 더불어 이삭과 리브가와 관련 있으며, 창세기 26:1, 7-17에서 발견된다(표 6.2를 보라). 셋째 사이클은 현재의 양식에서, 이전 두 기사에는 없는 두 가지 요소를 포함한다. 즉 다른 자료에서 온 것 같은 축복(26:2-6)과 이어질 이야기와 관련된 지역 주민들과의 경쟁관계의 기사(14-16절)가 있다. 이이 대해 더 많이 이야기될 것이다.

그럼에도, 두 이전 아내-여동생의 속임수 이야기와 양식과 내용에서 유사하다는 것은 명백하다.[5] 가장 놀라운 사실은 내러티브 요소가 일관되게 세 기사 가운데 두 기사에는 있는 한 양식으로 세 이야기가 묶인다는 점이다(이 논의에서 A=첫째, B=둘째, C=셋째). A는 또한 기근으로 시작하는 C가 명백하게 언급하는 기근으로 시작한다. B는 어떤 기근도 언급하지 않는다. A와 B에서, 족장 부부는 아브라함과 사라지만, C에서는 이삭과 리브가다. A에서 장소는 이집트이고 주인은 바로이지만 B와 C에서 장소는 그랄이고 주인은 아비멜렉이다. A와 C는 명백하게 아내의 아름다움에 대해 언급하지만, B는 언급하지 않는다. A와 C에서 주인의 종들은 먼저 아름다운 여자를 알리지만, B에서는 아니다. A와 B에서 구원은 하나님의 직접적인 개입으로 오지만, C에서 구원은 아비멜렉이 리브가와 함께 있는 이삭을 보는 우연적인 사건으로 온다. A와 B에서 주인은 족장에게 보상하지만, C에서 하나님은 족장을 축복한다. A와 C에서 하나님은 여호와로 불리지만, B에서 하나님은 엘로힘으로 불린다.[6] A와 C에서 족장은 명백하게 떠나지만, B에서 그의 떠남은 암묵적이다. 이처럼 삼중적 내용 전반에 걸쳐 발견되는 명백한 양식의 특징과 놀라운 셋-가운데-둘의 패턴에서 전체의 통일성이 분명하다.

게다가, 삼중적 내용의 지배적인 관심은 온전한 서사시 내러티브의 관심이기도 한데, 즉 삼중적 위협에 직면한 인류의 생존이 주된 관심의 대상이다. 이 이야기들에 나오는 족장들은 영웅적이라고 할 수 없다. 각 경우 그들은 자신을 구하고자 반쯤의 진리나 완전한 거짓말을 했다. 그러나 서사시의 실제

---

5 Thomas L. Thompson, *The Origin Tradition of Ancient Israel*, JSOTSS 55 (Sheffield: JSOT Press, 1987), 56-59와는 반대되는데, 톰슨은 유일한 실제 병행이 기근과 아내-여동생 속임수라는 공통 주제라는 사실에 근거하여 창세기 26장이 창세기 12:10-20 및 창세기 20장과 병행을 이루지 않는다고 주장한다. 하지만 양식상의 병행은 분명하다.

6 하나님은 20:18의 B 끝에서 한 번 여호와로 불렸다. B에서 엘로힘을 사용하는 것은 B에서 하나님이 아브라함이나 이삭과 같은 언약 인물이 아니라 직접 이방인 아비멜렉을 다루기 때문일 것이다. Cassuto, *The Documentary Hypothesis and the Composition of the Pentateuch*, trans. Israel Abrahams (Jerusalem: Magnes, 1941), 40을 보라.

영향은 아브라함과 이삭의 인물의 약점을 지적하는 것이 아니라 그들의 행동이 어떻게 여족장 따라서 후손을 어떻게 큰 위험에 빠뜨렸는지를 보여주는 것이다.[7] 각 경우 독자는 일어날 수도 있었던 일에 대해 몸서리치고, 오직 하나님의 개입만이 가족을 보존했다는 사실을 보게 된다. 실제로 하나님이 가족을 구했을 뿐만 아니라 그렇게 할 때마다 더 부요하게 했다. 그럼에도 이것이 조상 서사시의 주제 곧 조상의 모습으로 나온 인류에 대한 위협이라는 주제를 다룬다는 점에서 자료상으로 이것이 조상 서사시 내러티브라는 결론을 훼손시키지는 않는다.

그러므로 이것은 참된 조상 서사시이며, 단순히 양식비평적으로 동일한 세 이야기가 아니다. 제임스 G. 윌리엄즈ames G. Williams는 성경의 관습에 대한 연구에서 이 세 이야기는 단순히 아내-여동생 속임수라는 문학적 관습을 따른다고 주장했다. 윌리엄즈는 우물에서의 여자와의 약혼하는 것(창 24장과 29장, 출 2장에서처럼)과 사랑받지만 불임인 여자가 마침내 아이를 낳는 것(예, 사라, 라헬, 한나)과 같은 성경에 나오는 다른 문학적 관습을 지적했다.[8]

그러나 우리는 공통된 문학 주제와 내러티브의 통일을 가리키는 양식상의 징후를 구분해야만 한다. 문학적인 주제나 관습은 문학 역사 전반에서 일어나고, 한 본문이 다른 본문에 문학적으로 의존한다는 것을 의미하지 않는다. 윌리엄즈는 성경 본문에 나오는 우물가에서의-여자라는 주제에 대한 사례를 분리시켰다. 성경 밖에서 공통된 주제는 신데렐라, 악한 쌍둥이, 결함이 있는 영웅과 변장한 연인을 포함한다. 그러나 전적으로 다른 문제는 성경의 단일 책 내에 여러 본문들의 구조적 통일성을 가리키는 양식상의 징후다. 여기서, 우리는 공통 주제를 둔 개별 이야기들을 다루는 것이 아니라 구조와 내용에서 세 본문들이 여러 부분에서 하나의 통합된 내러티브로 읽을 수 있으

---

7 Coats, *Genesis*, 109, 149, 188은 각 사건을 '여조상에 대한 위협 이야기'로 간주한다.

8 "The Beautiful and the Barren: Conventions in Biblical Type-Scenes," *JSOT* 17 (1980): 107-19. 윌리엄즈(Williams)는 요한복음 4장을 우물가의 약혼이라는 주제에 대한 의도적인 언어 유희로 포함한다.

며 그 본문들이 원래 그 양식으로 존재했을 수도 있다는 사실을 가리키는 세 단락을 다루고 있다. 정확한 구조적 병행, 즉 독특한 셋-가운데-둘이라는 패턴과 20:1-18이 12:10-20에 의존한다는 사실(사라가 아름다웠다는 세부 내용에서)은 창세기의 아내-여동생 이야기와 관련하여 양식상의 징후라는 점을 확증한다. 대조적으로 창세기 24장과 29장 그리고 출애굽기 2장은 모두 우물에 있는 아내를 만나는 주제를 포함하지만, 케네스 T. 아이트킨Kenneth T. Aitken은 창세기 24장의 구조를 자세히 연구한 후, "그러므로 결혼 자체를 제외하고 창세기 24장에 있는 플롯의 기본적인 구조는 창세기 29장이나 출애굽기 2장 어디에서도 병행 내용이 없다"고 결론 내렸다.[9] 윌리엄즈 자신도 이 내러티브들 사이에서 "차이점이 크다"고 인정한다.[10] 하지만 아내-여동생 내러티브는 구조에서 동일할 뿐만 아니라, 모두가 동일한 인물들과 관계하며, 동일한 장소에서 벌어지며, 동일한 결과를 낳는다(다양함에 대한 패턴은 위에서 지적됐다). 게다가 셋 모두가 성경 여러 곳에 흩어지지 않고 동일한 책에 기록된다. 공통적인 문학적인 관습 이상이 여기에 있다. 아내-여동생 속임수 이야기는 신화적 주제에 근거한다는 윌리엄즈의 결론이 매우 의심스럽다.[11]

명백히 누구도 둘이나 그 이상의 본문이 양식비평적으로 비슷하다고 발견될 때마다, 이 본문들이 한때 단일 자료에 함께 있었다고 주장하지 않을 것이다. 하지만 여기서 밀접한 양식상의 일치는 가문 혈통에 대한 위협이라는 조상 서사시의 주제를 자료로 사용하는 것, 그리고 셋-가운데-둘이라는 패턴으로 세 이야기를 함께 추가적으로 묶는 것과 결합된다. 가장 중요한 것은 세 이야기들이 함께 창세기 1-11장의 온전한 서사시와 창세기 전체의 핵심을 구성하는 구조, 즉 삼중적 위협 내러티브라는 구조와 동일한 구조를 형성한다는 것이다. 그러므로 이 세 이야기가 여조상들에게 위협이 된다는 개별 서사시로 한때 함께 있었다고 결론 내리는 것은 합리적이다.

---

9 "The Wooing of Rebekah," JSOT 30 (1984): 11.

10 "Conventions," 112.

11 앞의 책.

어떤 직접적인 증거도 이 삼중적 이야기들이 어떻게 함께 모였는지를 가리키지는 않으며 가설만 가능하다. 자료에 따르면, 아브라함은 단지 두 번이 아니라 여러 번 자기 아내를 여동생인 것처럼 속이려했다(20:13). 이 사건들에 관한 이야기의 많은 부분이 초기 이스라엘 사람들에게 알려졌음이 틀림없지만, 창세기에 보존된 세 이야기는 명백히 그 출처에서 왔으며 조상 서사시 패턴으로 형성됐다. 아내-여동생 속임수의 서사시는 뒤에 나뉘었고 원 창세기 편집에 사용됐다.

26:2-6과 언뜻 보기에 14-16절을 세 이야기의 세 번째 사이클에 삽입한 것은 역시 원 창세기 편집에서 일어났던 것 같다. 이삭은 오랫동안 그랄에 머물렀고(26:8, 12) 거기서의 이삭의 활동의 많은 이야기들이 이스라엘 사람들에게 전해졌다고 여길 수 있다. 가장 이른 시기에 이 이야기들의 구두에 의한 전달에서 다양한 사건들과 기사들이 공식적인 내러티브와 개별 기록으로 모이고 기록될 때까지 "그랄에 있는 이삭에 일어났던 일들"로 함께 회람됐을 것이다. 리브가에 대한 위협의 사이클은 아내-여동생 속임수의 조상 서사시라는 형식으로 이 출처에서 왔음이 틀림없다.

한편, 하나님이 이삭을 부르고 그에게 약속한 것에 대한 기록(26:2-6)은 원래 그랄에 있는 이삭의 기억이라는 동일한 출처에서 왔다고 해도 한때 개별적으로 기록됐다(조지 W. 코우츠George W. Coats가 주장한 대로 신현은 펼쳐지는 이야기와 직접적인 관련이 없다).[12] 이 기록은 이삭에게 하는 하나님의 약속에 대한 기록으로서 한때 26:23-25a와 함께 있었을 것이다. 게다가 아브라함의 소명과 약속에 대한 기사(12:1-3)와 26:2-6이 병행을 이룬다는 것은 자명하다.

아비멜렉 사람들이 이삭 및 그의 부족과 다툰 이야기 역시 그랄의 동일한 출처에서 왔던 것 같으며 후에 그 출처는 자료를 처음 공식적으로 기록하고 배열할 때, 개별적인 기록으로 있었다. 게다가 26:25b-33은 브엘세바 이야

---

12 *Genesis*, 189.

기의 한 쌍으로 21:22-34과 함께 회람됐던 것 같다.

여기서 놀라운 사실은 이 기사들이 어떻게 원 창세기로 편집됐는가 하는 것이다. 이삭이 아브라함의 약속의 혈통으로서 적법하다는 것(이스라엘의 권리 요구나 그두라의 아들의 권리 요구에 대해)은 이삭의 생애의 요소를 아브라함의 생애의 많은 세부 내용과 병행하도록 둠으로써 강화된다(표 6.3을 보라).[13]

또한 하갈이 이스마엘을 위해 이집트 아내를 얻은 반면(21:21) 아브라함은 이삭을 위한 아내를 구하러 자기 종을 아람-나하라임(개역개정, '메소보다미아'-옮긴이)으로 보냈듯이(24장), 에서도 자기 아내로 헷 족속을 취한 반면(26:34-35) 야곱은 아내를 구하러 하란으로 갔다는 사실을 주목하라. 병행을 이루는 내용은 의심의 여지없이 의도적이지만, 이것은 창세기의 편집 구조에 속한다.

그럼에도 창세기 26장의 구조는 어느 정도 이삭의 생애를 아브라함의 생애와 병행을 이루도록 두는 내러티브 목적에 따라 결정됐다는 것은 분명하다. 이로 말미암아 아내-여동생의 조상 서사시의 셋째 사이클을 이제 현재 본문의 창세기 26장에서 발견되는 다른 에피소드에 결합시키는 것이 설명된다. 세 쌍 가운데 셋째 사이클이 양식상으로 첫 둘과 같지 않다고 보이는 것은 현혹하기 쉽다. 그렇게 된 것은 후속 편집의 결과다.

표 6.3

아브라함

A	12:1-3	하나님의 부름과 약속을 받다
B	12:10-20	아내-여동생 속임수 사건

13 창세기는 족장들의 생애 사이에서도 다른 병행 관계를 세운다. Peter D. Miscall, "The Jacob and Joseph Stories as Analogies," *JSOT* 6 (1978): 28-40을 보라.

C	13:1-12	롯 사람들과의 다툼, 아브람은 더 좋지 않은 땅을 취하다
D	15:1-21	하나님의 재확신시킴과 희생제사
E	21:22-34	브엘세바에서의 아비멜렉과의 조약

이삭

A′	26:2-6	하나님에게서 동일한 부름과 약속을 받다
B′	26:7ff	아내-여동생 속임수 사건
C′	26:14-22	아비멜렉 사람들 및 다른 지역 사람들과의 다툼, 이삭은 싸우기보다 이동하다.
D′	26:23-25	하나님의 재확신시킴과 희생제사
E′	26:26-33	브엘세바에서의 아비멜렉과의 조약

롯의 서사시

현재 본문이 증거하듯이, 롯의 조상 서사시는 크고 복잡한 내러티브다. 이 내러티브는 롯의 서사시뿐만 아니라 중대한 방식으로 기능하는 자료를 포함하는데, 이는 양식상으로 조상 서사시의 구조에 속하는 일부 에피소드는 다른 자료에서도 묘사됐을 수도 있다고 말할 수 있다. 다시 말해서 페르시아 역사와 그리스 역사 모두 비록 다른 관점이기는 하지만 알렉산더 대왕의 이야기에 주목하듯이 롯에 대한 서사시와 아브라함에 관한 다른 자료 모두는 자료를 공유할 것이다. 이 자료는 자연스럽게 원 창세기 편집에서 모아졌을 것이다. 한 차원에서 공통 자료는 현재 롯의 조상 서사시의 일부로 기능하지만, 다른 차원에서 창세기 전체의 일부로 읽힐 때 이 자료는 아브라함과 이삭의 이야기의 일부로 기능한다.

이 결론에 대한 증거는 나중에 제시하겠지만, 먼저 롯의 더 큰 서사시를 조사할 필요가 있다. 서사시는 13:1-14:24과 18:1-19:38에서 발견된다.[14] 전체의 삼중 구조는 표 6.4에서 볼 수 있다.

이것은 가장 어둡기도 하지만 창세기에서 아마도 가장 흥미로운 서사시 내러티브일 것이다. 세 사이클 각각은 처음 배경으로 시작한다. 첫 사이클에서 아브람은 벧엘과 아이 지역으로 이주하며 그의 부(13:2)와 경건(13:4)이 강조된다. 다시 말해서 이것은 롯을 위한 이상적인 상황인데, 롯은 경건하고 풍요로운 사람과 같이 하기 때문이다(13:1c).[15] 위기는 목초지 때문에 그들의 사람들이 싸우는 데서 온다. 이것은 롯에게 첫 위협이다. 더 약해진 무리로서, 아브람이 아니라 롯이 위험에 처한 자가 된다. 그러나 아브람은 은혜의 조치로, 딜레마에서 롯을 구한다(13:8-13). 아브람은 더 어린 롯에게 원하는 것을 갖도록 허락하지만, 롯은 적절하지 못하게 욕심을 내어 자기에게 가장 좋아 보이는 것을 선택한다. 이때 "소돔 사람은 악하며…"라는 본문은 불길한 징조처럼 들린다. 소돔 사람들은 실제로 13장의 이야기에 등장하지 않지만, 이 절은 롯에게 미칠 재앙을 미리 알려준다. 이 사이클은 아브람이 볼 수 있는 만큼의 모든 땅이 그의 후손에게 속하게 될 것이라는 약속으로 마무리한다(13:14-18).[16]

둘째 사이클의 처음 배경은 전쟁이다(14:1-11). 여기서의 모든 정보는 역

---

14 Coats, *Genesis*, 113-15에서도 그가 노벨라(novella, 중편소설)에 11:10-12:9을 추가하지만 18:1-5을 허용하지 않는 것을 제외하고 그가 '아브라함-롯 노벨라'라고 부르는 것을 본다. 코우츠가 노벨라의 범위에 대한 자신의 결론에 도달하려고 사용한 방법은 내게 분명하지는 않다. 그의 구조에 대한 개요에는 어떤 인정할 만한 어떤 양식비평의 패턴도 없다.

15 Larry R. Helyer, "The Separation of Abram and Lot," *JSOT* 26 (1983): 77-88에서 주장하듯이 롯이 당시에 아브람의 상속자였고 롯이 가나안에서 떠났다는 것은 그가 그 상속자의 지위에서 배제됐다는 것을 의미할 수도 있다. 그러나 본문은 상속권을 이슈로 암시하지 않는다. 롯이 상속자의 지위를 포기했었다면, 아브라함이 나중에 롯을 구하려고 한 노력(창 14, 18장)과 이 에피소드에 중요성을 부여한 점은 거의 의미가 통하지 않는다.

16 첫째 사이클은 둘째와 셋째 사이클과 연결되어 기록됐고 둘째와 셋째 사이클을 고대하지만 그 자체의 대칭을 이룬다. Von Rad, *Genesis*, 225에서는 창세기 13, 18, 19장의 통일성을 옳게 보지만 13장을 18-19장의 설명으로 보는 것은 잘못이다. 내러티브 양식의 삼중적 통일성은 구조에서 실질적으로 균형을 이룬다는 것을 가리킨다.

사적이며, 롯은 전혀 등장하지 않는다. 그러나 12절에서 위기가 선언된다. 롯이 포로로 잡혀갔다는 것이다. 이것은 두 번째 위협이다. 아브람은 군사적 조치로 롯을 구한다(14:13-16). 그 다음에 주님이 첫 사이클에 등장하여 아브람을 축복하듯이 멜기세덱이 갑작스럽게 나타난다.[17] 그럼에도 다시 한번, 실제로 이야기에는 등장하지는 않을지라도 소돔의 악이 대두된다. 아브람은 소돔 왕에게서 돈을 받을 기색조차 보이기를 원치 않는다(14:21-23). 둘째 사이클은 창세기 본문에 이질적으로 삽입된 것이 아니라 롯의 조상 서사시의 원래의 부분이며 필수적인 부분이다.[18]

표 6.4 롯의 서사시의 구조

첫 사이클(13:1–18)

섹션	절	양식상의 내용
A	1-4	처음 배경

17 멜기세덱 에피소드는 종종 여기에 삽입된 것으로 간주하지만, 롯의 서사시의 양식 구조는 이 결론과 배치된다. 멜기세덱 에피소드는 오래됐고 다윗 왕국 시대에서 유래하지 않는다. Robert Houston Smith, "Abram and Melchizedek (Gen 14:18-20)," *ZAW* 77.2 (1965): 129-53, 특히 130-31을 보라. 스미스는 멜기세덱 전통이 그 맥락과 분리되어야 한다고 주장하지만 스미스의 해석은 가장 의심스러우며 케레트(Keret) 서사시와의 의문의 여지가 있는 병행에 너무 많이 의존한다.

18 Von Rad, *Genesis*, 175는 창세기 14장을 육경의 어떤 자료와도 연관되지 않는 본문이라고 배제한다. Speiser, Genesis, 105-6을 또한 보라. 반대의견, Coats, *Genesis*, 118-21. 창세기 14장의 자료의 특성과 기원은 학문적 논쟁의 문제였다. 학자들은 창세기 14장이 원래는 시였으며 아카드를 배경으로 하고 바벨론을 침략한 네 이방 왕들에 대해 이야기한다고 주장하는 스파톨리(Spartoli) 본문에서 왔다고 주장한다. 많은 학자들은 1-11절의 다소 연대기적인 기사를 아브람의 영웅적 행동에 대한 기사와 분리하며 멜기세덱과 관련된 사건(18-20절)은 종종 삽입된 것으로 간주한다. 내러티브 배후의 삶의 정황이나 목적에 대해서는 어떤 실제적인 의견 일치가 없다. 다양한 견해를 개관하려면 J. A. Emerton, "Some False Clues to the Study of Genesis XIV," *VT* 21 (1971): 24-47, 그리고 "The Riddle of Genesis XIV," *VT* 21 (1971): 403-39를 보라.

B	5-7	위기
C	8-13	아브람이 롯을 구하다; 매우 악한 소돔
D	14-18	롯이 아브람을 축복하다

둘째 사이클(14:1–24)

섹션	절	양식상의 내용
A′	1-11	처음 배경
B′	12	위기
C′	13-16	아브람이 롯을 구하다
D′	17-24	멜기세덱이 아브람을 축복하다; 매우 악한 소돔

셋째 사이클(18:1–19:38)

섹션	절	양식상의 내용
A″	18:1-15	처음 배경
B″	18:16-21	위기
C″	18:22-19:29	아브라함/주님이 롯을 구하다; 매우 악한 소돔
D″	19:30-38	롯의 불행한 결말

서사시는 셋째 사이클에서 절정의 결론에 이른다. 무대는 이삭 출생에 대한 예고인 18:1-15에 마련된다. 롯은 둘째 사이클의 배경에서처럼(롯은 첫 사이클의 배경에서 간략하게 언급된다), 완전히 사라진다. 하지만 이삭 출생에 대한 예고는 여기서 중요한 역할을 한다. 아브라함의 중재에 대한 배경을 제공하는 것 이외에도 이 예고는 또한 모압과 암몬의 기원에 대한 천한 이야기를 역설적인 방식으로 기대된다. 위기는 방문객들이 아브라함과의 일을 마친 후에 대두된다. 불길한 방식으로 그들은 소돔을 향해 보고(18:16) 극적으로 주저하는 모습을 보인 후 아브라함에게 그들이 하려고 하는 일, 곧 소돔의 죄를

조사하려는 일을 말한다. 아브라함은 직감적으로 앞으로 일어날 일을 알고서 머뭇거리며 주님에게 중재의 기도를 드린다. 독자는 이 중재 배후에 롯을 위한 관심을 알아차릴 것이며[19] 주님은 롯을 구원하려는 중재의 편지는 아니더라도 그 의도를 이행한다. 천사들이 소돔에 갈 때, 이전 사이클에서 예기적으로 넌지시 언급했던 소돔의 악함이 추악하게 독자들에게 낱낱이 드러난다. 천사들이 소돔 사람들을 만난 것은 따라서 롯의 조상 서사시의 절정에 해당하는데, 이는 무엇보다 롯의 결정의 어리석음을 극적으로 독자에 강조하기 때문이다. 19:27-29에서 아브라함은 소돔을 향해 바라보니 연기가 피어오르는 것을 보았다. 내러티브에서의 이 통렬한 순간은 중요한 양식비평적 기능에 기여한다. 이 순간은 섹션 C″('아브라함이 롯을 구하다')를 끝내지만, 슬픈 반전을 포함하는 방식으로 끝낸다. 사실 아브라함은 롯을 구했지만 아브라함이 알기로는 롯을 구하지 못했다.

그 다음에 창세기 19:31-38는 극적인 반전과 해결로 조상 서사시를 마무리한다. 아브라함에게 하는 축복의 약속으로 마무리하는 대신에(D, D′) 롯이 끔직하고 저주받은 결말을 맞이하는 것으로 끝난다. 롯은 자손을 가진다—그런 의미에서 창세기 19:31-38은 조상 서사시 내러티브에 본질적인 인류에 대한 위협을 해결한다—하지만, 그들의 근친상간의 기원으로 말미암아 저주가 그 종족의 뇌리를 떠나지 않을 것이라는 사실은 분명하다. 아브라함의 후손에 대한 축복 대신에 롯의 후손에 대한 저주가 있다.

그러므로 이 자료의 통일성에 대한 양식비평적 증거 이외에도, 자료 증거는 또한 이것이 특성에서 서사시라는 것을 명백하게 보여준다. 서사시는 모압과 암몬의 조상 롯을 연속되는 세 가지 위협을 통해 서사시의 해결, 곧 두

19 단순히 롯이 명백하게 거론되지 않는다고 해서 본문이 소돔의 악함을 지적하는 데만 기여한다고 해석하는 것은 이 내러티브를 신중하게 다루지 않은 것이다(다음을 보라, Coats, *Genesis*, 141). 논의는 다른 성읍 가운데 하나가 아니라 롯이 있는 소돔과 관계있다. 본문에서 롯을 의롭다고 옹호하지 않는다는 코우츠의 주장은 아브라함의 환대(18:1-8)와 병행을 이루는 롯의 환대(19:1ff)의 중요성을 설명하지 못한다. T. Desmond Alexander, "Lot's Hospitality: A Clue to his Righteousness," *JBL* 104 (1985): 289-91을 보라.

민족의 동일 이름의 우두머리의 출생까지 따른다.[20] 이것은 확실히 암담한 해결이지만, 예외라기보다는 규칙이다(아트라하시스나 창세기 1-11장에서처럼).

그러나 지적했듯이 현재의 롯의 이야기의 일부 자료는 창세기의 현재 본문에서 또 다른 이야기, 곧 아브라함과 이삭의 이야기의 일부로 기능한다. 이삭 출생 예고에 대한 내러티브(18:1-15)가 구체적인 좋은 예다. 이 이야기의 일부 세부 내용은 이삭 출생에 관한 다른 자료에서 왔을 수도 있다. 원 창세기 편집에서 이 자료는 명백하게 이미 현존하는 롯의 조상 서사시의 셋째 사이클에 편집됐는데, 롯의 조상 서사시의 이 셋째 사이클은 다시 원 창세기의 더 큰 본문에 편집됐다. 현재 본문에서 롯의 조상 서사시의 셋째 사이클에 있는 원래 자료와 이삭 출생 예고에 대한 독립 자료를 구분하려는 시도는 무익할 것이다. 우리는 또 다른 자료가 내포되며 거기서 편집자는 추가 정보를 서로 관련시켰을 것이라는 것만 말할 수 있다. 이런 식으로 이것은 "상호 관계 있는 내포된 자료"라고 불릴 수 있다.

역사적 문서 분석에서 두 가지 다른 자료가 다른 관점에서 동일한 사건을 언급한다는 것은 이상하다고 간주될 수 없다. 각 자료는 자신의 목적과 방향을 두지만, 둘이 동일하거나 관련된 역사적 인물을 논의한다면(이 경우 한 자료는 아브라함과 이삭을 논의하고, 다른 자료는 아브라함과 롯을 논의한다), 중첩되는 것은 피할 수 없다. 각 자료는 때로 동일한 사건을 언급하겠지만 다른 관점에서 다른 이유 때문에 그리고 다른 양의 세부 내용으로 언급할 것이다. 편집자는 두 자료를 포함하는 더 광범위한 역사를 만들 때, 두 기사를 나란히 기록하지 않고(두 기사가 동일한 상황에 대해 말한다는 사실을 무시하는 것처럼), 겹치는 곳에서 두 자료를 합칠 것이다. 편집자가 능숙하고 창조적이라면 합치더라도 자국이 남지 않을 것이다. 후대 독자는 두 자료가 통합된 기사 배

20 Coats, *Genesis*, 115는 이 내러티브의 목적이 롯을 아브라함이라는 '영웅을 돋보이게 하는 자(heroic foil)'로 제시하는 데 있다고 간주한다. 이 해석은 이 내러티브의 조상 서사시의 특성을 놓치는 것이다. 모압과 암몬의 조상으로서의 롯의 역할은 내러티브의 부록이 아니다. 이 역할은 전체가 움직여가는 방향이다.

후에 있다는 것을 의심할 수도 있겠지만, 독자는 통합된 자료의 어떤 부분을 한 자료나 또 다른 자료에 할당할 수는 없을 것 같다. 그러므로 우리는 이삭의 출생 예고에 대한 이야기가 롯의 서사시의 구조에 놓이지 않을 것이라는 점에 근거하여 창세기 18장이 자신의 자료로서 롯의 조상 서사시를 두지 않을 것이라고 결론 내릴 수는 없다.

사실 창세기 본문에서 이삭의 출생 예고는 명백히 아브라함과 이삭의 이야기에는 매우 중요하지만, 구조적으로 롯의 조상 서사시에 속한다는 것은 분명하다. 이에 대한 증거로 두 가지가 있다. 첫째, 셋째 사이클의 구조는 첫 두 사이클의 구조와 동일하며, 출생 예고는 이 구조에 속한다. 둘째, 출생 예고 이야기는 구조적으로 천사가 소돔에 방문하는 이야기와 병행을 이루는데 (몇 가지 중요한 반전과 함께) 이는 두 방문이 단일 내러티브의 층으로 읽혀야 한다는 것을 의미한다.

두 장 사이의 병행과 반전은 다음과 같다(이 논의에서 A는 아브라함에게의 방문인 창 18:1-15을 가리키고, L은 롯에게의 방문인 창 19장을 가리킨다). A에서 천사들은 한낮의 열기 가운데 도착하고 아브라함의 장막 입구에 있다. L에서 천사는 저녁에 도착하고 롯은 성문 입구에 있다. 두 사람은 방문객들 앞에서 일어나 땅에 대고 절하고 둘은 방문객들에게 식사 초대를 한다. 롯이 아브라함과 같고 나머지 소돔 사람들과는 다른 것은 정확하게 이 한 가지 병행 내용, 곧 두 사람의 환대에서다. 이것은 롯이 구원받게 될 의를 가리킨다.[21] A에서 식사한 후에, 천사들은 사라가 어디에 있는지 묻는다. L에서는 식사하고 소돔 사람들에게 방해받은 후 천사는 롯에게 집에 있는 사람들 이외에 친척이 있는지 묻고 롯은 자기 사위들을 데려온다.

A에서 사라는 자신이 아이를 낳을 것이라는 이야기를 듣고 웃는다. L에서 사위들은 주님이 성읍을 파괴하려 한다고 들었을 때, 롯이 농담한다고 생각한다. 하지만 A에서 사라는 하나님의 말씀을 비웃은 것에 대한 위험을 깨

---

21 Alexander, "Lot's Hospitality"을 보라.

닫고, 거짓말로 모면하려고 한다. 즉 사라는 자신이 웃지 않았다고 주장한다. 사라는 "아니라 네가 웃었느니라"라고 확고하지만 가혹하지 않은 질책을 받는다. 이것 이외에 사라는 어떤 징벌도 받지 않는다. 다른 한편 롯의 가족은 상황의 심각함을 깨닫지 못한다. 사위들은 완전히 잃게 된 반면 롯과 그의 아내와 딸들은 강제로 성읍에서 옮겨진다.

L 섹션에서의 특별히 두드러진 반전은 롯의 아내가 당한 운명이다. A 부분에서는 사라가 낮춰지지만 아들을 약속받는 것으로 마무리한다. L은 롯의 아내가 소금으로 변하는 것으로 마무리한다. 그러므로 이삭의 출생 예고가 롯의 조상 서사시를 넘어 중요성을 지니지만 18:1-15의 구조는 이삭의 출생 예고를 롯의 조상 서사시의 틀에 둔다.

이처럼 롯과 소돔에 대한 본문은 삼중적 서사시의 양식으로 되어 있다. 구조와 내용 모두는 이 본문이 창세기 1-11장, 아내-여동생에 대한 세 이야기, 및 창세기 전체와 같은 동일한 더 큰 조상 장르라는 것을 입증한다. 롯의 서사시는 창세기의 주요 자료에 속한다.

하갈의 이중적 서사시

창세기는 구조에서 삼중적이기보다는 이중적이라고 해도, 병행 서사시로 가장 잘 묘사되는 한 내러티브를 포함한다. 우리가 정의한 대로 이 내러티브 역시 주제의 유사함 때문에(조상들에 대한 위협) 조상 서사시 장르와 관계가 있다. 이것은 하갈의 조상 서사시다.

하갈 이야기는 16:1-16과 21:1-21로 창세기의 두 곳에서 발견된다. 이 두 본문은 양식에서 동일하며 병행을 이루며 배열된다(표 6.5를 보라). 하갈의 서사시는 심각한 위험에 직면한 여조상과 그의 아들(하갈과 이스마엘)의 모습으로 된 종족(이스마엘)의 생존 문제와 주로 관계하므로 조상 서사시로 지명되는 것은 적절하다.[22]

---

22 Coats, *Genesis*, 127ff는 16:1-21:21 모두를 '사라-하갈 노벨라'로 지칭하지만, 이것은 만

이 서사시의 삼중적이 아닌 이중적 성격은 현재 본문으로 편집된 결과일 수 있다. 원래의 많은 조상 서사시는 편집에서 삭제됐을 수 있다. 그러나 이 서사시는 원래 구조에서 이중적이었을 가능성이 높다. 초기 해설자는 인위적으로 삼중적 구조로 만들지 않고 자신들이 가진 정보에 근거하여 이중적 구조로 말했을 뿐이다. 하지만 전체의 양식상의 통일은 조상 서사시 주제와 결합하여 이 서사시를 조상 서사시 구조로 확립한다.

표 6.5 하갈의 서사시의 구조

첫 사이클: 16:1–16

A	1	사래의 불임
B	2-3	사래의 반응: "하갈과 자라"
C	4	하갈이 임신하고, 사래를 괴롭히다
D	5-6	사래가 불평하고, 하갈을 쫓아내다
E	7-9	주님의 천사가 말하고, 하갈을 되돌려 보내다
F	10	약속: "내가 네 자손을 번성하게 할 것이다"
G	11-14	천사의 두 번째 말씀: 이스마엘이 광야의 외로운 방랑자가 될 것이다
H	15	이스마엘이 아브라함에게 태어나다
I	16	이스마엘이 하갈에게서 태어나다

둘째 사이클: 21:1–21

A′	1-5	사라의 불임

족스럽지 못하다. 18:16-19:38이 어떻게 이 표제 아래 들어맞는지, 그리고 20:1-18의 양식비평적 병행(아내-여동생 서사시)이 아니라 20:1-18 홀로 노벨라에 들어가는지 이해하기가 어렵다.

B′	6-8	사라의 반응: 찬양과 웃음
C′	9	이스마엘이 나이 들고 이삭을 괴롭히다
D′	10	사라가 불평하다: "하갈을 쫓아내라"
E′	11-12	하나님의 말씀하시다, "하갈을 내보내라"
F′	13	약속: "내가 네 여종의 아들도 민족을 이루게 할 것이다"
G′	14-18	홀로 광야에 있는 하갈과 이스마엘, 하나님의 두 번째 말씀
H′	19-20	이스마엘이 구원받다
I′	21	하갈이 이스마엘을 위해 아내를 얻다

그러나 다시 말하자면 현재 본문에 있는 모두가 반드시 하갈의 원래 서사시에 있었던 것은 아니다. 아마도 다른 자료들이 하갈 서사시와 동일한 종류의 사건들 일부를 묘사했지만, 동일하게 자세히 하거나 동일하게 강조하지는 않았을 것이다. 특히 사라의 임신과 이삭의 출생에 대한 세부 내용은 아브라함과 사라와 이삭의 이야기를 더 특별하게 다룬 "상호 관계 있는 내포된 자료"에서 왔을 것이다. 21:1-8는 홀로 읽힐 때 전체 아브라함 이야기의 일부로 독자에게 다가오겠지만 21장 전체가 함께 읽힐 때는, 이삭이 아니라 하갈과 이스마엘이 주로 강조된다. 하갈의 원 서사시는 아마도 이삭의 출생에 대한 더 간략한 기사를 제공했을 것이다. 그러므로 21:1-8의 많은 세부 내용은 더 직접적으로 아브라함 및 이삭과 관련된 또 다른 자료에서 왔을 수 있다. 원 창세기의 편집에서 하갈의 조상 서사시에 있는 이삭 출생을 다룬 간략한 기사는 다른 출처에서 온 자료와 함께 확장됐다. 그럼에도 현재 본문은 하갈의 조상 서사시가 있다는 사실과 조상 서사시가 21:1-21의 형성을 결정했다는 사실을 증거한다.

이 자료의 출처는 초기 이스라엘 사람들이 접촉했던 초기 이스마엘 사람들이다(창 37:29). 이 자료는 반(反) 이스마엘의 목적을 지니지 않는다. 모든 세부 내용이 하갈과 이스마엘에 대해 좋게 말하는 것은 아니지만, 이스라엘의 족장들 이야기는 항상 족장들에 대해 좋게 말하는 것도 아니다. 좋게 말한다면 하갈은 큰 위기에 직면하여 하나님에게 은혜를 받은 영웅적인 인물로 나온다. 실제 목적은 이스마엘 종족의 기원을 묘사하는 것이다.

전체 창세기가 조상 서사시라는 사실 이외에도 전체 창세기는 많은 작은 조상 서사시와 비슷한 병행 서사시를 포함한다. 두 완성된 조상 서사시는 원시 역사와 야곱의 조상 서사시다. 병행 서사시는 아내-여동생 서사시와 롯의 서사시와 하갈의 서사시를 포함한다. 아브라함 및 요셉과 관련된 내러티브와 같은 다른 자료 내러티브는 어떤 면에서는 조상 서사시와 비슷하지만 그것들이 다른 장르에 속한다는 사실을 가리킬 정도로 충분히 다른 점들이 존재한다. 이에 대해서는 나중에 더 이야기하겠지만 우선 창세기의 이야기들tales을 조사할 필요가 있다.

7장

협상 이야기

창세기 12-50장의 모든 내러티브 자료는 어떤 식으로든 이스라엘 백성의 조상들과 관계된다. 그럼에도 많은 양이 우리가 조상 서사시라고 불리는 양식의 구조로 되어 있지 않고, 다양한 사건들에 대한 개별 이야기로 되어 있다. 이 이야기들은 양식에서 삼중적이지도 않으며 종종 조상 서사시에 있는 조상에 대한 특징적인 위협도 없다. 그러나 이 이야기들은 중요한 가족 전통을 포함한다.

조상들에 대한 한 특별한 이야기의 모음은 '협상 이야기Negotiation tale'로 불릴 수 있는 양식으로 되어 있다. 이런 유형의 모든 이야기가 짧고 단순한 내러티브이기 때문에 이야기tale라는 용어가 사용됐다. 줄거리는 일반적으로 적은 인물들을 따르고, 하위 플롯은 없다.[1] 협상 이야기의 특별한 특징은 이 이야기가 두 당사자 사이의 협상에 대한 꽤 자세히 다룬 기사를 포함한다는 것이다. 협상 이야기의 구조는 창세기에 나타나는 대로 표 7.1에서 볼 수 있다.

---

1 이야기(tale)라는 용어에 대한 정의는 George W. Coats, *Genesis: With an Introduction to Narrative Literature*, FOTL (Grand Rapids: Eerdmans, 1984), 7-8을 참고하라.

표 7.1 창세기의 협상 이야기의 구조

1. 위기 배경
2. 상황의 발전
3. 협상 맥락에서의 중심인물이 취한 결정적 조치
4. 조치의 결과
5. 사건의 여파

위기 배경은 협상 이야기를 시작하는 사건이다. 어떤 면에서 한 당사자인 중심인물(들)에게 재난을 초래하며 그 당사자는 상황을 처리하고자 즉각적인 조치를 취해야만 한다는 점에서 위기다. 위기 배경에는 상황의 특성이 더 명확하게 규정되는 상황의 발전이 이어진다. 이 상황은 중심인물(들)이 행동해야 하는 경계를 설명한다. 이 다음에 중심인물(들)은 결정적인 조치를 취하는데, 이 조치는 내러티브의 전환점이 된다. 결정적인 조치의 즉각적인 결과는 그 다음에 묘사되고, 짧은 여파가 이어진다. 이 여파는 거의 에필로그다. 이 여파는 결정적인 조치와 그 조치의 즉각적인 결과로 말미암아 더 광범위한 파급효과를 일으킨다. 협상에서 이 장르의 이름을 딴 것이기도 한데, 두 당사자 사이의 협상에 대해 자세히 다루는 기사는 결정적인 조치나 그 조치의 결과의 일부로 온다.

성경의 협상 이야기와 매우 비슷한 우가릿 이야기는 아크하트Aqhat의 전설에 나오는 협상 기사다. 이것은 영웅 아크하트와 여신 아나트Anath의 이야기다. 평판이 깨졌고 완전하지는 않지만, 여기서 우리와 관계되는 전설 부분에 대한 주요 세부 내용은 명백하다. 이야기를 시작하는 위기는 아나트가 대장장이 신, 코타르 와 하시스Kothar wa-Khasis가 선물로 준 아크하드의 활을 탐내는 데서 비롯된다. 거래로 얻고자 하여 아나트는 격렬한 협상에 들어간다.

첫째, 아나트는 돈으로 그에게서 사고자 시도한다. "들으라, 나는 당신에게 기도한다. (젊은 아크하드여!) / 은을 구하라 그러면 내가 그것을 네게 주겠다. / (금을 구하라 그러면 내가) 네게 주겠다. / 하지만 당신의 활을 (내게) 달라. / 야바맛 리오이밈Yabamat-Liimmim[2] 이 당신의 창을 가지게 하라."[3] 아크하트는 아나트에게 기꺼이 활을 확보할 수 있는 방법을 주려 하지만, 자신의 활은 포기하지 않을 것이다. "나는 레바논의 주목 나무에 맹세한다. / 나는 들소의 힘줄에 맹세한다. / 나는 산 염소의 뿔에 맹세한다. / 소의 무릎의 힘줄에 / 나는 등나무 숲의 갈대에서 맹세한다. / (이것들을) 고타르 와 하시스에게 주어라. / 그는 당신을 위해 활을 만들어 줄 것이다. / 야바맛 리오이밈을 위한 창을."[4]

그 다음에 아나트는 막대기를 들어 아크하트에게 영원한 생명을 준다. "생명을 구하라, 오 젊은 아크하트여! / 생명을 구하라, 그러면 내가 그것을 네게 주리라. / 불멸을 구하라, 그러면 내가 네게 주겠다. / 나는 네가 바알과 해를 세도록 만들겠다. / 엘의 아들들과 너는 달을 셀 것이다." 협상은 아크하트가 아나트에게 단호하게 거절할 때, 결정적인 결말이 온다. "내게 거짓말 하지 마시오, 오 여신이여. / 젊은이에게 당신의 거짓말은 역겹기 때문입니다. / 더 오랜 생명, 그것을 어떻게 인간이 얻을 수 있겠습니까? / 인간이 어떻게 영원한 생명을 얻을 수 있겠습니까? / … / 그리고 모든 사람이 죽는 것처럼 나는 죽겠습니다. / 나도 역시 확실히 죽을 것입니다." 그는 인간이므로 결코 영원한 생명을 가질 수 없다는 사실을 안다. 이처럼 아크하트는 아나트에게 잘못된 서약으로(사실은 거짓말로) 협상했다고 고발했지만, 그는 계속 아나트의 여성성을 조롱한다. "게다가 이것을 내가 말하겠습니다. / 내 활은 전사들에게 (무기입니다). / 여자가 이제 (그것으로) 추격하겠습니까?"[5] 이어서 본문은

---

2 즉, 아나트(Anath).
3 *ANET*, 151.
4 앞의 책.
5 앞의 책, 151-52.

불길하게 표현한다. "(크게) 아나트는 웃는가. / 마음에 (음모)를 꾸미면서."[6]

이 협상의 즉각적인 결과로 아나트가 자신의 신하 야트판(Yatpan)을 통해 아크하트를 살해한다. 전설은 계속해서 사건의 여파를 기록한다. 기근이 이어지고 아크하트의 여동생 파그하트Paghat는 자기 형제가 살해당한 것을 깨닫는다. 파그하트는 야트판에게 복수할 계략을 세우지만 이야기의 마지막 평판은 소실됐다.

물론 아크하트의 전체 전설은 창세기에서 발견되는 단순한 협상 이야기보다 더 복잡하지만 아나트와 아크하트 사이의 협상의 가까운 맥락과 이 협상의 결과는 협상 이야기의 양식을 따르, 우리가 이제 다룰 창세기 이야기와 놀랍도록 비슷하다.

창세기는 세 가지 협상 이야기를 포함한다. 여기에는 사라의 죽음과 장례(창 23장), 이삭의 약혼과 결혼(창 24장), 디나와 세겜 사람들(창 34장)이 포함된다.

사라의 죽음과 장례

학자들은 창세기 23장이 단일 단위로 구성되지만 이 단위를 양식비평적으로 분류하려는 시도는 부정확하고 문서설에 지배됐다고 동의한다. 게하르트 폰 라트Gerhard von Rad는 이것이 P의 일부라고 언급할 뿐이지만, P에게는 특이해 보이는 특성인 "내러티브의 생생함"에 다소 놀란다.[7] 코우츠Coats는 이것을 "죽음 보고"라고 간주한다. 코우츠는 이것이 대화를 둘러싸고 P의 배경에 있다고 지적한다.[8] 사라의 죽음이 여기서 보고되고 대화가 있는 것은 사실이지만 죽음 보고나 대화라는 용어 어느 것도 양식에 대한 명칭에 도움이 되지 않는다. 이 용어들은 단순히 내용을 묘사한 것뿐이다.

---

6 앞의 책, 152.

7 *Genesis*, trans. John H. Marks (Philadelphia: Westminster, 1961), 241.

8 *Genesis*, 165. Claus Westermann, *Genesis 12-36: A Commentary*, trans. John J. Scullion (Minneapolis: Augsburg/Fortress, 1985), 371-72도 이것을 P 배경에서의 대화로 간주한다.

대조적으로 창세기 23장을 협상 이야기로 인정하는 것은 양식의 명칭만큼이나 정확하고, 기사를 조사할 수 있는 구조적 패턴을 제공한다. 이 접근법은 본문의 신학적 요점을 설명하는 데도 도움이 된다. 내러티브의 구조는 표 7.2에서 볼 수 있다.

표 7.2

위기 배경	1-2	사라의 죽음
상황	3-5, 10-11	헷 족속에게서 장례 장소를 구해야 하다; 헷 족속은 장례 장소를 주기로 제안하다
결정적 조치	7-9, 12-13	아브라함이 지불하겠다고 고집하다
조치의 결과	14-16	협의에 이르다
여파	17-20	아브라함 혈통이 동굴을 합법적으로 소유하다

이것이 신-앗수르 시기의 대화 계약의 사례라는 주장에 맞서[9] 내러티브 양식으로 되어 있다는 점을 주목하라. 이것은 전혀 계약이 아니다.[10] 이것은 대화 계약의 네 가지 특징이 없다(표제, 봉인, 권리 포기 구절, 증인). 게다가 모든 중요한 구매는 대화 계약과 창세기 23장 사이에 다른 양식상의 병행 내용을 포함하므로(가격, 지불, 재산권 양도의 협상) 이 요소들은 양식상으로 중요하지 않다.

또한 사라의 죽음 이야기는 이스라엘 사람들에게 명백하게 역사적으로 관심이 있지만 본문은 '죽음 보고'라고 지칭될 수 없다. 그 반대로 사라의 죽

---

9 Gene M. Tucker, "The Legal Background to Genesis 23," *JBL* 85 (1966): 77-84.

10 K. A. Kitchen, *Ancient Orient and Old Testament* (Chicago: Inter-Varsity, 1966), 155에서 지적한 것이며, 사실 Tucker, "Genesis 23," 84에서도 동의한다. 이 책의 3장을 보라.

음은 이야기를 소요 가운데 몰아넣는 처음 위기일 뿐이다. 사라가 어떻게 죽었는지 사라의 유산 또는 유언에 대해 어떤 것도 말하지 않는다. 간단히 말해서 사라의 죽음은 이야기의 계기이지만 주제는 아니다.

아브라함에게 닥친 상황이 이제 발전된다. 아브라함은 그가 거류하고 있는 헷 족속의 땅에서 자기 아내를 장사할 적절한 장소를 찾아야 한다. 그러나 아브라함은 어떤 부동산도 소유하지 않았고 헷 족속과 협상에 들어가야 한다. 그 다음에 아브라함에게 닥친 상황은 예상치 못하게 꼬인다. 곧 헷 족속 에브론이 그 땅을 아브라함에게 주겠다고 제안한다(11절). 아브라함은 땅을 받아 자기 아내를 장사하기만 하면 된다.

역사가의 관점에서 에브론의 제안이 순수했는지 아니면, 아브라함이 애도하는 중이었다는 사실을 존중하여 최대한 공손하게 공식적으로 말한 것뿐인지는 해결되지 않았다. 마지막으로 결정된 가격 4백 세겔은 정말로 높은 가격이다. 다른 한편 참석한 모든 사람들 앞에서 땅을 주겠다는 에브론의 선언은, 순수한 제안처럼 들리며 법적으로 아브라함이 선물을 받아들인다면, 에브론은 자신의 말에 얽매이게 될 것 같다. 어떤 법과 풍습이 이 사례와 관계가 있을 것인지에 대한 질문도 역시 역사적으로 흥미롭다.

그러나 문학적인 본문으로서 이 단락은 순수한 제안으로 읽혀야만 한다. 아브라함은 자기 아내를 장사지내야만 했고, 쉬운 해결책이 가까이에 있다. 아브라함은 단순히 자신에게 제안된 땅을 받아들일 수 있다. 하지만 아브라함은 충분한 대가를 치르겠다고 주장하는 결정적인 조치를 취한다. "내가 그 밭 값을 당신에게 주리니 당신은 내게서 받으시오 내가 나의 죽은 자를 거기 장사하겠노라"(13절). 이것은 자기 아내와 자신을 위한 안식 장소가 되어야 하며, 아브라함은 땅이 정당하고도 합법적으로 자신의 것이라고 모두에게 분명히 하고 싶어 한다. 그는 자신의 말로 사람을 속인 결과로 주인이 되지 않을 것이다.

물론 아브라함의 조치의 즉각적인 결과는 당시 에브론이 정한 높은 가격을 지불해야만 한다는 것이다. 하지만 여파는 아브라함이 논박의 여지 없이 그 땅을 소유하게 된 것이다. 아브라함은 거류민일지라도, 이제 의심의 여지 없는 자신의 땅이 된 재산을 소유하고 그 재산은 약속의 땅 곧 가나안에 있다.

여기서 이 협상 이야기의 의도가 무엇이었는지에 대한 질문으로 이어진다. 아브라함이 땅에 대해 지불하겠다는 결심을 강조하는 것을 고려할 때 "신학적 의도를 발전"시키지 않거나 신학적인 언어를 포함하지 않는다는 점에 근거하여 "단순히 장례 장소의 획득에 대한 보고"와 같이 세속적일 필요는 없다.[11] 본문은 표면적 의미 이상을 지니기 위해 명백한 신학적인 언어를 사용할 필요는 없다.

더 근접한 것은 월터 브루그만Walter Brueggemann이 창세기 23장과 예레미야 32장을 비교한 것인데, 예레미야 32장에서 예레미야는 바벨론이 땅을 황폐화시킬 순간에 직면하여 아나돗의 땅을 산다. 예레미야의 구매는 그 땅에 미래가 있으며 따라서 곧 회복될 것이라는 표징 역할을 한다. 브루그만은 예레미야 32장이 창세기 23장에 대한 해석일 수 있는지에 대해 궁금해 한다.[12] 하지만 우리는 또한 창세기 23장과 예레미야 32장 사이의 실제 차이점을 주목해야만 한다. 예레미야 32장은 그 땅에서의 회복과 경제적 부흥이라는 신학적 약속이다(42-44절). 창세기 23장은 이에 대해 어떤 실마리도 제공하지 않는다.

창세기 23장은 아브라함이 마침내 재산을 소유한 지상의 한 장소가 있다고 주장한다. 이 장소는 가나안에 있다. 그러므로 이스라엘 사람들에게 다른 어떤 장소도 정당하게 고향으로 불릴 수 없다. 어떤 신학적 언어도 이를 주장하는 데 필요하지 않다. 왜냐하면 이것이 실제로 신학적인 요점이 아니기 때문이다. 땅 구매는 땅에 대한 약속을 보완하지만 본문 자체는 재산 소유권의 세속적 문제에 관심을 둔다.

---

11 Coats, Genesis, 165. 다음도 마찬가지다, Westermann, *Genesis 12-36*, 376.

12 *Genesis: A Bible Commentary for Teaching and Preaching* (Atlanta: John Knox, 1982), 196. 예레미야와 이 본문의 연관성은 이 본문을 P의 일부로 간주하는 비평적 경향과 일치한다. 하지만 브루그만도 신학적 언어가 없어 어려움을 겪는다(195).

어떤 배경도 이집트의 이스라엘보다 이야기에 더 적절할 수 없다. 세상에서 어떤 장소와도 실제 인연이 없으며 고향이 없는 무리라는 거류민에게, 이 이야기는 그들이 불가항력적으로 끌릴 수밖에 없는 한 장소가 있다고 말한다. 그들은 아브라함이 땅을 산 곳으로 되돌아와야만 한다.

이삭의 약혼과 결혼

창세기 24장의 이야기는 아마도 창세기 모든 이야기 가운데 읽기에 가장 아름답고 즐거울 것이다.[13] 이 이야기는 아브라함의 종이 자기 주인의 아들을 위한 아내를 찾는 의무를 얼마나 신실하게 이행하는지에 대한 이야기를 들려준다. 최근 비평가들은 외견상으로 다름 아닌 이야기의 길이에 대한 이유에서, 노벨라novella(중편 소설)[14] 또는 노벨레테novelette(단편 소설)[15]라는 의미 없는 명칭을 부여한다. 베스터만의 명칭, 안내 내러티브guidance narrative[16]는 즉흥적이며, 양식비평 분석만큼이나 실제 가치가 없다.

이야기는 우물에서 아내가 될 사람을 만나는 문학적 관습을 포함한다. 이 주제를 지니는 두 다른 이야기는 야곱이 우물에서 라헬을 만나는 이야기(29:1-14)와 모세가 우물에서 십보라를 만나는 이야기다(출 2:15-18). 제임스 G. 윌리엄즈James G. Williams가 지적한 대로 동일한 주제가 요한복음 4장에 많은 주요 변화가 있지만 다시 나온다.[17] 여전히 이야기들 각각은 독특하며, 많은 점에서 다른 우물가의 여자 기사와 같지 않다.[18] 따라서 우리는 우물 주

---

13 Von Rad, *Genesis*, 248는 이것을 "모든 족장 이야기 가운데 가장 즐겁고 매력적인 이야기"라고 일컫는다.

14 Coats, *Genesis*, 166-71. 코우츠가 왜 이 이야기에는 '복합적인 플롯'이 있다고 주장하는지 내게는 명확하지 않다(170).

15 Von Rad, *Genesis*, 248. 이 호칭에 대해 제시하는 유일한 이유는 이야기의 길이다.

16 Westermann, *Genesis 12-36*, 382.

17 "The Beautiful and Barren: Conventions in Biblical Typescenes," *JSOT* 17 (1980): 114-15.

18 참고, Kenneth T. Aitken, "The Wooing of Rebekah," *JSOT* 30 (1984): 10-14. 에이트켄(Aitken) 역시 창세기 24장과 케레트 서사시 사이의 병행을 지적한다.

제가 주해를 지배하도록 허용해서는 안 된다.

중대한 차이점은 야곱과 모세는 우물에서 직접 각각의 아내를 만났다는 것이다. 창세기 24장에서는 우물에서 이삭의 미래 아내를 만나는 이는 이삭 자신이 아니라 종이다. 내러티브는 이에 대한 이유를 제시한다. 즉 아브라함은 자기 아들이 메소포타미아로 돌아가도록 기꺼이 허락하지 않았다는 것이다. 이것은 아브라함 측에서 과잉보호한 것으로 해석돼서는 안 된다. 그 반대로, 아브라함은 자신의 후손이 옛 나라의 안전함으로 돌아가는 것을 허용하지 않으려고 결심한다. 아브라함은 자신의 후손이 가나안 땅을 물려받게 될 것이라는 약속을 믿는다(24:7). 아브라함도 이삭도 다른 어떤 인물도 아니고, 종이 이 내러티브에서 중심인물이다. 내러티브의 구조는 표 7.3에서 볼 수 있다.

표 7.3

위기 배경	1-4	아브라함이 죽음 가까이에 이르고, 이삭은 결혼하지 못하다, 맹세
상황	5-9	이삭을 데리고 돌아가지 않아야 하다
결정적 조치	10-14	표징을 위한 기도
조치의 결과	15-61	표징이 주어지고, 협상이 성공적이다.
여파	62-67	이삭이 결혼하다

시작하는 위기는 아브라함이 오래 살지 못할 것을 알고 자신이 죽기 전에 이삭을 위한 아내를 얻기를 원한다는 것이다. 하지만 아브라함에게 이 위기는 아브라함이 종에게 아내를 찾으라는 맹세를 하도록 했을 때 종에게 위기가 된다.

종이 이삭을 데리고 가도 되는지 물을 때 종에게 닥친 상황이 더 깊이 발전된다. 종의 이유는 이렇게 하면 협상을 조금 더 부드럽게 진행하게 될 것이기 때문이다. 이미 기술한 이유에서 아브라함은 단호하게 거부한다. 종은 이제 여자나 이삭이 약혼 전에 서로를 보지 않고서도 적절한 여자를 찾아야 하는 임무에 직면해야 한다.

종은 열렬한 여호와 숭배자다. 그는 하나님에게 표징을 구하는 결정적이며 구체적인 기도를 함으로써 이 위기에 반응한다. 그는 아브라함의 후손의 미래를 하나님의 손에 맡겼다.

종이 기도한 결과는 상세하게 묘사되며 종과 리브가의 가족 사이의 협상에 대한 긴 기사도 포함한다. 종이 기도했던 그대로, 그가 마실 물을 구한 여자는 물을 줄 뿐만 아니라 낙타에게도 물을 주겠다고 제안한다. 종이 여자의 정체를 물을 때, 여자는 다름 아닌 나홀의 손녀다!

기도와 그 기도의 성취는 이야기에 중심이 된다. 26절에서 종은 자신의 기도에 응답한 여호와에게 절하고 예배한다. 그 다음에 라반은 "여호와께 복받은 자여"라고 종에게 인사한다(31절). 리브가를 위한 협상에서, 종은 자신의 기도에 대한 기적적인 응답을 자기 주장의 핵심으로 삼는다(42-47절). 라반은 하나님의 분명한 뜻에 거부할 수 없다(50절). 리브가의 어머니와 형제는 당연히 리브가를 영원히 잃기 전에 며칠 붙잡아 두고 싶어 하지만(55절), 종은 다시 한번 그들이 즉시 가야 하는 증거로 하나님의 개입에 호소한다(56절). 리브가는 기꺼이 가고자 하고, 그들은 떠난다.

협상의 여파는 리브가와 이삭이 결혼할 때, 리브가가 이삭에게 위로가 되고, 이삭은 리브가를 진심으로 사랑한다는 것이다(67절). 종의 기도는 그 결과로 모든 면에서 성공적인 결혼이라는 응답을 받았다.[19]

---

19 이 신학적 관점을 후대 편집 활동의 결과로 다루는 에이트켄을 따를 수 없다. 에이트켄은 신부가 자기 남편의 고향을 향해 기꺼이 떠나는 것을 묘사하도록 의도된 원래의 결혼 이야기는 그 이야기에 더 강력한 신학적 영향력을 부여하려고 개정됐다고 주장한다. 에이트켄이 다음과 같이 진술하는 것을 고려할 때, 이 결론은 특이하다. "하나님의 보호를 표현하거나 반영하

그러므로 이야기의 목적은 종과 리브가가 이야기에서 중요한 역할을 했지만 종의 입장에서 의무를 다한 사례나 리브가의 입장에서 결혼에 대한 순종의 사례를 제공하는 것이 아니다. 이야기는 오히려 자기 하나님을 위해 소외됨과 고향과 친족을 상실함을 받아들이는 자를 아브라함에게 제공하는 하나님의 신실함을 다루는 기사다. 하나님은 아브라함의 종의 기도에 응답함으로써 이것을 행했다.

디나와 세겜 사람들

존 스키너John Skinner의 분석이 잘 보여주는 대로, 전통적인 자료비평은 창세기 34장을 단순히 'I'과 'II'라고 불리는 두 가지 독특한 자료라고 여겼는데, 어느 자료도 J, E, P학파에만 속하는 것 같지 않기 때문이다.[20] 마찬가지로 폰 라트는 "문학적 분석에 대한 극도의 어려움"을 이야기하지만 두 자료는 J 문서와 병행 내용의 변형이라고 결론 내린다.[21] 대조적으로 마틴 케슬러Martin Kessler는 "이 단락의 내부 구조에 대한 신중한 분석"을 하면 두 자료로의 구분에 불리하게 작용한다고 지적한다.[22]

케슬러의 결론은 현재의 연구에서 옳음이 증명된다. 이 장은 협상 이야기의 패턴을 따를 뿐만 아니라 아크하트의 전설에 있는 협상 부분과 가장 가까운 성경의 병행 내용을 가지고 있다. 내러티브의 구조는 표 7.4에서 볼 수 있다.

는 요소들을 함께 묶는 것은 내러티브의 연속성을 깨뜨리는 결과를 낳고 오직 이해하기 어려운 잔여물만 남게 될 것이다"("Rebekah," 17). 에이트켄은 신학적 성찰들이 라반과의 협상에 대한 더 완벽한 이전의 기사를 대체했다고 제안한다. 이것은 가능성이 낮을 뿐만 아니라 종의 기도를 이야기의 결정적인 순간으로 만드는 내러티브의 양식 구조에도 적합하지 않다. 기사는 처음부터 끝까지 신학적이다.

20 *Genesis*, 417-18. 참고, Westermann, Genesis 12-36, 535는 여기서 'A'와 'B' 자료를 찾는다.

21 *Genesis*, 325.

22 "Genesis 34—An Interpretation," *RefR* 19 (1965): 3-8.

표 7.4

위기 배경	1-2	디나가 강간을 당하다
상황	3-12	세겜이 디나를 사랑하다, 결혼을 위한 협상
결정적 조치	13-17	야곱의 아들들이 속임수로 협상하다
조치의 결과	18-29	하몰과 세겜이 덫에 걸리다; 마을이 시므온과 레위에게서 살육당하고 약탈당하다
여파	30-31	야곱이 시므온과 레위를 꾸짖다

본문은 비극적인 디나의 강간으로 시작하는데, 이는 전체 내러티브를 소요에 빠뜨릴 위기다. 그러나 창세기 23장의 아브라함의 임박한 죽음과 창세기 24장의 사라의 죽음의 사례와 마찬가지로 이 비극적인 사건은 문학적 차원에서 주로 내러티브에 대한 촉매제 역할을 한다. 이것은 그 자체로는 강간에 대한 본문이 아니다.

그 다음에 전개되는 상황은 디나의 강간이라는 처음의 충격을 무디게 한다. 범죄를 저지른 세겜은 깊이 디나와 사랑에 빠져 결혼하기를 원한다. 이어지는 협상은 세겜에게 어떤 형벌을 내려야 하는지의 문제가 아니라 결혼을 할 것인지의 문제에 관심이 있다. 현명하게 야곱은 특별한 조치를 강구하기 전에 문제에 대해 기꺼이 이야기하려 한다(5절).

하지만 야곱의 아들들은 합리적으로 문제를 논의할 기분이 아니다. 대신에 그들은 거짓 속임수로 협상하려고 치명적인 결정을 내린다(13절). 그 지점부터 계속 본문은 꾸준히 폭력적인 소요를 향해 나아간다. 야곱의 아들들이 성읍의 남자들은 결혼하기 전에 할례를 받아야 한다고 선언할 때 이것은 오직 덫일 수 있다.

하몰과 하몰의 아들 세겜은 자신들을 위해 놓아진 올가미에 뛰어든다. 세겜이 디나를 얻고자 기꺼이 할례를 받고자 하는 것은 디나를 사랑한다는 증거가 된다. 동시에 하몰과 세겜은 잘못된 서약으로 자기 성읍 사람들과 협상하는 것이 보인다. "그들(이스라엘 사람들)의 가축과 재산과 그들의 모든 짐승이 우리의 소유가 되지 않겠느냐"(23절)라는 그들의 약속은 남자들이 할례를 받게 되면 그들이 이행할 수 있는 범위를 넘어선다.

형제들의 거짓 협상의 결과는 전체 공동체에 대한 살육이다(15-29절). 시므온과 레위는 명백하게 주요 범죄자라고 선언된다. 독자가 형제들의 모욕감에 대해 가졌을 수도 있던 어떤 동정도 그들이 행한 일에 대한 자세한 기사로 완전히 망각된다. 즉 그들은 모든 사람들을 살육했을 뿐만 아니라, 공동체를 약탈하고, 자신들을 위해 여자와 자녀들을 취했다. 한 여자를 강간한 대가로, 그들은 자신들을 위해 전체 공동체의 아내들을 취한다.

사건의 여파는 시므온과 레위도 예견치 못한 여파로 야곱이 그들의 행위를 명백하게 비난한다는 것이다. 야곱은 그들의 행동이 자신의 상황을 더더욱 불안정하게 만들었다고 구체적으로 지적하지만 이야기의 맥락에서 핵심은 야곱이 이제 더 큰 위험에 놓인 게 아니라 시므온과 레위가 야곱에게 거부당했다는 것이다.

본문은 아크하트의 전설과 비교할 가치가 있다. 둘에서 부정한 협상에는 재앙이 뒤따른다. 창세기 34장에서 형제들과 하몰과 세겜은 협상할 때 부정직한 잘못을 범한다. 아크하트의 전설에서 아나트는 자신이 줄 수 없는 것(영원한 생명)을 제안한다는 점에서 잘못된 서약으로 협상하는 죄를 범한다. 그리고 아크하트는 협상에서 분별없고, 무례한 죄를 범한다. 아크하트의 행동은 특히 아브라함이 창세기 23장에서 협정 조서에 주의를 기울이는 것과는 대조를 이룬다. 또한 창세기 34장과 아크하트의 전설은 한 쪽이 범죄를 계획하기 시작할 때 결정적으로 전환이 일어난다. 아크하트의 전설에서 그때는 "자기 마음에 (계략을) 짤 때 (크게) 아나트가 웃을" 때다.[23] 창세기 34장에서는

---

23 *ANET*, 152.

형제들이 "속이며 대답하고" 그들의 범죄를 숨기기 위해 언약 표징을 사용할 때다(13-17절). 아크하트의 전설과 창세기 34장은 신중하게 계획하고 실행한 살인에서 절정에 이른다. 마지막으로 두 행동은 살인자들을 상상할 수 있었던 것을 넘어서는 결과가 있다. 아크하트 전설에서 그 결과는 이어지는 가뭄과 파그하트의 복수다. 창세기 34장에서 그 결과는 야곱이 시므온과 레위를 거부했다는 것이다.

케슬러는 내러티브의 의도가 가나안 족속과의 혼합 결혼에 맞서 경고하려는 것이었다는 점을 보여주려 했다.[24] 하몰과 세겜이 이 이야기에서 전혀 죄가 없는 것은 아니지만, 이 해석은 가능성이 없다. 형제들의 범죄의 극악함에 너무 중요시되고 이야기의 끝에 다다를 즈음 세겜은 동정적인 인물이 된다. 코우츠는 이 단락을 '세겜의 강간'이라고 부르며 변호한다.[25]

창세기의 맥락에서 발전하는 이야기는 열두 아들들 가운데 하나가 장자의 권리를 가져야 한다는 이야기다. 이에 대해서는 의심의 여지가 없다. 르우벤이 분명히 장자다. 하지만 르우벤은 아버지의 첩과 동침한 후 아버지의 총애를 받지 못하고(35:22) 그가 한 모든 일은 문제를 악화시킬 뿐이다. 르우벤 이후, 혈통에서 다음은 시므온과 레위다.

창세기 34장의 의도가 밝혀지는 곳은 정확하게 여기서다. 시므온과 레위가 자신들의 범죄로 아버지를 너무 화나게 하여 어떤 것도 자신들의 행동을 지울 수 없게 됐다고 이야기는 우리에게 말한다. 주다 골딘Judah Goldin은 야곱의 아들들 가운데 장자의 권리에 대한 이슈를 자세히 조사했었는데, "야곱은 죽음의 자리에서 여전히 그들의 폭력을 잊을 수 없었다"고 정확하게 지적한다.[26]

그러므로 창세기 34장은 이스라엘 사람들에게 잊을 수 없는 범죄였던 사

---

24 "Genesis 34."

25 *Genesis*, 233.

26 "The Youngest Son or Where Does Genesis 38 Belong," *JBL* 96 (1977): 27-44; 인용은 p. 41.

건에 대한 항구적인 기록이다. 창세기 34장은 지파들 가운데 시므온이나 레위는 이스라엘의 지도자가 될 수 없다는 빗장으로 보존됐다. 그들은 다른 누구보다도 장자의 자리를 차지할 수 없다.

8장

—

아브라함의 복음서

아브라함이 많은 민족의 아버지로 불리는 것은 적절하다. 이스마엘 족속, 에돔 족속, 이스라엘 족속, 그두라의 자손 모두가 아브라함에게서 나온다. 두 다른 민족 모압과 암몬은 조카 롯에게서 나오는데, 롯의 삶의 역사는 밀접하게 아브라함과 연결된다. 야곱이나 에서나 이스마엘과 다르게 아브라함은 단일 민족 집단의 조상이 아니며 따라서 야곱(야곱의 서사시)이나 이스마엘(하갈의 서사시)과 같이 아브라함에게는 하나의 단순한 조상 서사시가 가능하지 않다.

이 사실은 창세기의 현재 자료 분석에 매우 중요하다. 이것은 아브라함이 창세기에서 명백하게 중심적인 자리를 차지한다고 해도 어떤 조상 서사시도 아브라함을 위해 존재하지 않는 것 같다는 사실을 의미한다. 대신에 많은 아브라함 사이클은 '아브라함 자료'보다는 롯과 하갈의 조상 서사시 자료에서 도출된다. 아내-여동생 서사시도 아브라함 사이클에 대해 자료로 기여하며 아브라함의 생애에 대한 일부 정보는 개별 이야기(예, 창 23장, 창 24장)에서 온다. 요약하자면 많은 아브라함 이야기는 창세기에 현재 나오는 대로, 구별되는 아브라함 자료라 불리는 것 이외의 자료에서 온다.

우리에게는 아브라함 자신과 주로 관련된 자료 묶음이 있는지 또는 우리가 아브라함에 대해 아는 바가 단순히 다른 자료와 내러티브의 종합인지에 대한 질문이 남아 있다. 이 질문은 오직 다른 원 자료를 제거한 후 아브라함에게 남아 있는 자료를 조사함으로써만 답을 얻을 수 있다. 남아 있는 것이 실제적인 시작이나 끝도 없는 조각나고 혼란스러운 내러티브라면 어떤 개별적인 아브라함 자료가 존재하지 않았거나 이 자료의 실제 형태와 내용은 절망적이게도 상실된다. 다른 한편, 통합된 내러티브가 남아 있는 데서 나온다면 아브라함 자료는 발견됐다고 여길 수 있다.

아브라함 자료의 구조

사실은 후자가 실상이다. 톨레돗 원 자료, 조상 서사시, 이야기, 다른 외부의 자료들이 아브라함 사이클에서 제거될 때 남아 있는 것은 구조면에서도 주제면에서도 네 섹션으로 된 통합된 부분들이다. 본문들은 창세기 12:1-9, 15:1-21, 17:1-27, 22:1-19이다.

이 네 본문은 교차대구로 배열되어 있으며 12:1-9(A)은 22:1-19(A′)과 상응하고, 15:1-21(B)은 17:1-27(B′)과 상응한다. 전체의 구조는 표 8.1에 나온다. 표에서, 본문 A와 B의 개별 단위들은 연속적으로 숫자가 매겨졌다. 본문 A′와 B′의 단위들은 A와 B 단위에 상응하는 것에 따라 숫자가 매겨졌다. A와 B와 상응하지 않는 A′와 B′의 단위들은 x로 표시된다.

A(12:1–9) 약속의 개시

내용	본문
1 명령	1
2 후손을 위한 약속	2-3
3 순종의 출발	4-6
4 땅에 대한 약속	7a
5 두 제단	7b-8
6 출발	9

B(15:1–21) 언약 희생제사

내용	본문
7 하나님의 자기 확인	1
8 상속자를 제안한다	2-3
9 제안이 거부되고, 아들을 약속하다	4
10 많은 후손에 대한 약속	5
11 아브라함이 믿다	6
12 땅에 대한 약속	7
13 언약 희생제사가 요구되다	8-9
14 언약 희생제사가 시행되다	10-11
15 아브라함의 두려움	12
16 이스라엘 사람들에 대한 예언	13-16
17 언약식이 비준되다	17
18 이방 땅에 대한 약속	18-21

B′(17:1–27) 언약 할례

내용	본문
7 하나님의 자기 확인	1-2
11 아브람이 예배하다	3
x 아브람이 개명되다	5
10 많은 후손에 대한 약속	4-7
12 땅에 대한 약속	8
13 언약 할례가 요구되다	9-14
x 사래가 개명되고, 아들이 약속되다	15-16
15 아브라함의 웃음	17
8 상속자가 제안되다	18
9 제안이 거부되고, 아들이 약속되다	19

16 이스마엘 사람들에 대한 예언	20
x 약속이 되풀이 되고, 결론 내려지다	21-22
14 언약 할례가 시행되다	23-26
18 이방인들이 할례받다	27

A′(22:1–19) 약속에 대한 정당화

내용	본문
1 명령	1-2
3 순종의 출발	3-5
5 제단, '두' 희생제사	6-14
2, 4 땅과 후손에 대한 약속	15-18
6 출발	19

내러티브의 각 네 섹션은 다음 섹션으로 이어진다. 아브라함이 자손을 가지게 될 것이라는 약속(A)에는 자녀가 없는 상태로 초조해지는 아브라함에 대한 묘사(B)가 이어진다. 종이 자신의 상속자가 될 것이라고 여기는 한 장(B)에는 이스마엘이 자기 상속자 될 것이라고 여기는 장(B′)이 이어진다. 할례로 나타나는 언약(B′)은 이삭의 '희생제사' 후에 한 맹세로 확증된다.[1]

아브라함 생애에 대한 사실을 일반적으로 많이 안다는 것이 내러티브에 전제된다(예, 사라 이외의 한 여자에 의한 이스마엘의 출생). 이것은 다른 자료를 통해 아브라함에 대해 일반적으로 아는 공동체에 자료가 회람됐다는 것을 의미한다. 이것은 이 네 본문이 개별 자료로서 함께 존재할 수는 없었다는 것을 의미하지는 않는다.

---

1 T. Desmond Alexander, "Genesis 22 and the Covenant of Circumcision," *JSOT* 25 (1983): 17-22는 창세기 22:15-18이 17장에 근거한다는 사실을 입증한다.

전체는 표 8.1에서처럼 교차대구의 구조로 함께 묶인다. 첫째(A), 아브람은 자기 아버지의 가정을 떠나라는 명령과 자신과 자기 후손을 하나님을 총애할 것이라는 약속을 듣는다. 아브람은 순종적으로 떠나고 자기 유산으로 가나안을 약속받으며 두 제단을 짓고 거류민으로 계속 이동한다.

다음(B)에서, 하나님은 아브람을 부르고, 자신을 아브라함의 '창'과 '보상'이라고 소개한다. 아브람은 자녀가 없는 것에 대해 불안한 상태에 있으며 자기 유산이 자기 종으로 가야만 한다고 한탄한다. 하나님은 아브람의 잘못된 전제를 고쳐주어, 곧 자신의 종이 상속자가 되지 않을 것이라고 하여 그에게 별보다 더 많은 후손을 약속한다. 아브람은 하나님을 믿는다. 그 후에 아브람은 약속의 확실성과 두 당사자 사이의 언약 협정에 대한 징표로서 희생제사를 드리라고 듣는다. 두려움이 아브람을 엄습하고, 아브람은 자기 후손이 4백 년 동안 이방 땅에 있을 것이라는 사실을 알게 된다. 하지만 하나님은 자신과 아브람 사이의 언약을 비준하고 아브람에게 많은 나라들에 대한 통치권을 약속한다.

언약식에 대한 또 다른 이야기가 이어진다(B′). 다시 한 번, 하나님의 자기 확인("나는 엘샤다이이다")과 약속으로 시작한다. 아브람은 이전에 하나님을 믿었던 것처럼 엎드려 경배하며 반응한다. 새로운 요소가 이야기에 들어오는데, 아브람은 아브라함으로 개명된다. 그는 다시 많은 후손과 가나안을 유산으로 약속받는다. 하나님은 아브라함에게 이전에 언약식을 위한 희생제사를 요구했듯이 언약 확인의 징표로 할례를 행하도록 명령한다. 그 다음에 하나님은 이전에 아브라함을 개명했듯이 사래를 개명하고 아브라함의 후손의 어머니가 될 것이라고 약속한다. 아브라함은 당황스러운 불신에 사로잡혔고 그는 이전에 미래의 공포에 빠져들었듯이 이 제안을 비웃는다. 그 다음에 아브라함은 이전에 종이 자기 상속자가 될 것이라고 여겼던 동일한 방식으로 이스마엘을 상속자로 제안한다. 하나님은 이전의 가정도 수정했듯이 이 제안을 거부하지만 이스마엘 사람들에 대해 약속하는데 이는 이스라엘 사람들에 대한 이전 약속과 비슷하다. 사라에 대한 약속은 반복되고 아브라함은 할례를 행한다. 마지막으로 아브라함의 가정에 있는 이방인들도 이방 땅에 대한 통치에 대한 이전 본문에서의 약속을 예기적으로 성취하는 것으로 여기며, 할례 의식을 행한다.

이야기는 아브라함에 대한 절정의 시험(A′)에서 약속에 대해 깊이 변호하는 것으로 마무리한다. (A)에 있는 상응하는 본문과 마찬가지로 이 이야기는 단순한 명령으로 시작하여 하나님의 자기 확인이 없다. 그리고 다시 한 번 본문은 가장 두드러지는 용어로 아브라함이 어떻게 단순히 하나님게에 순종하며 출발하는지를 묘사한다. 아이러니는 A가 아브라함이 어떻게 하나님에게 두 제단을 쌓았는지를 말한다. 하지만, 이제 아브라함은 한 제단을 쌓지만 두 번의 희생제사를 바친다. 첫째는 다행스럽게 중지된 이삭을 바치는 희생제사고, 둘째는 양을 바치는 실제 희생제사다. 아브라함의 순종에 대한 반응으로, 하나님은 많은 후손과 유산에 대한 약속을 다시 확인한다. 의식이 끝나자, A의 끝에서 했던 대로 아브라함은 떠난다.

이 네 본문을 단일 자료로 분리하는 것은 연결 고리가 네 본문 및 네 본문 밖의 본문 사이에 존재한다는 것을 부인하지 않는다. 결국 이 네 본문이 통합된 창세기로 편집됐다. 그리고 이것은 이 자료를 구전으로 전달하는 자들이 다른 본문에 묘사된 아브라함의 생애에 대한 다른 측면을 인식하지 못했다는 것을 의미하지도 않는다. 모든 징후는 이 네 본문이 단일 자료를 증거하고, 이 단일 자료가 인식할 수 있는 구조와 메시지를 지닌다는 것을 가리킨다. 우리는 이제 자료의 메시지와 의도와 장르를 다룰 차례다.

이전 비평 분석

위에서 확인된 자료는 고대 세계의 성경 밖의 문학에는 실제로 유사한 것이 없다. 사실, 이 자료는 구약 다른 어디에도 대등한 것이 없다. 확실히 구약에 이 자료와 유사한 것은 있다. 아마도 가장 유사한 것은 이스라엘 민족에게 심판 후의 구원을 약속하는 선지서에서 발견되는 '구원 신탁'일 것이다. 이 본문은 네 가지 에피소드의 역사적 기사며 신탁이 아니다.

이 자료를 설명하려는 이전 시도들은 만족스럽지 못하다. 문서설은 이 자료를 J, E, P 문서에서 온 조각들과 이야기들의 모음집으로 다룬다. 이 접근법에서, 창세기 12:1-9은 J와 P 조각들의 모음집이고 15:1-21은 E와 J 자료의 결합이다. 17:1-27는 P 내러티브이고 22:1-19는 일부 J 자료를 포함한 E 본문이다. 세 개별 문서들에서 나온 네 개의 개별 본문이 함께 이런 구조적 통일성을 보일 방식으로 세 개별 문서들(J, E, P)이 편집됐을 수 있다고 가정하는 것은 너무 상상력을 발휘한 것이다. 실제로 이 네 본문을 단일 자료로 온전하게 제시함으로 말미암아 문서설의 접근은 현실성이 떨어졌다.

이 네 본문에 대한 최근 양식비평적 연구도 만족스럽지 못하다. 예를 들어, 조지 W. 코우츠George W. Coats가 15:1-21과 17:1-27 사이에 어떤 연관성이 있다고 지적하는 것은 옳지만, 그는 두 본문을 대화로 분류한다.[2] 두 본문은 여호와와 아브라함 사이의 대화를 포함하지만, 양식이라는 의미(예, 플라톤의 대화)에서는 진정한 대화가 아니다. 또한 대화라는 용어가 어떻게 어떤 실제 의미를 전달하는지를 이해하는 것도 어렵다. 이 용어는 본문의 의도나 배경을 밝혀주지 못한다. 마찬가지로 클라우스 베스터만Claus Westermann은 15장과 17장을 약속 내러티브로 간주한다.[3] 이 장들이 약속을 포함하는 것은 분명하지만, 이 용어는 양식에 대한 명칭으로는 도움이 되지 않는다.

사실, 대화와 약속 내러티브라는 용어는 네 본문의 아브라함의 상속자의 필요성과 하나님과 아브라함 사이의 언약이라는 중대하고 중심이 되는 주제를 놓친다. 코우츠가 시도한 창세기 22장에 대한 분석은 특히 이 점에서 빈약하다. 코우츠는 전설(즉, 영웅적 행동에 대한 이야기)이라는 명칭을 사용하는

---

2 *Genesis: With an Introduction to Narrative Literature*, FOTL (Grand Rapids: Eerdmans, 1984), 122-27, 132-36.

3 *Genesis 12-36*: A Commentary, trans. John J. Scullion (Minneapolis: Augsburg/Fortress, 1985), 216, 254-55. 그는 또한 17장을 '대화'와 '하나님의 출현'이라고 부른다.

데, 이것은 순종의 중요성을 기념하려는 의도다.[4] 창세기 22장은 코우츠에게는 "이삭이 거의 희생할 뻔한 이야기가 아니라 아브라함의 순종에 대한 이야기"이며 시험이라는 용어를 사용한 것은 이삭이 "어떤 실제 위험에도 빠지지 않았다"는 것을 가리킨다.[5] 확실히 아브라함의 순종은 이 이야기의 중요한 측면이지만, 코우츠의 분석은 이야기의 중심에 있는 엄청난 긴장을 흐리게 만든다. 아브라함이 하나님에게 순종하고 이삭이 죽으면 상속자를 잃게 된다. 그리고 상속자를 잃으면 언약 자체는 무의미하게 된다. 1절의 시험이라는 단어는 이 긴장을 축소시키지 않는다. 우리는 시험이 이삭을 실제로 죽이는 것을 포함할지 미리 알 수 없다.

아브라함의 복음서

그러므로 아브라함 자료는 무엇보다 아브라함과 하나님 사이의 언약과 이 언약의 일부로 아들이자 상속자에 대한 약속에 초점을 둔다. 이 맥락에서 이 주제들을 조사할 때, 나는 이 자료가 아브라함의 복음서라고만 불릴 수 있다는 피할 수 없는 결론에 이른다.

이 자료를 복음서라고 지칭할 때, 물론 나는 이것이 모든 면에서 신약의 네 복음서와 비슷하다는 사실을 의미하지는 않는다. 이 자료는 명백히 신약의 복음서들의 많은 특징들과 병행을 이루지 않는다(예를 들어, 예수님의 가르침과 기적). 그럼에도 아브라함 자료와 신약의 복음서는 놀랍도록 유사하다. 유사함은 다음과 같다.

---

4 "Abraham's Sacrifice of Faith," *Interp* 27 (1973): 389-400.

5 앞의 책, 392.

아들 출생에 기초한 약속

신약은 약속이 성취될 수 있고 구원은 오직 하나님의 아들의 출생으로 올 수 있다는 확신이 지배적이다(요 1:14, 18; 롬 8:3). 모두가 이 사건에 대해 진술된다. 이런 이유에서 그 아들이 왔다는 기쁨이 본문에 스며들어 있다(눅 2:28-32). 이것은 아들이 올 때까지 기다림과 희망만 있을 수 있다는 개념을 강화한다.

마찬가지로 아브라함의 복음서에서 아브라함에게 한 하나님의 약속 모두는 아브라함이 일찍이 그에게 태어난 아들을 볼 것인지에 대한 질문에 달려 있다. 아브라함에게 아들이 계속 없다면 약속이 실제로 가치가 거의 없다고 말하는 게 지나친 것은 아니다(창 15:2).

아들의 기적적인 출생

신약은 예수님이 기적으로 태어났다고 가르친다. 하나님의 조치를 통해 마리아는 동정녀인데도 임신했다. 아브라함의 복음서는 이삭의 출생이 초자연적인 사건이라는 것을 보이려고 노력한다. 사라는 처녀가 아니었지만, 폐경된 지 오래됐고, 사실 평생 불임이었다. 아브라함이 처음에 신뢰하지 않았다는 점(창 17:15-18)이 이를 강조한다. 신약과 창세기 모두 아들의 출생이 하나님의 조치가 없이는 불가능했다는 것을 보여준다.

여기서 개관한 대로, 아브라함의 복음서는 이삭의 실제 출생을 묘사하지 않는다는 것을 주목하라(21:1-7; 웃음을 언급하는 것을 주목하라). 그리고 아브라함의 복음서는 사라에게 알리는 것도 포함하지 않는데, 여기에는 나중에 신뢰할 수 없는 웃음이라는 동일한 주제가 나온다(18:10-11). 6장에서 18:1-15이 양식상으로 롯의 조상 서사시에 속하고 21:1-7은 하갈의 서사시에 속한다고 지적했다. 하지만 또한 여러 역사적 자료는 동일한 사건을 자주 언급한다는 것도 지적했다. 그러므로 아브라함의 복음서는 현재 본문에 남아 있는 것보다 훨씬 많았을 수 있으며 또한 이삭의 출생에 대한 언급을 포함했을 수 있다. 내러티브에서 웃음이라는 문제는 이삭의 출생과 연결되는 주제지만

(그의 이름에 대한 언어유희) 양식 분석에서는 중요하지 않다.

그렇다 하더라도 현재 복음이 증거하는 원래 아브라함의 복음서는 명백히 사라에게의 출생 예고나 이삭의 출생을 명백하게 언급했다고 추측하는 것은 본질적이지 않다. 이 기사를 들은 공동체가 이삭이 태어났다는 사실을 알았다는 것만 추측할 필요가 있다. 이삭의 잉태의 기적적인 특성은 현재 아브라함의 복음서에서 충분히 드러난다.

언약 희생제사

모든 곳에서 신약은 희생의 행위로 묘사되는 예수님의 십자가에 못박힘을 하나님과 구속받은 공동체 사이의 새 언약의 개시로 간주한다. 예수님은 잔이 "내 피로 세우는 새 언약"(눅 22:20)이라고 선언할 때, 자신의 죽음의 희생적 중요성과 언약 맺음의 중요성을 기대했다. 이것은 성전 휘장이 찢어질 때(마 27:51), 하나님 자신이 인지한 유일한 행위였다.

창세기 15장에서 아브라함은 하나님의 명령에 따라 하나님에게 희생제사를 드린다. 그럼에도 이것은 다른 어떤 희생제사와도 같지 않은 희생제사였다. 왜냐하면 주님의 천사 자신이 불타는 횃불의 형태로 희생제물 사이를 지나갔고 본문이 밝히는 대로 "그 날에 여호와께서 아브람과 더불어 언약을"(창 15:18) 세웠기 때문이다.

언약식

신약에서 공동체는 잔과 빵에 참여할 때마다 그리스도와의 언약 유대를 떠올린다. 성찬식은 그리스도 자신과 공동체의 다른 구성원들과의 언약 결속의 기능을 지니면서 영원히 이행하는 의식으로서 그리스도가 명했다. 게다가 세례는 공동체로 받아들이는 표징의 역할을 한다.

창세기 17장의 할례 표징도 '언약의 표징'(11절)이라고 선언된다. 할례 표징은 결코 사라지지 않는다는 점에서 시작의 성격을 지니면서도(세례와 같이) 항구적이다(성찬과 같이). 이스라엘 사람들에게 할례 표징은 그들의 정체성이

자 하나님과의 관계를 선언했다.

언약 공동체의 소외

창세기 12장은 아브라함이 자신의 고향을 떠나라는 명령으로 시작한다. 이 명령은 즉각적으로 이방인이자 거류민 집단으로서의 언약 공동체라는 패턴을 확립한다. 그들의 정체성은 자신들의 고향에 있는 것이 아니라 고향에서 불러낸 하나님에게 있다. 동일한 주제가 신약에서도 발전된다. 새 공동체는 이 세상에 속하지 않는다. 곧 시민권은 하늘에 속한다. 이 세상에서 그들은 고난을 당한다. 그들은 어디에 있든지 만족하지만 어디도 고향은 아니다.

언약 공동체에 대한 시련의 약속

언약 관계를 시작할 때 하나님은 공동체에 대해 4백 년의 소외와 시련을 예견한다(15:12-14). 아브라함에게는 어둡고 묵시적인 순간이지만 계시록에서처럼 징벌은 공동체의 적을 위해 예견된다(14절).

신약 복음서는 묵시적 형상으로 가득하다. 전 세계가 흔들릴 때 제자들은 그때가 돼서야 그들의 구속이 가까워 온다는 것을 알 것이다(눅 21:25-28). 박해, 적그리스도, 격변과 순교는 모두 예상되는 것이지만 교회를 대적하는 짐승은 멸망당할 것이다.

언약 공동체를 위한 종말론적 희망

신약은 종말론적 희망에 기초한다는 사실은 말할 필요도 없다. 부활, 새 하늘과 새 땅, 영원한 생명에 대한 희망이 본문에 스며들어 있다. 하지만 종말론은 아브라함의 복음서에도 존재한다. 이 종말론은 부활한 세계의 종말론이 아니라 땅과 민족에 대한 약속이다. 언젠가 하나님은 공동체에게 유산으로서 더 큰 가나안을 허락할 것이며 공동체는 큰 민족이 될 것이다(창 15:18-21; 22:15-18). 이것이 공동체가 의지하는 희망이다.

아들의 불가해한 죽음

어떤 일도 하나님이 아브라함에게 자기 아들을 희생제물로 바치라고 하는 것보다 부조리한 것은 없을 것이다. 이런 생각에 대한 극도의 불쾌감과 오랫동안 기다려 얻은 아들에 대한 자연스러운 애정을 제외하고서도, 아들은 언약 약속의 바로 중심이다. 아들이 죽으면 언약은 공허하고 약속은 의미가 없다. 최고의 역설은 하나님 자신이 희생제물을 요구한다는 것이다.

예수님을 따르는 자들에게 예수님의 다가오는 죽음은 동일하게 불가해했다. 분명히 우리는 메시아가 자신의 사역을 완성하지 않은 채 죽은 것을 보려고 그렇게 오랫동안 기다린 것은 아니다(마 16:22)! 하지만 신약 본문을 헤아릴 때, 예수님의 죽음은 재앙이 아니라 메시아적 임무의 본질적인 요소라는 것을 깨닫게 된다. 동일하게 이삭의 '희생'은 시험이었음을 깨닫게 된다. 하지만 이것은 아브라함이 직면해야 했던 시험이었다. 이때는 믿는 자들의 아버지로서의 아브라함의 자리가 영원히 세워지는 절정의 순간이었다.

아들의 부활

신약은 그리스도의 부활로 그리스도의 승리를 찬양한다. 죽음은 정복되고, 종말론적인 희망이 확보됐다. 그리스도 자신은 첫 열매가 되며 그는 부활했기 때문에 공동체 구성원은 그들도 부활할 것이라는 사실을 확신할 수 있다.

아브라함의 복음서 역시 부활과 같은 것을 포함한다. 확실히 이삭은 실제로 죽임을 당하지 않았다. 하나님의 극적인 개입으로 그의 머리에 내려진 사형 선고가 중단된다. 이 순간은 아브라함의 후손이 그들이 직면할 어떤 곤경에도 생존할 것이라는 확신의 순간이다. 이 순간은 또한 영광스러운 미래에 대한 담보가 된다. 즉 "네가 이같이 행하여 네 아들 네 독자도 아끼지 아니하였은즉 내가 네게 큰 복을 주고 네 씨가 크게 번성하여 하늘의 별과 같게" 할 것이다(창 22:16-17). 이삭이 죽음에 직면하고 구원받았으므로 공동체도 역시 구원받을 것이라는 사실을 안다.

의도와 배경

여기서 아브라함의 복음서의 의도와 배경이 명백해진다. 이집트에 있는 이스라엘은 희망을 바로 복음 케리그마에 둔다. 이런 의미에서 이것은 분명히 복음이 된다. 언약과 약속과 거룩한 역사는 함께 구원을 기다리는 백성에게 희망의 메시지가 된다.

창세기 자료가 양식상으로 신약 복음서와 병행을 이룬다는 개념은 언뜻 보기에는 터무니없어 보인다. 그러나 여기서 의미하는 바는 문학적인 의존성이 아니라 정경 맥락에서 희망에 대한 신학적 진술, 복음이라는 것이다. 이런 가능성은 성경의 개별 본문과의 성경 밖의 비슷한 내용들에 대해 모두 말한 후에도 성경 자체가 단순히 고대 장르와 문학적 장르의 모음집 이상으로 남게 된다는 것을 전제한다. 창세기는 단일 책이며 정경이다. 창세기는 내적인 신학적인 병행 내용을 감안하는 내적인 신학적 역동성을 지닌다. 그 실상이 여기서 목격된 대로 이런 병행 내용들은 스스로 양식적으로도 병행이라는 것을 보여줄 것이다.

게다가 본문들이 이집트에 있는 이스라엘이라는 배경에서만 의미가 있다는 것은 분명하다. 이집트에서의 4백 년에 대한 예견은 정복한 후의 이스라엘 민족에게나 이것이 고대 역사가 된 심지어 바벨론 포로로 있는 공동체에게는 거의 가치를 지닐 수 없다. 복음은 사후 예언이 아니라 미래를 위해 위로와 희망을 준다. 그 이상으로 후손들이 별과 같이 많게 될 것이라는 약속은 아직 민족을 이루지 않은 사람들에게 가장 중요하다.

그러므로 이 저작은 기원을 알려주는 책이 아니라 복음서다. 우리는 많은 역사적 관심이나 신학적 관점에서 자료를 연구할 수 있지만 그들에게 이것은 아브라함의 복음서였다.

9장

요셉의 이주 서사시

창세기 연구에서는 창세기 37-50장의 자료에 대한 문제에 많이 주목해 왔다. 요셉의 이주 서사시는 전통적인 문서설의 분석에 쉽게 적합하지 않을지라도 대부분의 연구는 문서설의 계통에서 이뤄졌다. 하나님의 이름에 대한 기준은 완전히 실패했다. 즉 보통 J에 할당될 본문은 종종 엘로힘을 사용한다.[1] 그러므로 문서설의 분석은 일관되지 않다. 문서설의 분석은 내러티브를 J, E, P 조각들의 모음이나[2] P 조각들과 더불어 JE가 편집한 것으로 다룬다.[3] 다른 이들은 E와 J를 분리하려고 시도한다.[4]

---

1 John Skinner, *A Critical and Exegetical Commentary on Genesis*, 2d ed., ICC (Edinburgh: T. and T. Clark, 1930), 438-9. '여호와'는 창세기 37-50장에서 11회만 나온다. 즉 38:7(2회), 38:10, 49:18 그리고 39장에 7회 나온다.

2 Skinner, *Genesis*, 438-540. 참고, S. R. Driver, *An Introduction to the Literature of the Old Testament* (1897; reprint, Gloucester, Mass.: Peter Smith, 1972), 17-19 그리고 Robert H. Pfeiffer, *Introduction to the Old Testament* (New York: Harper and Brothers, 1941), 154-55, 169-70, 189.

3 Gerhard von Rad, *Genesis*, trans. John H. Marks (Philadelphia: Westminster, 1961), 343. Georg Fohrer, *Introduction to the Old Testament*, trans. David E. Green (Nashville: Abingdon, 1968), 147, 153을 또한 보라.

4 E. A. Speiser, *Genesis*, AB (New York: Doubleday, 1964), 287-360은 40-42장을 주로 E의 것으로 보는 것을 제외하고 창세기 37:2b-48:22의 상당 부분을 J의 것으로 할애한다.

요셉 내러티브의 자료에 대한 새로운 이론들

최근 비평가들은 요셉 내러티브에 대한 안내로서의 문서설을 포기하는 경향이 있다. 예를 들어, 도널드 B. 레드포드Donald B. Redford는 자신의 주요 연구에서 요셉 이야기들은 네 단계로 형성됐으며 모두가 문서설의 문서들과는 별개라고 결론 내렸다.[5]

첫 단계는 원래의 이야기로 이 이야기에서 (1) 르우벤은 홀로 형제들에게 요셉을 구하려고 하고, (2) 미디안 사람들인 구덩이에 있는 요셉을 우연히 만나고 그를 노예로 끌고 간다. (3) 요셉은 바로의 꿈을 해석할 때, 권력에 오르고, (4) 형제들은 기근이 발생했을 때 곡식을 사러 요셉에게 온다. 이 버전에서 유다가 아니라, 르우벤이 베냐민의 생명에 호소한다.

그 다음에 '유다 확장'이 원래 이야기에 추가됐다. 이 확장은 유다를 르우벤과 나란히 두거나 이야기의 '좋은 형'으로서 르우벤을 유다로 완전히 대체하고, 몇 가지 세부 내용(예, 이스마엘 사람들)을 추가한다.

저작의 성장의 셋째 단계로 여러 다른 추가 내용이 이야기에 들어간다. 가장 중요한 것은 보디발의 아내에 대한 이야기인 창세기 39장이다. 마지막으로 창세기 편집자는 전체를 현재의 형태로 편집했고, 창세기 38장과 49장을 포함해서 일부 중요한 내용을 추가했다.

레드포드가 문서설의 비평가들이 사용한 것과 동일한 방법을 사용했기 때문에, 그의 결론은 문서설만큼이나 만족스럽지 못하다. 레드포드는 때로 자신의 가설적 자료에 생기는 틈을 메우고자 세부 내용을 만들어내야만 했다(예, 원래 이야기에는 미디안 사람들이 구덩이에 있는 요셉을 우연히 만났고 르우벤이 요셉 앞에서 베냐민의 생명을 위해 중재했다는 점). 내러티브에 필수적인 것

---

5 *A Study of the Biblical Story of Joseph* (Genesis 37-50) (Leiden: Brill, 1970), 106-86. 레드포드는 자료를 찾는 데 문서설에서 사용된 것과 동일한 기준(전문 용어, 플롯 세부내용, 문체)을 사용하지만, 이 이론을 '골칫거리'(albatross)라고 부르면서 요셉 내러티브를 위한 가설 작업으로서의 이 이론을 거부하고 특히 J와 E를 분리시키는 것과 관련하여(레드포드는 P 편집을 허용한다) 많은 논증을 약화시킨다.

으로 보이는, 이야기의 다른 측면은 레드포드가 후대 추가물로 간주한다(예, 창 39장). 더 중요한 것은 레드포드가 '르우벤'과 '유다' 본문 사이의 자료 구분을 대신해 제시한 주장들은 조지 W. 코우츠by George W. Coats[6]가 지적한 대로 설득력이 없을뿐더러 레드포드가 재구성한 자료는 고대 근동의 패턴이나 양식에 상응하는 분별할 만한 구조를 가지고 있지 않다는 것이다.

코우츠는 요셉 이야기의 본래의 핵심이 창세기 39-41장이었다고 주장하고 이 장들은 '정치적 전설'로 확인된다고 제안한다. 더 나아가, 코우츠는 이 장들이 "미래 행정가들에게 권력을 사용하는 적절한 과정"을 입증하는 교훈적 기능을 가진다고 진술한다. 그는 정치적 전설의 삶의 정황이 왕실이라고 주장한다.

코우츠는 39-41장의 정치적 전설이 후대에 더 큰 요셉 내러티브에 결합됐다고 제안하는데, 이를 코우츠는 노벨라novella(중편 소설)로 분류한다. 코우츠는 이것이 어떻게 발생했는지 또는 왜 발생했는지를 설명하지 않고 요셉이 39-41장에서 지혜의 원형이지만 다른 장에서는 서투르고 속임수를 쓴다고 주장한다. 더 나아가 이것은 어떤 자료 구분이 표시된다는 것을 의미한다.[7]

코우츠의 분석은 문제가 있다. 첫째, 39-41장이 어떻게 미래 행정가를 위한 본보기 이야기로 기여할 수 있는지 이해하기가 어렵다. 이야기의 특정 요소들(강간이라는 거짓 고발로 인한 투옥과 꿈을 해석하는 놀라운 능력을 통한 고위직으로의 진급)은 젊은 관료가 되고자 하는 자들에게 요셉이 본보기로 역할을 하기에는 너무 특이하다.

---

6 르우벤이 원래 이야기에서 선한 형으로 나왔다는 레드포드의 주장(*Story of Joseph*, 132-35)은 특히 부자연스럽다. 야곱/이스라엘의 두 명칭이 자료비평 목적에 중요하다는 전제도 동일하게 의심스럽다. Coats, *From Canaan to Egypt* (Washington, D.C.: Catholic Bible Association, 1976), 69-72를 보라.

7 Coats, "The Joseph Story and Ancient Wisdom: A Reappraisal," *CBQ* 35 (1973): 285-97. Coats, *From Canaan to Egypt*, 19-32, 그리고 *Genesis: With an Introduction to Narrative Literature*, FOTL (Grand Rapids: Eerdmans, 1984), 276-84를 또한 보라.

게다가 39-41장 밖의 요셉은 코우츠가 주장하는 대로 거의 현명하지 못하다. 처음부터 요셉의 우월한 도덕적 자질과 행정적 자질은 그의 아버지가 형제들을 살펴보도록 신뢰한 데서도 내포된다(37:13). 또한 이집트에서 요셉이 자기 형제들을 속이는 일은 고대인들로서는 지혜롭지 못한 행위가 아니라 지혜로운 행위로 간주될 것이다. 이 행위는 형제들의 인품이 향상됐는지를 결정하려고 그들을 미리 시험한 것이었다.[8] 본문은 원한을 품고 한 일이 아니라는 점을 분명히 한다(45:1-15).

마지막으로 코우츠는 정치적 전설 또는 노벨라라는 용어가 고대 문학의 적절한 장르라는 사실을 확립하지 않는다. 이집트의 많은 지혜문학은 필경사의 저작을 찬양하고 미래 통치자들에게 조언을 주지만 코우츠가 창세기 39-41장에 대해 정의한 대로 '정치적 전설'이라고 분류될 수 있는 것은 없다. 요셉 내러티브에 대한 노벨라라는 용어는 많은 학자들이 선호하는 용어지만 역시 폐기돼야 한다.[9]

요셉 내러티브의 통일성과 장르

요셉 내러티브는 많은 교차대구의 요소를 포함한다(표 9.1을 보라). 요셉의 죽음을 다루는 기사(50:22-26)는 교차대구의 구조 밖에 있지만, 요셉 이야기의 일부로 보이며 에필로그로 간주될 수 있다. 있는 그대로의 본문은 명확한 통일성을 보인다. 이것은 교차대구의 구조 때문일 뿐만 아니라(다음 쪽의 도표를 보라) 전체 내러티브의 유기적 일관성 때문이다.

---

8 Robert E. Longacre, *Joseph: A Story of Divine Providence* (Winona Lake, Ind.: Eisenbrauns, 1989), 50-51을 보라.

9 제2장을 보라.

창세기 38장과 49장

사람들은 본문이 명백한 일관성과 통일성을 보인다는 사실에 거의 동의하지 않는다. 많은 이들은 특히 창세기 38장이 명백하게 삽입된 것이라고 간주하는데, 문맥과의 관계가 없기 때문이다.[10] 실제로 유다와 다말의 이상한 이야기는 요셉 내러티브의 움직임과 매우 이질적인 것 같으며 무언가 방해가 되는 것 같다. 하지만 창세기 38장은 이질적으로 방해하는 것이 아니다. 이것은 내러티브의 후반에 다시 다루게 될 내용의 배경 정보를 주려고 의도된 여담(삽입된 것이 아니라)이다.

창세기 37-50장의 중요한 하위 플롯은 야곱의 아들 가운데 누가 장자의 권리를 가지게 될 것인가 하는 문제다. 결국, 야곱은 열두 아들을 가지게 됐고, 열둘 가운데 누가 첫째로 간주되어야 하는가의 이슈는 사소한 것이 아니다. 이 주제는 주다 골딘udah Goldin이 자세히 분석했으며 여기 나오는 것은 그의 연구에 크게 의존했다.[11]

요셉 내러티브의 구조

A	요셉에 대한 형제들의 적개심(37:3-11)	
B	요셉의 외견상의 죽음, 야곱이 애도하다(37:12-35)	
C	유다와 다말 (38:1-26)	
D	부당한 반전	
	Da	베레스와 세라(38:27-30)
	Db	보디발의 아내와 요셉(39:1-23)
E	요셉의 지혜(40:1-42:57)	

---

10 von Rad, *Genesis*, 351. "모든 주의 깊은 독자는 유다와 다말 이야기가 엄격하게 구성된 요셉 이야기와 전혀 연관성이 없는데 요셉 이야기의 시작에 이제 삽입됐다는 사실을 볼 수 있다."

11 "The Youngest Son or Where Does Genesis 38 Belong," *JBL* 96 (1977): 27-44.

F 이집트로의 이주(42:1-46:7)

Fa 야곱이 형제들을 보내고, 형제들이 위협당하다

야곱이 베냐민을 두 번째 여행에 보내다

Fb 형제들이 요셉에게 속고, 이집트 부하에게 체포당하다

요셉이 자신을 드러내다

Fc 야곱이 이집트를 향해 출발하다

G 족보(46:8-27)

F′ 이집트에서의 정착(46:28-47:12)

F′a 야곱이 이집트에 도착하지만 유다를 먼저 보내다

F′b 요셉이 야곱을 환영하고, 그를 바로에게 소개하다

F′c 야곱이 라암셋으로 이동하다

E′ 요셉의 지혜(47:13-26)

D′ 부당한 반전

D′a 야곱이 요셉을 총애하다(48:1-12)

D′b 에브라임과 므낫세(48:13-22)

C′ 유다에 대한 축복에서의 아이러니(49:8-12)

B′ 야곱의 죽음, 요셉이 야곱을 장사지내다(49:29-50:14)

A′ 요셉이 형제들에게 재확신을 주다(50:15-21)

장자의 권리를 받는 명백한 아들은 실제 장자인 르우벤이지만, 르우벤은 용서받지 못할 짓을 한다. 그가 형제들을 실제로 지배할 것이라고 형제들에게 증명하려는 노력에서 그는 야곱의 첩 빌하와 동침한다(35:22).[12] 본문이 "이스라엘이 이를 들었더라"라고 비밀스럽게 가리키듯이 계획은 역효과를 낸

12 아버지의 첩과 동침했다는 것은 그가 아버지를 대신했다는 것을 의미한다. 이것은 성적인 욕망의 행위가 아니었다. 사무엘하 16:21-22와 열왕기하 2:20-22를 참고하고 Goldin, "The Youngest Son," 37-38을 보라.

다. 이때부터 계속 야곱은 르우벤을 결코 총애하지 않았다. 이것은 르우벤의 혐오스러운 행위 때문만이 아니라 르우벤은 야곱이 결코 원하지 않은 여자인 레아의 아들이기 때문일 것이다. 대신에, 야곱은 장자의 권리를 자기가 사랑한 라헬의 첫 아들인 요셉에게 줄 것이라고 암시한다(37:3).

매우 어린 요셉에게 맡기는 것은 모든 형제들에게 참을 수 없는 일이었지만 특히 후계에서 밀려난 르우벤에게 더더욱 참을 수 없는 일이었다. 그럼에도 형제들이 마침내 요셉을 향한 증오를 드러내고 그를 죽이고자 계획할 때(37:12-20), 르우벤은 이것이 자기 아버지의 은혜를 되돌리는 기회로 본다. 그는 요셉을 구하고 "그의 아버지에게 돌려 보내려"(22b) 할 것이다. 그러나 이것은 르우벤에게는 선의의 행위가 아니라(레드포드와는 반대로), 그가 형제들 가운데 처음이 되려는 계략 때문이라는 것을 이해하는 것이 중요하다.[13]

계략은 실패한다. 유다는 르우벤이 없을 때, 요셉을 이스마엘 사람/미디안 사람들[14]의 상인들 무리에 팔자고 설득하고 그리하여 르우벤에게서 영웅처럼 보일 기회를 빼앗는다. 유다가 르우벤의 전략을 알아차리고, 그를 방해하고자 팔기로 제안했는지(골딘이 주장하는 대로)[15] 또는 단순히 자비에 의한 조치였는지는 분명하지 않다. 어쨌든 26-27절의 유다의 말은 죄책감과 자비의 감정을 내포한다. 유다가 원한 것이 르우벤의 계획을 망치는 것뿐이라면 유다 자신이 요셉을 구하고 야곱에게 되돌려주었을 수도 있거나 요셉을 바

---

13 랍비 문헌은 이것을 르우벤의 외견상의 동정 배후에 있는 이유라고 이해했다. Goldin, "The Youngest Son," 40을 보라.

14 상인들이 이스마엘 사람들이었는지 미디안 사람들이었는지의 문제는 잘 알려졌지만 이는 문서설 분석에서는 핵심이 됐다. 문서설에 반대하여 우리가 이해하지 못하는 의미가 있지 않다면, 바보 같은 편집자만이 이런 명백한 모순을 남겨두었을 것이라는 사실이 지적돼야 한다. '이스마엘 사람들'과 '미디안 사람들'이 두 가지 다른 자료를 나타내며 편집자는 편집할 때 한 이름이나 다른 이름을 선택하려고 하지 않았다는 개념은 유지되지 않을 것이다. 본문의 어떤 종류의 문서 분석에서도 편집자는 자료에 대해 엄청난 양을 선택하기도 감추기도 했다. 이것은 단순히 초기 본문의 훼손일 뿐이지만, K. A. Kitchen, *Ancient Orient and Old Testament* (Chicago: Inter-Varsity, 1966), 119-20, 123은 두 용어 사이에 의미론적으로 겹치는 부분이 있다고 주장한다.

15 "The Youngest Son," 42.

로 죽였을 수도 있다. 요셉이 사라졌을 때의 르우벤의 당혹스러움은 능숙했다. 르우벤이 "내가 무엇을 할까?"(37:30)(개역개정, "나는 어디로 갈까?"-옮긴이)라고 부르짖을 때, 함축된 의미는 그가 야곱의 총애를 얻을 황금같은 기회를 잃었다는 것이다. 그 후에, 르우벤은 처량한 인물이 된다. 르우벤은 42:22에 다시 나오는데 거기서 그는 약한 모습으로 "내가 …라고 하지 아니하였더냐"라고 형제들에게 말한다. 그 다음에 42:37에서 르우벤은 형제들이 이집트로의 둘째 여행에서 베냐민을 데려가도록 허락해 달라고 야곱을 설득하려 한다. 르우벤이 베냐민을 안전하게 데려오지 못한다면 야곱이 자기 아들들(야곱의 손자들)을 죽여도 된다는 제안은 지나치다. 골딘은 "절박한 사람만이 이런 언어를 사용한다"고 옳게 지적한다.[16] 야곱은 그 호소를 고려하지 않고 제쳐놓는다.

마지막으로 야곱은 죽음을 맞이하여 '축복'할 때 르우벤을 꾸짖는다. 르우벤은 실제로 장자였고 그에 따르는 모든 명예를 물려받았어야 했지만, 아버지의 첩과 동침하는 혐오스러운 행위로 인한 그의 충동적인 권력욕이 간과될 수 없다. 르우벤은 거부당한다(49:3-4).

시므온과 레위는 혈통상으로 르우벤 다음의 두 형제들이지만 그들은 이미 창세기 34장의 사건에서 그들의 행동 때문에 배제됐다(49:5-7). 유다가 그 다음이다.

본문은 유다를 묘사할 때 좋지 않은 내용에서 더 좋은 내용으로 점차 옮겨간다. 요셉을 파는 데 있어서 유다의 역할은 비난을 면할 수는 없겠지만 최소한 그로서는 연민은 보인다(37:26-27). 그의 두 아들, 엘과 오난[17]은 너무

16 앞의 책, 41.

17 중요한 주변 내용으로 오난 이야기가 또한 장자의 권리 문제와 관련된다는 것이다. 오난의 죄는 그가 이상한 성관계에 관여했다거나 원시적인 출산 통제 기술을 시행했다는 것이 아니라 그는 자기를 위해 장자의 권리를 취하려 시도했다는 것이다. 엘이 죽은 후 오난은 엘에게 어떤 '아들'도 태어나지 않는다면 유산이 자신의 것이 될 거라는 사실을 알았다. 다말에게서 태어난 아이는 생물학적으로는 오난의 자녀이지만, 그 아이가 엘의 자녀가 될 것이라는 법률상의 의제는 매우 중요했다. 유산은 오난의 것이 되지 못하고 엘의 이름으로 될 것이다(38:9).

악하여 여호와가 그들을 죽였지만(38:7-10), 유다는 다말에게 아들들의 죽음을 잘못 탓하고 유다의 셋째 아들, 셀라가 낳을 아들을 기를 권리를 거부한다. 하지만 유다 자신이 다말을 임신하게 한 후 다말이 아니라 자신이 잘못을 했다고 인정한다(38:26).

이 사건 후에 유다는 형제들의 지도자로 대두하기 시작한다. 43:3-10에서 야곱은 르우벤을 무시한 후에 유다의 말을 듣고 형제들이 둘째 여행에서 베냐민을 데려가도록 허락한다. 이것이 전부는 아니다. 유다는 베냐민에게 어떤 해라도 닥친다면 자기 목숨을 다해 야곱 앞에서 비난을 감수하겠다는 서약으로 기꺼이 장자의 권리를 받은 자로서의 자기 지위를 걸고자 한다(43:9). 요셉이 베냐민에게 죄를 씌운 후 유다는 베냐민을 풀어달라고 호소하고, 자신이 대신 갇히겠다고 제안한다(44:16-34). 마지막으로 야곱 자신은 이집트로 이주할 때 길을 준비하도록 미리 가는 임무를 유다에게 맡긴다(46:28). 유다는 장자의 위치를 떠맡아 왔다.

이 이야기에서 창세기 38장의 자리는 어떻게 되는가? 해결의 열쇠는 다말의 두 쌍둥이 아들인 베레스와 세라의 출생 기사에 있다. 이 이야기에서 세라는 자신의 손을 먼저 내밀고 당연히 장자가 됐다. 붉은 실이 그의 손목 주위에 묶였다. 하지만 모두가 놀랍게도 그의 동생 베레스가 실제로 세라보다 먼저 태어났고 따라서 둘 가운데 장자가 됐다.

이 이상한 사건은 하나님이 베레스를 그 자리에 선택했다는 징표다. 이 사건은 이삭과 야곱의 패턴을 따르는데, 둘 가운데 어느 누구도 장자가 아니지만, 둘 다 하나님의 선택으로 그 자리를 얻었다. 하나님이 어린 아들을 선호한다는 이 현상은 다윗의 선택에서처럼 성경에서 거듭 나온다(삼상 16:11-12).

베레스와 세라의 에피소드의 중요성은 야곱과 에서의 이야기와의 병행 내용에서도 내포된다. 두 경우에 쌍둥이가 관련되며 장자권을 얻을 것이라고 기대됐지만 그것을 잃은 자는 붉은 색과 관련된다(창 25:25; 38:30). 자신의 할아버지 야곱과 마찬가지로 베레스는 먼저 달려들어 자기 형의 자리를 빼앗는다.

그러므로 요셉 내러티브에 대해 창세기 38장이 중요한 것은 창세기 38장이 자료상으로 유다가 어떻게 장자의 지위를 얻었는가에 대한 이야기에 실질적으로 기여한다는 것이다. 베레스와 세라의 이상한 출생은 더 어린 아들을 특별히 총애한다는 패턴을 따르면서 선택된 혈통의 기적적인 역사가 이제 열둘 가운데 유다에게 홀로 왔다는 표징이 된다.

이것은 야곱이 요셉의 아들들을 축복하고(창 48장) 유다를 축복하는 데서도(49:9-12) 확증된다. 야곱이 요셉을 깊이 사랑하기 때문에 특별한 축복을 요셉에게 전하고 싶어 한다. 야곱은 이것이 오직 더 어린 아들에게 하나님의 총애가 간다는 패턴이 이어진다면 성취될 수 있다는 것을 안다. 그러므로 야곱은 축복할 때 자신의 손을 교차시키고 더 어린 에브라임에게 특별한 총애를 보인다.

하지만 야곱이 자신의 열 두 아들 각각에게 복을 빌어줄 때에(창 49장), 그는 베레스와 세라의 특이한 출생에서의 하나님의 선택에 대한 표징을 거스를 수 없다. 장자의 참된 자리가 유다에게 허락된다. 유다의 형제들은 유다를 찬양하고 그에게 절하며 규는 그에게 속할 것이다(49:8, 10). 특별한 보상이 요셉에게 약속되지만(49:22-26), 장자의 권리는 약속되지 않는다. 그러므로 창세기 38장과 49장이 창세기 37-50장의 이야기에 필수적이라는 것은 논란의 여지가 없다. 이 두 장이 없다면 요셉 내러티브의 주요 하위 플롯은 완전하지 못하게 될 것이다.[18]

유다를 제외한 모든 형제들에 대한 축복(49:1-7, 13-28)은 교차대구의 첫 부분에서 대응하는 내용이 없다는 점은 이전에 언급했다. 이에 대한 이유는 이제 명백하다. 창세기 38장과 49:8-12 모두는 유다가 어떻게 장자의 자리

---

18 창세기 38장이 문맥에 어떻게 들어맞는지에 대한 다른 징후에 대해, Coats, *Genesis*, 273을 보라. 코우츠는 연대기적으로 창세기 38장이 현재 있는 곳에만 잘 들어맞으며, 창세기 38장은 요셉 내러티브의 핵심 단어와 공유한다고 옳게 지적한다. 이것은 이전의 코우츠의 연구 *From Canaan to Egypt* 18 n. 3과는 입장이 바뀐 것 같다. 그 이전 연구에서 코우츠는 "물론 창세기 38장은 요셉 이야기에서 본질적인 요소가 아닌 것은 분명하다"라고 언급한다.

를 얻었는지에 대한 이야기와 관련 있다. 우리는 창세기 38장과의 병행 내용들이 49:1-7, 13-28에 나오기를 기대하지 않을 것이다.

다른 가능한 외부 자료

창세기 37-50장의 통일성은 다른 곳에서도 명백하다. 창세기 38장과 49장 이외에도 부차적인 것으로 간주될 수 있는 다른 에피소드들도 하위 플롯이기는 하지만, 이야기에 필수적이라는 것을 알 수 있다. 예를 들어, 창세기 47:1-27는 바로와 야곱의 만남 및 요셉의 행정적인 성공에 대한 기사를 포함하므로, 내러티브의 외부에도 있을 것 같다.[19]

브라이언 알렉산더 맥켄지Brian Alexander McKenzie는 하나님이 자신이 택한 자를 축복하는 자를 축복한다는 신학적 주제(창 12:3a에서 처음 만난)를 이 장이 발전시켰다는 사실을 입증했다. 특히 야곱은 자신의 주인 바로(47:10)에게 축복을 선언하고 요셉은 유능한 관리를 통해 바로를 부요하게 한다(47:13-26). 이 주제는 이 장과 분리되지 않는다. 창세기 39:3은 하나님이 요셉을 보디발의 집에서 높은 자리로 높여 보디발을 번성하게 했다고 이미 지적한 데서도 드러난다.[20] 그러므로 내러티브는 두 번째 하위 플롯을 발전시키는데 이는 족장들에게 호의를 베푸는 자들에게 하나님이 역시 호의를 베푼다는 것이다.

---

19 폰라트의 13-26절의 자료에 대해 당혹해 하는 것을 보라. 폰라트는 이것이 "나중에 추가된 것"일 수 있다고 제안한다, *Genesis*, 403.

20 Brian Alexander McKenzie, "Jacob's Blessing on Pharaoh: An Interpretation of Gen 46:31-47:26," *WTJ* 45 (1983): 386-90.

이주 서사시로서의 창세기 37-50장

창세기 37-50장이 단일 단위로 다뤄진다면 이것이 확인 가능한 장르로 되어 있는지에 대한 질문이 남아 있다. 이 질문에 대한 응답의 실마리는 이스라엘이 이집트로의 이주라는 내러티브의 주요 줄거리에서 발견된다.

여러 이동 이야기가 고대 세계에서 온다. 이 가운데 최소한 세 가지 독특한 유형이 명백하다. 첫째 유형은 '여행과 회귀'인데, 여기서 영웅은 여행차 떠나고 위험을 만나며 이상한 것들을 보고 듣고 고향으로 돌아온다. 이런 유형의 예는 이집트의 중왕국의 '난파된 선원의 이야기'[21]와 후기 이집트의 '베나문Wenamun의 보고'[22]를 포함한다. 여행과 회귀의 하위 장르는 '탐험'인데, 이는 『길가메시 서사시』*Epic of Gilgamesh*에서의 영원한 생명의 식물을 찾아 탐험하는 것과 그리스 신화의 영웅적인 탐험과 같다. 여행과 회귀는 『길가메시 서사시』와 '난파된 선원의 이야기'와 같이 신비적이고 허구적일 수 있고, '베나문의 보고'와 같이 역사적일 수도 있다.[23]

둘째 유형은 '귀향 내러티브'다. 이것은 이미 고향에서 떨어진 영웅으로부터 시작된다는 점을 제외하고는 첫 유형과 같다. 영웅과 그의 동료들은 그들이 돌아올 때 자연과 초자연의 장애물에 맞서 싸워야만 한다. 예로는 호머의 『오딧세이』*Odyssey*와 크세노폰Xenophon의 『아나바시스』*Anabasis*가 있다.[24] 『오딧세이』에서 영웅이 접하는 장애물은 대부분 신비적이며 초자연적이다. 『아나바시스』는 정통 역사다.

---

21 본문에 대해, Miriam Lichtheim, *Ancient Egyptian Literature*, 3 vols. (Berkeley: University of California Press, 1973), 1: 211-5를 보라.

22 앞의 책, 2:224-30.

23 이것은 '베나문'(Wenamun)이 과장을 포함한다는 것을 부인하는 것이 아니다. *ANET*, 25에서의 서문을 보라.

24 『아나바시스』(*Anabasis*, 고대 그리스의 군인이며 역사가인 크세노폰의 대표작-옮긴이)는 군사 원정에서의 보고로 분류될 수 있다. 참고, 디글랏 빌레셀 1세의 시리아, 레바논, 지중해 원정에 대한 보고, *ANET*, 274-75.

셋째 범주는 '이주 서사시'라고 불리는 것이다. 이것은 사람들이 어떻게 그들 자신을 발견하게 된 땅에 있게 됐는지에 대한 이야기를 들려준다. 이야기는 한 무리의 사람들의 이주와 관계되지만 한 영웅적 인물이 서사시의 중심에 있다. 어떤 재앙으로 인해 사람들이 이전 고향을 떠나게 되면서 이주가 일어나며, 다양한 위험이 이주를 성공적으로 마치는 데 위협을 가한다. 두 가지 예로는 창세기의 요셉 내러티브와 베르길리우스Virgil의 『아에네이드』*Aeneid*가 있다.

『아에네이드』는 요셉 내러티브와는 아주 거리가 멀지만 두 기사 모두 사람들이 어떻게 자신들의 환경에 놓이게 됐는지를 묘사한다(이탈리아에서의 로마인들, 이집트에서의 이스라엘 사람들). 다시 말해서 두 저작 사이에 어떤 영향이나 의존에 대한 역사적 흐름을 도출할 수 없지만 두 저작이 어떤 면에서는 공통 문학의 범주에 속한다는 점에서 관련이 있다.[25]

두 저작은 실제로 많은 특징을 공유한다. 두 저작에서 재앙으로 말미암아 이주가 시작된다. 『아에네이드』에서 이 재앙은 트로이의 몰락이다. 요셉 내러티브에서 재앙은 요셉을 노예로 팔고 나중에 전 세계적인 기근이 발생했다는 것이다. 두 저작에서 성공적인 이주에 대한 위협이 묘사된다. 『아에네이드』에서 위협은 아에네아스Aeneas와 그를 따르는 자들에 가해진 직접적인 위협과 유혹(예, 디도)이다. 요셉 내러티브에서 위협은 이중적이다. 첫째 위협은 요셉 자신에게 가해진 직접적인 위협과 유혹(예, 보디발의 아내)이다. 청중은 요셉을 잃게 되면 이집트로 이주할 어떤 희망도 그와 함께 사라진다는 것을 안다. 둘째 위협은 형제들에게 가해진 역설적인 위협인데, 곧 위협이 실제가 아니라 요셉이 형제들을 시험하려고 계획됐다는 점에서 역설적이다.

두 저작에서 미래에 이야기의 사람들에게 무엇이 마련되는지에 대한 암시가 있다. 주피터Jupiter는 명백하게 『아에네이드』에서 로마의 영광스러운 미래를 예견하고(1.278-91) 아에네아스Aeneas의 아버지 안키세스Anchises는

---

25 많은 다양한 면에서 두 저작은 물론 매우 다르다.

아에네아스에게 미래 로마 영웅의 가장 행렬을 보여준다(6.752-83). 요셉 내러티브는 요셉의 아버지 야곱이 하는 축복에서 절정에 다다르는데(창 48-49장), 여기서 유다는 장자의 권리를 받는다. 또한 두 저작에서 영웅의 생애에서의 에피소드들은 다가올 어려움에 대한 전조가 되며 두 저작은 오히려 씁쓸한 언급으로 마무리한다. 아에네아스와 디도Dido 사이의 깨진 연애(제4권)는 포에니 전쟁의 냉혹한 역사를 미리 보여주고 보디발의 아내가 요셉을 거짓 고발하는 사건은 이스라엘 사람들이 이집트에서 경험하게 될 부당한 적대감에 대한 전조가 된다. 『아에네이드』는 로마 역사의 잔악성에 대한 고발에서, 아에네아스가 튀르누스(Turnus)를 잔혹하게 살해하는 것으로 끝난다. *hoc dicens ferrum adverso sub pectore condit / fervidus. ast illi solvuntur frigore membra / vitaque cum gemitu fugit indignata sub umbras.*[26] 그러나 요셉의 이주 서사시는 이집트에서의 무덤으로 끝나는데 이는 이스라엘 백성의 매장된 상태를 상징한다.

마지막으로 『아에네이드』와 요셉의 이주 서사시는 정교한 시적인 구조로 구성된다. 『아에네이드』는 병행을 이루는 두 가지 주요 두 부분(제1-6권과 7-12권)으로 읽힐 수 있는 반면,[27] 요셉 네러티브는 이미 묘사된 대로 교차대구의 구조를 이룬다. 장르 자체는 정의에 의해 역사적이거나 신화적이거나 허구적이지도 않는다. 여행 이야기의 다른 유형에서와 마찬가지로 어느 것이든 될 수 있다. 요셉의 이주 서사시는 문학적인 근거에서 비역사적인 것으로 일축될 수 없다.

오히려 요셉 내러티브는 신화적 『아에네이드』와는 역사적 대응물인 것 같다. 요셉 내러티브는 『아에네이드』에서 제시되는 신화적 역사가 완전히 없

---

26 R. D. Williams, ed., *The Aeneid of Virgil* (Glasgow: St. Martins, 1973)에서 온, *Aeneid* 12.950-2. 이 행들은 다음과 같이 번역될 수 있다. "이것을 불타는 분노로 말하면서 그는 칼을 직접 짐승 아래로 찔렀다./ 하지만 공격받은 영혼이 아래 그늘로 신음하며 도망할 때 / 손발이 차가워지고 풀렸다."

27 Williams, *The Aeneid xix-xx*을 보라.

을 뿐만 아니라, 베르길리우스의 저작에서 발견되는 사후 예언도 없다. 베르길리우스의 저작에 있는 로마의 발흥에 대한 예언은 자세히 기록되고 명백하다(1.266ff.). 제6권의 가장 행렬은 공화국의 영웅들 이외에도 알바누스Alban와 로마 왕들을 언급할 뿐만 아니라, 명백하게 로물루스Romulus, 아우구스투스Augustus, 시저Caesar, 브루투스Brutus, 폼페이Pompey를 분명히 언급한다.[28]

이와 같은 것이 조금도 야곱의 축복에는 나오지 않는다. 사실 명백한 예언은 거의 없다.[29] 그와는 반대로, 야곱의 축복은 때로 앞을 내다보기보다는 뒤를 돌아보며[30] 이미 가나안에 정착한 이스라엘에게서의 사후 예언으로 읽힐 수 없다. 많은 축복은 야곱의 아들들과 그들의 동일한 이름의 부족으로 확장된 데 대한 일반적인 특징을 묘사하는 것일 뿐이며 예언적이라고 거의 불릴 수 없다.[31] 심지어 일종의 예언이 있는 곳도 그 언어는 종종 너무 일반적이어서 사후 예언으로 정의될 수 없다. 유다에 대한 축복은 다윗 이전의 논쟁이라는 징후를 보이지 않는다. 단순히 유다가 장자의 권리를 가지며 다윗에 대한 어떤 암시도 포함하지 않는다.

역사적인 질문 이외에도 여행 기사는 여행과 회귀이든 귀향의 내러티브이든 이주 서사시이든 고대 문학 유형에서 한 자리를 차지하며 요셉에 대한 자료는 이주 서사시로 분류될 수 있다. 이것은 요셉의 이주 서사시가 어떻게 원래 청중에게 특별한 메시지를 전달하는 이야기로 기능을 하는지에 대한 문제로 이어진다.

중심 플롯은 이스라엘이 어떻게 이집트에 있게 되었는가에 관한 것이다.[32] 형제들은 요셉을 노예 상인에게 팔고 다시 요셉은 연속되는 불행에도 이집트의 고위 관료직에 오르고 이집트가 다가올 기근에 대비하도록 준비시킨

---

28 예, 6.792: *Augustus Caesar, divi genus*, …

29 창세기 49:13은 명백한 예언의 한 예다.

30 예, 시므온과 레위에 대한 창세기 49:5-7.

31 참고, 특히 잇사갈, 단, 아셀, 납달리, 베냐민에 대한 축복들.

32 이것은 책에서의 하나님의 섭리라는 주제의 중요성을 부인하는 것이 아니며 이 주제는 Longacre, *Joseph*, 42-56에서 묘사된 주제다.

다. 이때 형제들은 곡식을 사러 이집트에 왔을 때 요셉을 만나야 하는데 요셉은 형제들의 인품이 변했는지 알아내기 위해 그들을 시험한다. 요셉은 유다의 사심 없는 발언에 깊이 감동을 받아 자신을 드러내고 모든 가족이 이집트에 이주하도록 초청한다. 야곱과 요셉은 재회하고 야곱은 죽기 전에 모든 아들들에 대한 마지막 족장으로서 선언한다. 그 다음에 야곱은 죽고 야곱 뒤에 요셉도 죽는다.

하지만 서사시는 역시 이스라엘 사람들이 실제로 거류민이고 이집트는 그들의 항구적인 고향이 될 수 없다는 사실을 지적한다. 야곱이 이집트에 장사되기를 거부하는 것과 이스라엘이 마침내 떠날 때 요셉의 뼈를 같이 가지고 가라는 엄숙한 맹세를 하는 것(50:24-25)은 이스라엘 사람들이 결코 이집트에 동화될 수 없는 이방인이라는 사실을 보여주는 데 기여한다.

동시에 이주 서사시는 이스라엘 사람들에게 그들이 이집트에 머무는 한 그들은 거기에 있을 권리가 있다는 사실을 말해준다. 이스라엘 사람들은 몰래 이집트에 들어온 난민이 아니다. 그들은 바로 자신에게서 환영받았고 땅을 하사받았으며(47:11), 그들의 조상들은 최고의 영예를 받았다(41:41-43; 50:7-9). 이집트 사람들은 그들을 침략자로 다룰 권리가 없다. 그와는 반대로, 하나님이 자기 백성을 축복한 자들을 축복한다는 하위 플롯은 이집트가 계속 환대와 친절로 이스라엘을 대우한다면 더 형편이 좋아질 것이라는 것을 의미한다.

서사시의 또 다른 하위 플롯은 유다가 어떻게 장자의 권리를 얻었는가에 대한 이야기다. 그들의 문화에서 이 질문의 중요성을 고려할 때 그것은 들려져야 할 이야기였다.

이주 서사시 배후에 있는 가능한 자료들

요셉의 이주 서사시는 길고 복잡한 저작이다. 고려해야 할 질문은 개별 자료들이 서사시 내에서 발견될 수 있는가 하는 것이다. 역사의 어떤 단계에서 이 자료에 대한 출처는 존재했음이 틀림없다는 것은 말할 필요도 없지만 이 출처들이 무엇인가를 확신 있게 확립하는 것은 또 다른 문제다. 이주 서사시의 통일성은 너무나 탄탄해서 그것을 분해하기가 거의 불가능하다.

우리가 한때 독립적으로 존재했을 것 같은 자료를 조상 서사시에서 제거하기를 원한다면 족보(46:8-27, 톨레돗 자료)는 부차적인 것으로 간주될 수 있다. 이것 이외에는 창세기 38-39장과 축복(48-49장)이 가능한 후보다. 우리는 또한 요셉의 행정적인 지혜 기사(47:13-26)와 야곱과 요셉의 죽음에 대한 기사가 한때 일종의 독립적인 이야기로 존재했다고 추측할 수 있다. 이 모두는 추측일 뿐이다. 그렇지 않다면 본문은 너무나 밀접하게 함께 묶여 있어서 자료들을 분리하려는 추가적인 시도는 의미가 없다. 실제로 우리가 말할 수 있는 것은 어떤 단계에서 서사시에 대한 자료가 존재했음이 틀림없다는 것뿐이다.

다른 추측할 수 있는 주제는 이주 서사시가 현재의 형태에 (다소간) 편집됐을 때에 대한 것이다. 모세의 편집은 온전히 형성된 이주 서사시를 받아서 단순히 원 창세기Urgenesis의 본문에 그것을 추가했는가 아니면 모세 자신이 대량의 개별 자료들을 이주 서사시로 편집하고 그 다음에 전체를 원 창세기에 결합시켰는가? 말하기는 불가능하지만, 나는 이주 서사시가 모세 시대 이전에 일부 인식할 만한 양식으로 존재했었으나 모세는 전체 역사를 원 창세기의 본문에 포함시키기 전에 실질적으로 재편집하고 기록했다고 믿고 싶다.

한 가지 중요한 것은 이주 서사시가 창세기의 더 큰 구조의 두 부분을 구성한다는 것이다. 이주 서사시는 요셉 사이클(37:1-46:7)과 해결(46:28-50:26)을 모두 포함한다.

창세기 37-50장의 이야기들이 한때는 개별 자료로 존재했었는가 하는 질문은 오직 추측에 의해서만 답할 수 있다. 특이한 것은 창세기 37-50장이 탄탄히 짜인 통일을 이루며 너무나 명백한 목적을 두고 있어 이주 서사시로 지칭될 수 있다. 훨씬 특이한 것은 어떻게 완벽하게 창세기의 나머지에 결합되어 전체 저작이 전체 책의 조상 서사시 구조를 완성하게 되는가 하는 것이다.

제3부

창세기의 저작권과 작성

10장

—

창세기 1장과 원시 역사

원시 역사의 구조와 그 구조의 함의

위에서 입증했듯이 창세기 1-11장의 구조는 표 10.1에서와 같다.

표 10.1

A. 창조(1:1-2:3)
- 하나님의 사역 요약
- 인간 창조

B. 첫 위협(2:4-3:24)
- 하늘과 땅의 족보
- 아담과 하와

C. 둘째 위협(4:1-26)
1. 가인과 아벨, 족보
2. 라멕의 조롱(족보에서)

D. 마지막 위협(5:1-9:29)

족보

노아 홍수, 방주의 구원

E. 해결(10:1-11:32)

족보

바벨탑과 흩어짐, 족보, 아브람이 우르를 떠나다

이 표는 다음의 책에 나오는 표를 수정한 버전이다. Isaac M. Kikiwada and Arthur Quinn, *Before Abraham Was: A provocative Challenge to the Documentary Hypothesis* (Nashville: Abingdon, 1985), 47-48.

5장에서 기술한 대로 창세기 1-11장의 본문은 창세기의 여러 다른 본문뿐만 아니라, 아트라하시스의 신화에서 발견되는 조상 서사시 패턴으로 되어 있다. 이 본문은 온전한 양식의 서언과 세 주요 위협(중앙 자리에 이중의 위협과 함께)과 해결이 있다. 다른 조상 서사시와 마찬가지로 이 본문은 해결이 다소 암울한 언급으로 끝나기는 하지만 해당 종족의 조상들이 어떻게 파괴로 위협당하지만 가까스로 생존하는지를 들려준다. 창세기 1-11장의 본문은 확인 가능한 양식과 의도를 보이고 성경 본문과 다른 고대 근동 문학 모두에서 의미 있게 양식적인 유사함이 있는 양식비평적 기준에 들어맞는다. 독자의 편의를 위해 창세기 1-11장의 구조적 개요는 여기서 다시 사용했다(표 10.1을 보라).

창세기 1-11장이 확인할 수 있는 양식을 지닌다는 단순한 사실은 이것이 어떤 자료도 가지지 않는다거나 단일 구간으로 존재하게 됐다는 것을 의미하지는 않는다. 이것은 본문의 구조를 축소시키는 어떤 자료비평적 작업도 확연히 가능성이 낮다는 것을 의미한다. 이것은 우리를 다시 문서설로 인도한다. 이 분석 방법을 따르면 창세기 1-11장은 표10.2에서 보여주는 것과 같이 나뉠 수 있다.

표 10.2

J 자료: 2:4b-3:24; 4:1-26; 5:29; 6:1-4; 6:5-8:22(P와 함께); 9:18-27; 10:8-19, 21, 24-30; 11:1-9, 28-30.

E 자료: 없음

D 자료: 없음

P 자료: 1:1-2:4a; 5:1-38, 30-32; 6:5-8:22(J와 함께); 9:1-17, 28-29; 10:1-7, 22-23, 31-32; 11:10-27, 31-32.

창세기 6:5-8:22은 J와 P 홍수 기사의 결합으로 간주된다.[1]

문서설이 부적절하다는 것은 1장에서 입증됐다. 여기서 나는 문서설이 조상 서사시로서의 창세기 1-11장의 양식적 구조와 근본적으로 양립할 수 없다는 것을 목격하기를 원할 뿐이다. 이와 같이 양립할 수 없는 점은 P 자료에서 가장 명백하게 볼 수 있다.

조상 서사시는 삼중의 패턴(세 가지 위협)에 근거한다. J에서 세 위협(타락,

1 이 문서설 분석의 버전은 E. A. Speiser, *Genesis*, AB (New York: Doubleday, 1964), 3-81이 제시한 것이다. 비슷한 분석은 다음에서도 찾을 수 있다, Georg Fohrer, *Introduction to the Old Testament*, trans. David E. Green (Nashville: Abingdon, 1968), 147-79; J. Alberto Soggin, *Introduction to the Old Testament*, OTL (Philadelphia: Westminster, 1976), 99ff.; S. R. Driver, *An Introduction to the Literature of the Old Testament* (1897; reprint, Gloucester, Mass.: Peter Smith, 1972), 11-15; Robert H. Pfeiffer, *Introduction to the Old Testament* (new York: Harper and Brothers, 1941), 142-88; Gerhard von Rad, *Genesis*, trans. John H. Marks (Philadelphia: Westminster, 1961), 43-158; 그리고 Claus Westermann, *Genesis 1-11*, trans. John J. Scullion (Minneapolis: Augsburg/Fortress, 1984), 18. 많은 비평가들은 J를 두 개별 자료인 J1과 J2로 나눈다(J1은 종종 L[lay, 일반 사람들]이나 N[nomadic, 유목민]). 파이퍼(Pfeiffer)는 자료 S(Seir)를 주장한다.

가인과 아벨, 홍수)이 나오지만 P에서는 홍수만 나온다. 이 사실의 중요성은 J가 삼중의 패턴을 확립했더라면 J 후에 기록된 P가 어떻게 그것을 포기할 것인지를 이해하기가 어렵다. P 저자는 J를 알고 있음이 틀림없으나, 타락과 가인의 아벨 살해에 대한 이야기를 언급함으로써 패턴을 보존하는 데 관심을 두지 않았다. 하지만 J와 P의 편집은 P 직후에 이뤄졌고 삼중의 패턴으로 돌아왔다. 다른 이들은 또한 P가 구조적인 변칙이라고 주목했다.[2] 실제로 R^P만큼이나 후대의 저작이 어떻게 아트라하시스에 발견되는 고대 문학 패턴을 보존하려고 하는 데 관심을 두는지 이해하기가 어렵다.[3] 간단히 말해서, 문서설은 현재의 접근에 통합될 수 없다.

창세기 1-11장 배후의 가능한 자료들

그럼에도 창세기 1-11장의 배후에 어떤 자료가 있는지에 대한 문제는 여전히 해결이 되지 않았다. 이 질문을 조사할 때 우리는 창세기의 현재 본문이 자료들에 대한 증거로만 간주될 수 있고 필연적으로 자료 자체로 간주될 수 없다는 것을 강조해야 한다. 우리는 전체 문서들이 문서설이 주장하는 방식으로 단순히 창세기에 결합됐다고 여길 이유가 없다.

가장 단순한 접근법은 자료 증거라고 확인될 수 있는 것을 하나씩 제거하는 것이다. 톨레돗 자료는 제거될 수 있는데 이는 11:10-32과 6, 7, 9장의 일부뿐만 아니라, 5장과 10장 모두를 없앤다.[4] 이것으로 2-4장과 6-9장의 대부분, 창조(1:1-2:3), 바벨탑 기사(11:1-9)를 남긴다.

---

2 W. M. Clark, "The Flood and the Structure of Pre-patriarchal History," *ZAW* 83 (1971): 210은 P가 왕의 목록 전통에 영향을 받았다는 점에 근거하여 P의 구조를 설명하려고 시도한다. 하지만 클라크 자신은 이 제안이 문제가 있다고 인정한다(186).

3 현존하는 아트라하시스의 최근 교정은 신-앗수르어로 되어 있지만 전설 자체는 최소한 1천 년은 더 오래됐다. 오직 의도적으로 고문체화하는 것이 R^P가 그런 양식 구조를 취한 것에 대해 설명할 수 있다. 포로기 이후 시기의 다른 성경 본문은 고문체화하는 경향을 보이지 않는다.

4 여기 톨레돗 자료들은 다음과 같다. 5:1-32; 6:9a-10; 7:6; 9:18-19; 28-29; 10:1-32; 11:10-26; 11:27-32.

창세기 2:4-4:26은 탄탄하게 엮인 본문이다. 두 위협이 여기서 묘사됐지만(타락과 가인의 살인 행위) 창세기 2:4-4:26은 단일 이야기로 읽는다. 최소한 둘은 이른 시기에 결합됐다. 두 가지 증거가 이를 뒷받침한다.

첫째, W. M. 클라크Clark는 두 본문이 동일한 양식의 구조를 포함한다고 입증했다.[5] 그의 분석을 약간 수정한다면 우리는 두 본문이 여호와에 의한 명령이나 법적 결정으로 시작한다는 것을 알아차릴 수 있다(2:16-17, 여호와는 선악을 알게 하는 나무에서 먹는 것을 금지한다; 4:4b-5a, 여호와는 아벨의 희생제사를 받아들이지만 가인의 것은 거부한다). 함정에 빠뜨리는 사건이 이어진다. 3:1-5에서, 뱀은 여자를 속이고, 4:7에서는 죄가 가인을 잡으려고 문에서 기다리며 엎드려 있다. 범죄의 실제 사건이 이어진다(3:6, 열매 먹기; 4:8, 살해).

그 다음에 여호와는 죄를 지은 자들을 심문하고 그들은 숨기거나 변명하거나 그들의 수치나 죄를 부인한다(3:7-13; 4:9-10). 이때 그들은 하나님에게서 저주를 받고(3:14-19; 4:11-12), 자신들에게 내려진 저주에 반응한다(3:20; 4:13-14). 중대한 차이점은 가인이 자신의 징벌이 너무 가혹하다고 항변하며 반응하는 반면에 아담은 자기 아내를 하와라고 이름 지으며 반응한다는 것이다. 그 다음에 여호와는 저주의 영향을 완화시킨다(3:21, 동물 가죽으로 된 옷; 4:15, 가인의 표식). 마지막으로 죄를 지은 당사자들은 추방된다(3:22-24; 4:16).

이 양식의 패턴이 첫 위협의 이야기(2:17-3:24)와 둘째 위협의 첫 부분(4:4b-16)을 망라한다는 것을 인지하라. 첫 위협에는 즉각적으로 "아담이 자기 아내를 알았다"(4:1)(개역개정, "아담이 그의 아내 하와와 동침하매 "-옮긴이)라는 표현이 이어지고 계속 가인과 아벨의 출생에 대해 언급된다. 두 번째 위협의 첫 부분에는 "가인이 그의 아내를 알았다"(4:17)(개역개정, "아내와 동침하매"-옮긴이)라는 표현과 라멕까지 내려가는 족보가 이어지고 두 번째 위협의 두 번째 부분이 나온다. 여기에는 "그리고 아담이 자기 아내를 다시 알았

5 "The Flood," 196-97.

다"(4:25)(개역개정, "아담이 다시 자기 아내와 동침하매 "-옮긴이)라는 표현이 이어지고 이야기는 마무리된다.

둘째, 전체 본문(2:4-4:26)은 서로 크게 의존한다. 예를 들어, 2:5에서 땅을 갈 사람이 없었다고 말하고, 2:7에서는 사람이 땅(개역개정, "땅의 흙"-옮긴이)에서 만들어졌다고 한다. 그리고 2:15에서 사람에게 동산을 관리할 임무가 주어지고 3:17-19에서 밭에서의 사람의 일이 저주받는다. 4:2-5에서 밭의 소산물이 제물로서 거부된다.

2:17에서, 선악을 알게 하는 나무의 열매를 먹는 것은 금지됐고 3:6이하에서는 열매를 먹은 것과 그 결과에 대해 말한다. 하지만 3;15은 여자에게서 태어난 한 남자의 형태로 된 구원을 약속한다. 4:1에서 하와는 명백히 3:15이 이제 성취되고 있다는 희망에서 "여호와로 말미암아"[6] 득남하였다고 밝힌다.

A. 하우저Hauser가 지적하듯이 4:1의 알다(개역개정, "동침하다"-옮긴이)라는 동사는 3:5-6까지 거슬러 가리킨다. 4:1의 임신과 출산은 3:16을 떠올리게 하고 아벨(쏜살같은 숨)이라는 이름은 2:7의 "생명의 숨"(개역개정, "생기"-옮긴이)과 대조된다. 또한 4:3의 "열매"(개역개정, "소산"-옮긴이)는 3:2-6의 나무 열매를 암시한다.[7] 그러므로 창세기 2:4-4:26은 단일 단위이며 표 10:3에서 볼 수 있는 패턴을 따른다.

---

6 아마도 더 대담하게 "나는 한 남자, 심지어 주님을 낳았다." Walter C. Kaiser, Jr., *Toward an Old Testament Theology* (Grand Rapids: Zondervan, 1978), 37에서의 논의를 보라.

7 Hauser, "Linguistic and Thematic Links between Genesis 4:1-16 and Genesis 2-3," *JETS* 23 (1980): 297-305. 하우저(Hauser)는 내가 여기서 묘사한 것보다 더 자세히 역시 다른 병행을 발전시킨다.

표 10.3

A 첫 위협에 대한 도입(창조=아담과 하와의 '출생', 2:4-25)

B 첫 위협(타락='죽음'[2:17], 3:1-24)

A′ 둘째 위협에 대한 도입(가인과 아벨의 출생, 4:1-3)

B′ 둘째 위협, 첫 부분(아벨 살해, 4:4-16)

A″ 둘째 위협, 둘째 부분에 대한 도입(라멕 출생에 대한 족보, 4:17-18)

B″ 둘째 위협, 둘째 부분(라멕의 살해, 4:19-24)

A‴ 결론에 대한 도입(셋과 에노스 출생, 4:25-26a)

B‴ 결론(사람들이 여호와의 이름을 부르다, 4:26b).

홍수 기사도 단일 단위이며 분리될 수 없다. 홍수 기사는 구조적으로 교차대구를 이루고, 양식에서 길가메시의 홍수 내러티브와 동일한 범주로 되어 있는 홍수 내러티브다.[8] 이로 말미암아 우리에게는 창세기 1-11장의 네 가지 잠재적인 자료가 남겨진다. 이 자료들은 창세기 1:1-2:3, 2:4-4:2, 6:1-9:29(톨레돗 자료를 제외한)과 11:1-9이다. 가장 중요한 것은 2:4-4:2과 6:1-9:29이 조상 서사시의 세 가지 주요 위협을 포함하고 창세기 1-11장의 본래의 핵심으로 간주될 수 있다는 점이다.

여기에서 우리는 자료의 가능한 역사를 제안할 수 있다. 첫째, 2:4-4:2과 6:1-9:29 배후의 자료들은 내러티브의 기본적인 삼중의 핵심을 형성하도록 합쳐졌다. 창세기 1-11장의 본래의 핵심은 표 10:4와 같이 보일 수 있다(톨레돗 자료는 배제됐다; 톨레돗 표제, 2:4a는 4장에서 기술한 대로, 후대 편집으로 취급된다).

8 1장을 보라.

표 10.4

도입	2:4b-25
첫 위협	3:1-24
둘째 위협	4:1-26
셋째 위협	6:1-8, 9b, 11-22; 7:1-5, 7:7-9:17
해결	9:20-27.

이것이 원시 역사의 원래의 핵심이었다면, 현재의 구조에서 찾을 수 있듯이, 정확하게 동일한 패턴, 곧 온전한 조상 서사시를 지닌다. 이로 말미암아 2:4-25이 왜 확장된 도입을 두는지가 설명된다. 즉 이것은 조상 서사시의 원래의 도입이었다. 이로 말미암아 또한 9:20-27의 슬픈 이야기를 왜 포함하는지도 설명된다. 이 연구의 초기에 지적했듯이 조상 서사시는 일반적으로 거의 비극적인 언급으로 마무리한다(예, 아트라하시스의 결론, 창세기에 대한 결론으로서의 이집트에서의 무덤). 창세기 9:20-27에서, 조상 서사시의 패턴은 또 다른 저주 아래 있는 새롭게 된 인류의 세 조상 가운데 하나로 마무리하고 이것은 양식 면에서 해결의 역할을 한다.

창세기 11:1-9은 아마도 한때 독립적인 자료로 존재했을 것이며 우르의 제3왕조의 몰락 때 수메르 문명의 붕괴 역사와 관련 있을지도 모른다.[9] 창세기 11:1-9과 자료의 나머지(1:1-2:3과 톨레돗 자료)는 어떤 지점에서 원래의 조상 서사시의 핵심에 추가됐고 이는 원시 역사를 현재의 형태가 되도록 했다. 원시 역사가 더 광범위한 조상 서사시 패턴으로 편집됐을 때 확대된 본

9 Dale S. DeWitt, "The Historical Background of Genesis 11:1-9: Babel or Ur," *JETS* 22 (1979): 15-26. 이 책의 제3장을 보라.

문에 새로운 도입(1:1-2:3)과 해결(10:1-11:32)이 추가됐다. 옛 도입과 해결은 첫째와 셋째의 삼중 위협에 결합됐고 더 이상 원래의 구조적 목적에 기여하지 않았다. 이 수정된 구조를 알리고자 톨레돗 자료는 새 구조의 경계를 그리는 데 사용됐다. 원시 역사는 이 장 시작에서 기술한 구조를 가지게 됐다.

하지만 누가 창세기 1-11장의 이 편집에 책임을 지고, 언제 편집됐는가? 창세기 1장이 이 문제를 해결하는 열쇠며 이것은 창세기 1-11장의 현재 형태가 모세 편집에 기인한다는 것을 의미한다.

창세기 1장과 모세 편집

문서 비평가는 오랫동안 1:2-2:3과 2:4이하가 다른 자료에서 온 것 같다고 주장했다.[10] 보수주의자는 문서설을 열렬히 논박하며 이것을 거부했다.[11] 이는 의심스러운 입장이다. 실제로 우리는 단순하고 연속된 내러티브를 가지고 있지는 않는 것 같다. 이것은 두 본문이 양립할 수 없다는 것을 의미하지도 않고(문서설과 반대로), 1:2-2:3과 2:4이하를 나란히 둘 때 어떤 어색함이 없다는 것을 의미하지도 않는다. 다음에 나올 보충해설에서도 기술했듯이 창세기 1-2장의 통일성은 놀랍다. 그럼에도 두 본문은 다른 자료에서 온 것으로 보인다. 창세기 1-2장 전체가 단일 내러티브라고 주장함으로써 문서설의 반대자는 문서설의 옹호자의 손에 놀아났을 뿐이다.

위에서 보여준 대로(표 10.3), 2:4-4:26은 역사의 핵심에 있는 매우 오래된 자료다. 하지만 1:1-2:3의 자료에 대한 의문은 여전히 남아 있다. 이 단락의 병행 구조(제1-3일과 제4-6일이 병행을 이루고, 제7일은 에필로그에 해당한

---

10 이런 비평가는 그럼에도 이상하게 2:4a이 P 본문에 나오는 것 같다는 사실에 근거하여 2:4a을 이전 본문에 연결시킨다.

11 창세기 1-2장의 통일성을 옹호하는 사례에 대해, Gleason L. Archer, Jr., *A Survey of Old Testament Introduction* (Chicago: Moody, 1973), 127-28을 보라.

다)는 너무 잘 알려져서 거의 언급할 필요가 없다. 그러나 병행법이 흥미롭다고 해도 이것이 독자에게 본문의 기원에 대한 어떤 단서를 주지는 않는다.

초기의 인간 역사에 대한 고대 전통과 이야기가 어떻게 전달됐을 수 있는지 상상하기는 쉽다. 확실히 이 이야기들은 인간 역사의 한도에서 사건들을 설명하지만 결국 이것은 인간 역사다. 사람들의 삶에 일어나는 사건들에 관심을 가진다. 하지만 창세기 1장은 그렇지 않다. 창세기 1장은 완전히 인간의 경험이라는 영역의 밖에 있다. 심지어 남자와 여자의 창조는 역사적 과정의 문제보다는 축약하여 제시된다(창세기 2장과 대조하라).

게다가 창세기 1장은 성경 밖의 고대 세계 어디에서도 병행하는 내용이 없다. 이집트와 메소포타미아의 창조 신화는 어떤 진정한 의미에서 창세기와 병행으로 나란히 둘 수 없다.[12] 창세기 1장은 성경에서 유일한 장르의 예로 간주돼야만 한다.

창세기 1:2-2:3의 가장 분명한 양식적 측면은 헵타드(7)로 이뤄진 구조다. 더 정확하게는 창세기 1:2-2:3은 6+1의 구조를 이루며, 일곱째 날은 그 날에 하나님이 안식하였다는 사실에서 분리된다. 문학적인 양식으로서 이 구조는 다른 곳에서는 오직 한 곳만 다시 나온다. 놀랍게도 바로 신약의 요한계시록이다.

이 병행 내용은 요한계시록 6:1-8:1, 8:2-11:19, 16:1-21의 세 개의 6+1 헵타드(7) 구조다. 각 세 본문에서 패턴은 여섯 개의 관련된 사건에 어떤 식으로든 크게 다른 일곱 번째가 이어지는 구조로 되어 있다. 6:1-8:1에는 일곱 인이 있고, 첫 여섯을 뗄 때의 격노에는 일곱째 때의 침묵이 이어진다. 8:2-

---

12 고대 창조 신화의 사례에 대해 *ANET*, 3-10, 60-72를 보라. 창세기 1장과 우연히 유사하다는 것은 잘 알려져 있지만 이 유사점은 진정으로 양식상의 병행을 이루지 않으며 차이점들이 훨씬 크다. 유사점에 대한 유용한 논의는 W. G. Lambert, "A New Look at the Babylonian Background of Genesis," *JTS* n.s. 16 (1965): 287-300에서 볼 수 있다. 용/혼돈 신화가 창세기 1:2 배후에 있다는 널리 주장되는 전제에 대한 철저하고 도발적인 도전에 대해 David Toshio Tsumura, *The Earth and the Waters in Genesis 1 and 2*, JSOTSS 83 (Sheffield: JSOT Press, 1989)를 보라.

11:19에서, 첫 여섯 나팔로 풀린 심판에는 일곱째의 나팔에 따른 송영이 이어진다. 그리고 16:1-21에서, 첫 여섯 대접에서 쏟아진 진노에는 일곱 번째 때의 대격변이 이어진다.

요한계시록은 묵시와 환상으로 되어 있다. 요한계시록과 창세기 1장 사이에 어떤 양식적인 관계가 있을 수 있는가? 명백한 병행은 6+1 헵타드(7)의 구조로 되어 있다. 인이나 나팔이나 대접 대신에 일곱 날이 있다. 하지만 양식만이 아니라 여기 병행에는 더 많은 것이 있다. 둘 다 의도에서는 비슷한데 둘 다 인간 역사의 절정을 기대하면서 그 역사에 대한 하늘의 관점을 제시한다. 창세기 1장에서는 세상의 시작과 그 역사에 초점을 둔다. 나는 창세기 1:1-2:3이 환상visionary과 계시로 되어 있으며 구약의 최고 선지자인 모세는 이 자료의 직접적인 저자라고 제안한다.

6+1의 패턴은 다른 곳, 즉 출애굽기 24:16이하에서도 문학적인 양식이 아니라, 역사적 사건에 대한 언급으로 나온다. 출애굽기 24:16에서 우리는 모세가 하나님의 산으로 불리는 것을 본다. 여섯 날 동안 구름이 산을 덮었지만, 일곱째 날에 모세는 산에 구름 속으로 올라, 40일 동안 머물렀다. 게다가 본문은 우리에게 모세가 시내 산에서 오랫동안 하나님과 홀로 있었다고 말한다. 우리가 이 모두를 함께 모으면 하나님의 존전에 있는 동안 모세는 직접적인 환상과 계시를 받고 이 계시 가운데 하나가 이미 시내 산에서 확립된 6+1 패턴의 창조에 관한 것일 수 있다.

그러므로 창세기 1장의 일곱 날은 창조 사건의 실제 시간 길이도 아니고 단순히 신인동형론적 표현도 아니다. 일곱 날은 하나님이 모세에게 내린 계시의 일곱 날이다. 따라서 창세기 1장은 묵시적 환상의 양식 구조에서처럼 계시로 간주될 수 있으며 인간 역사의 시작에 대한 하나님의 관점을 제시하는 의도를 가졌다고 간주될 수도 있다.[13]

---

13 P. J. 와이즈먼(Wiseman)은 다음에서 창세기 1장이 계시의 날들을 나타낸다고 제안했다, Creation Revealed in Six Days (1948), reprinted in *his Clues to Creation in Genesis*, ed. D. J. Wiseman (London: Marshall, Morgan and Scott, 1977), 109ff. 그러나 와이즈먼의 소개는

이것은 창세기 1-11장의 편집에 대해 무엇을 말하는가? 창세기 1:1-2:3이 직접적으로 모세에게서 온 것이라면, 이것은 창세기 1-11장의 전체 조상 서사시의 패턴이 모세가 서언인 1:1-2:3을 작성했을 때에야 완성됐다는 것을 의미한다. 또한 톨레돗 자료가 이집트에 거주할 때 독립적인 자료로 유지됐다면, 창세기 1-11장의 자료는 전체가 편집될 때까지 현재의 형태와 같은 형태로 되어 있었을 것이라고 상상할 수 없다. 그러므로 가능한 해결책은 모세가 삼중으로 된 핵심 자료, 곧 바벨 이야기와 톨레돗 자료와 창세기 1장의 계시를 취하여, 우리가 원시 역사라 부르는 창세기 1-11장의 조상 서사시로 함께 묶었다는 것이다.

보충 해설: 자크 두칸(Jacques Doukhan)의 창세기 1-2장 분석

자크 두칸은 창세기 1:1-2:25이 구조적으로 통합되고, 각각은 도입과 결론을 두면서, 두 가지 개별 헵타드(7)로 구성된다고 제안했다. 두칸은 두 가지 주요 섹션을 C(1:1-2:4a)와 C′(2:4b-25)로 확인한다. 두칸의 분석의 결과는 표 10.5에서 볼 수 있다. C′의 구분은 명백하게 헵타드로 제시되지 않지만, 두칸은 2:4b-25에서 바브 연속사 미완료의 양식이 주어로 여호와 엘로힘(주 하나님)을 두고 C′의 일곱 구분을 묘사한다고 주장한다. 예를 들어, C′1(2:7)은 "그리고 주 하나님이 만들었다"(바예체르, wayyetser)로 시작하고, C′2(2:8)는 "그리고 주 하나님이 창설했다"(바이타, wayitta)로 시작하고, C3′(2:9)은 "그리고 주 하나님은 자라게 했다"(바야츠마흐, wayyatsmach)로 시작한다. 두칸은 또한 C′의 여호와 엘로힘 구절의 숫자(전체 9)는 구획 C의 그리고 하나님이 말씀했다(바요메르 엘로힘, wayyomer elohim)라는 구절이 9회 나오는 것

다소 혼란스럽고 많은 이들을 설득하지 못했다. 대조적으로 내가 제기한 제안(p. 10)은 양식 비평의 병행에 근거한다.

과 병행을 이룬다고 지적한다. 병행구는 각 섹션 1, 2, 4, 5에서 1회 나오고, 섹션 3에서 2회, 섹션 6에서 3회 나온다.

표 10.5

C	C′
도입(1:1-2) 1. 빛/어둠(1:3-5) 2. 하늘의 창공(1:6-8) 3. 하늘과 땅, 식물들(1:9-13) 4. 날과 계절을 분리하는 발광체(1:14-19) 5. 동물 생명의 첫 창조(1:20-23) 6. 계속되는 동물과 인간의 창조(1:24-31) 7. 패턴(2:1-3): a. 과정의 끝 b. 하나님의 관여 c. 안식일의 분리 d. 안식일의 축복	도입(2:4b-6) 1. 사람/흙(2:7) 2. 땅의 동산(2:8) 3. 식물들, 물과 땅(2:9-15) 4. 다른 나무와는 구별되는 선악을 알게 하는 나무(2:16-17) 5. 인간을 위한 동료에 대한 첫 관심(2:18) 6. 계속되는 남자를 위한 동료에 대한 관심(2:19-22) 7. 패턴(2:23-24): a. 과정의 끝 b. 하나님의 관여 c. 부부를 부모에게서 분리 d. 부부의 통일성복

게다가 두칸은 많은 사람들이 주장하듯이 창세기 1장의 제1-3일은 제4-6일과 병행을 이룬다고 주장한다. 하지만 그는 또한 C′의 섹션 1-3과 섹션 4-6이 서로 병행을 이룬다고 주장한다. 두칸은 2:7에서의 사람을 흙에서 만든 것은 2:17에서의 죽음에 대한 관심과 병행을 이루며, 2:8에서의 남자를 위한 동산은 2:18에서의 남자를 위한 동료와 병행을 이루고 2:15에서의 땅에 대한 남자의 지배는 2:19에서의 동물에 대한 남자의 지배와 병행을 이룬다고 주장한다.[14]

---

14 *The Genesis Creation Story* (Berrien Springs, Mich.: Andrews University Press, 1978); 특히 pp. 35-80을 보라.

두칸의 제안은 두 차원에서 평가되어야만 한다. 첫째는 그의 개념이 유효한지의 여부 또는 유효한 정도의 문제다. 둘째는 그의 개념이 이 자료에 대한 자료 분석에 대해 어떤 함의를 지니는지의 문제다.

분명히 두칸의 이론(그의 이론에 대한 가장 축약된 개요는 여기에 주어진다)은 큰 장점이 있다. 그는 창세기 1-2장의 구조와 메시지에서 어느 정도의 통일성이 전에는 결코 확립되지 않았으나 이를 어느 정도 입증했다. 두칸이 지적한 C와 C′의 두 도입 사이에 병행은 특히 설득력이 있다.[15] 게다가 그가 묘사한 두 섹션 7 사이의 병행은 놀라운데, 비록 내게는 수정이 필요한 것 같기는 하지만 말이다. 그럼에도 특히 두칸의 연구 덕택으로 창세기 1-2장을 두 개의 관련 없는 본문이 서로 나란히 놓인 것이라고 하는 어떤 해석도 설득력이 없게 됐다.

동시에 몇 가지 문제가 제기되어야 한다. 첫째, 2:4a을 2:25과 병행하는 결론으로 나란히 둔 것은 매우 인위적이다. 전자(하늘과 땅의 세대들)는 후자(남자와 여자가 벗었더라)와 관계가 전혀 없다.[16] 나는 이미 창세기 2:4a은 2:4b-25(창세기의 이 정형화된 문구를 다른 곳에 사용한 모든 사례에서 유추하여)의 표제로 간주돼야 하고 2:4a은 다른 톨레돗 본문에 대한 문학적 병행으로 이 본문에 삽입됐다고 주장했다. 이어질 내용에 대한 표제나 제목으로서 2:4a은 창세기 1-11장의 조상 서사시 패턴에서의 새로운 구분을 표시하는 목적에 기여한다. 2:4a은 1:1-2:3을 결론 내리지 않는다. 두칸의 분석에서 2:4b-6은 도입이 되면서, 2:4a은 새로운 구분(C′)의 표제로 간주돼야 한다. 또한 2:25은 C′의 개별 결론으로 간주돼서는 안 된다. 오히려 2:25은 2:24과 함께 남자와 여자 사이의 관계의 통일성과 심지어 거룩함을 묘사하는 것과 2:3과의 병행의 일부로 읽혀야 한다. 간단히 말해서 두 섹션의 숫자 7은 두 구분에 대한 결론으로 간주돼야 하고 2:25은 C′의 일부로 간주돼야 한다.

---

15 앞의 책, 53-73.

16 여기서의 두칸(Doukhan)의 논증(pp. 73-6)은 내게 설득력이 없다.

둘째, 1:1-2:3의 헵타드(7)가 명백하고 양식적으로 구조를 이루지만, 두칸이 C′에서 보는 헵타드는 거의 양식상의 표시어가 없고(홀로는 헵타드의 패턴을 묘사하지 않는 여호와 엘로힘 사용만[p.194]), 매우 미묘하지 않다면 아무것도 아니다. 누구나 두 주요 구분 사이의 병행을 두드러지게 하는 표시어가 동일하게 명백하기를 기대하겠지만 이것이 그렇지 않다는 것은 이상하다. 게다가 제1일과 4일, 제2일과 5일, 제2일과 6일의 사건들 사이의 병행은 두드러지지만, 두칸이 C′의 각 섹션에서 본 병행은 매우 희미하다. 이것은 근본적으로 유효해 보이는 두칸의 연구를 무효로 만들지는 않지만 창세기 1-2장에 구성에 대한 함의를 지닌다.

첫째, 창세기 1:1-2:3의 헵타드(7)가 창세기 2:4이하의 헵타드로 된 구조 이전에 작성됐던 것 같다. 이것은 창세기 1:1이하의 명백한 헵타드가 창세기 2:4이하의 미묘한 헵타드를 위한 패턴을 형성했다고 추측하는 것이 그 반대로 가정하는 것보다 더 합리적이기 때문이다. 실제로 창세기 1:1이하의 명백한 헵타드가 없다면 2:4이하의 어떤 헵타드 구조도 발견할 수 없었을 것이다. 다시 말해서 두칸의 C′의 헵타드 구조는 전적으로 C와의 병행에 의존한다. 2:4이하의 구조는 의도적으로 1:1이하를 모방한 구조다.

역설적으로 둘째 결론은 창세기 2:4이하의 배후에 있는 원 자료는 창세기 1:1이하의 작성 전에 존재했다는 것이다. 이 이유는 2:4이하의 배후에 있는 자료가 창세기 1:1이하와 동시에 또는 후에 작성됐다면, 창세기 1:1이하는 이미 존재했다는 것이며 즉, 창세기 2:4이하에 대한 이전 자료가 없었다면, 창세기 2:4이하가 창세기 1:1이하만큼이나 명백한 헵타드로 되어 있었을 것이라고 합리적으로 가정할 수 있겠다. 다시 말해서 저자가 두 병행하는 헵타드를 확립하기를 원했고 그의 자유로운 작성이 2:4이하에 대한 어떤 이전의 원 자료에도 제한받지 않았더라면, 두 헵타드는 아마도 동일한 정도의 명백함을 보였을 것이다. 다른 한편, 창세기 2:4이하의 배후에 있는 자료가 이미 존재했다면, 저자는 자신의 자료를 인위적으로 자료에 명백한 헵타드 표시어(일곱 날과 같은)를 부여하지 않고서 명백한 헵타드로 구조화할 수 없었을 것이다. 저자가 자기 자료에 이렇게 극적인 내용을 추가하고자 하지 않았다면, 2:4이하의 자료를 1:1이하를 모방하여, 암묵적인 헵타드(즉, 명백한 표시어가 없는)로 구조화해야만 할 것이다. 창세기 2:4이하는 1:1이하의 헵타드 구조를 의도적으로 모방하여 이미 현존하는 원 자료를 다시 작성한 것이다.

이 결론은 두 가지 더 깊은 함의를 지니는데 이 두 함의가 내 입장을 뒷받침한다. 첫째, 이 결론은 더 나아가 우리가 창세기에서 이제 본 것이 자료라기보다는 자료에 대한 증언들이다. 즉 자료는 전체 창세기의 구조와 목적을 뒷받침하고자 편집됐다. 둘째, 이 결론은 이 편집이 그 개인이 창세기 1:1이하의 저자이든 후대의 누군가이든지 간에 이미 창세기 1:1-2:3을 소유한 개인에게서 행해졌다는 사실을 가리킨다. 나는 창세기 1:1-2:3이 사실은 모세에 주어진 직접적인 계시라고 생각할 내 이유들을 지적했으며 나는 모세가 이 본문을 기록했을 뿐만 아니라 창세기 2:4이하의 배후에 있는 자료를 현재의 형태로 편집했다고 의심할 이유를 알지 못한다.

11장

자료의 구두 전달자와 이스라엘의 제사장직

모세 이전의 톨레돗과 내러티브 자료의 특성과 발전을 조사한 후, 이제 이 자료들이 창세기로 편집되기 전에 어떻게 보존됐고 전달됐는지의 문제를 살펴볼 필요가 있다. 이것은 족장 시대와 출애굽, 이집트에서의 거주 사이의 시기와 관련된다. 불행하게도 우리는 당시의 이스라엘에 대해 거의 알지 못한다. 그럼에도 누가 이 자료를 전달했고 자료들이 어떻게 모세의 손에 들어갔는지 물을 필요가 있다. 나는 이 질문에 대한 대답이 레위인들의 문제와 연결된다고 확신한다.

레위인들의 문제: 전통적인 견해

레위인들과 레위 법은 오경 연구에 상당한 문제를 제기한다. 전통적인 견해는 원래 레위인들이 이스라엘의 세속적 지파였지만 그들이 금송아지 사건에서 그렇게 스스로 구별했기 때문에 그들에게 성스러운 책임이 주어졌다는 것이다(출 32:29; 신 10:8; 33:8-11). 아론과 그의 가족은 제사장의 역할을 받았고, 다른 레위 부족들은 조력자가 됐다. 모든 비-아론 자손의 사람들은 위반하면 죽을 것이라는 조건으로 제사장직에서 배제됐다(민 3:10). 그 다음에 레위 가족들은 구약 시기의 끝까지 그들의 역할을 다소간 이어갔다.

이 전통적인 견해의 기본적인 어려움은 구약이 획일된 방식으로 레위인이라는 용어를 사용하지 않는다는 점이다. 문서 비평가들이 P의 것으로 돌리는 어떤 본문은 명백하게 아론 자손의 제사장들과 레위인들을 구분한다(출 28:1, 43; 레 8장; 민 3:10; 18:2-7). 아론 자손들은 제사에서 공식적인 제사장의 의무를 수행하는 반면 레위의 다른 부족(게르손, 고핫과 므라리 사람들)은 장막과 다른 성스러운 항목에 책임을 진다는 점에서 조력자 역할을 했다(민 3-4장).

다른 곳에서 특히 신명기와 신명기적 역사에서 모든 레위인들은 제사장의 기능을 가졌던 것 같다(신 18:1-8; 21:5; 33:8-11). 사사기 17-18장의 미가와 그의 레위인과 단 지파의 이야기는 특히 흥미롭다. 미가는 가정의 성소를 위한 제사장이 필요하여 베들레헴에서 지나가는 한 레위인에게 이 역할을 하도록 고용한다. 나중에 단 지파의 한 무리가 자신들의 제사장으로 섬기게 하려고 이 레위인을 납치한다. 어느 곳에서도 이 레위인이 아론 자손이라고 말하지 않지만[1] 미가도 단 지파도 이것을 중요한 문제로 여기지 않는 것 같다. 다른 한편 미가와 단 지파에게 자신들의 제사장이 레위인이어야 한다는 사실은 매우 중요했던 것 같다.[2] 마찬가지로 신명기의 제사장들을 가리키는 특징적인 용어는 "레위 사람 제사장"인데(17:9, 18; 18:1; 24:8; 수 3:3), 이 용어는 모든 레위인들이 제사장들이었다는 것을 의미한다.

---

1 18:30에서 레위인은 모세(맛소라 본문: 므낫세)의 손자요 게르솜의 아들인 요나단이라고 불린다.

2 미가는 자기 아들을 제사장으로 임명했지만(삿 17:5), 한 레위인이 나타났을 때, 레위인을 자기 제사장으로 삼을 기회를 즉시 붙잡았다. 특히 사사기 17:13, "레위인이 내 제사장이 되었으니 이제 여호와께서 내게 복 주실 줄을 아노라 하니라"를 보라.

문서설의 해결책

벨하우젠 학파

문서 비평가는 레위인의 문제를 이스라엘의 제사장직에 대한 역사를 재구성하는 데 매우 중요한 문제로 삼았다. 다양한 문서적 접근의 해석이 특정 세부 내용에서는 크게 다르지만 모든 해석이 세 가지 개념을 공유한다. 첫째, 사람들이 기대한 대로 모든 문서의 재구성은 문서설의 자료 가운데서 성경을 나누고 그에 따라 자신들의 역사적 연구를 수행한다. 둘째, 모든 문서적 접근은 이스라엘의 제사장 계열 가운데 일종의 경쟁 관계가 제사장직의 역사와 관련된 많은 성경 내러티브 배후에 있다고 주장한다. 이 변증법적 역사 비평은 심지어 본문 자체가 경쟁 제사장들 사이의 갈등이 배경에 있다고 진술하지도 암시하지도 않는 경우에도 문서 비평가들이 유효하다고 전제된다. 셋째, 모든 문서적 접근은 제사장직의 역사에 대한 성경의 묘사가 절망적으로 혼란스럽고 근본적으로 개정이 필요하다고 간주한다.

고전적인 벨하우젠의 재구성에서 근본적인 요점은 D가 모든 레위인들을 제사장으로 삼는 반면 P는 아론 자손들만 제사장으로 삼고 비-아론 자손의 레위인들은 제사장을 돕는 자로 삼는다는 것이다. 이 이론의 다른 중요한 요소는 지적할 가치가 있다.

초기 이스라엘에는 어떤 전문적인 제사장 가문이 없었으므로 레위인들은 원래 세속적인 역할을 했었다. 실제로 레위 지파는 전사 지파였고 이 특징들은 결국 장면에서 사라졌다. 초기 제사장직(예, 놉의 아비멜렉과 실로의 엘리)은 제의가 아니라 예언과 관련됐다.

왕국 시대에 공식적인 제의를 확립하면서 제의적 제사장직에 대한 필요성이 느껴졌다. 왕들은 제사장들을 임명하기 시작했다. 다윗은 사독 자손의 제사장직에 우위를 점하도록 했는데(삼하 8:17), 이 지위는 포로기까지 그들이 유지했다. 여로보암은 단과 벧엘의 성소를 격상시켰지만 특히 더 안정적인 예루살렘에 있는 왕의 성소의 제사장들은 그들의 지위에 굳어졌다.

그 다음에 제사장들은 왕국 시대에 레위 지파와 연결되기 시작했다. 요시야 개혁의 시기에 모든 제사장들은 레위인들이라고 불렸지만, 아론 자손이라고 주장하는 예루살렘 제사장과 흩어진 유다의 레위인들 사이에는 상당한 긴장감이 존재했다.

요시야는 예루살렘 제사장들의 영향을 받아 레위인들을 모든 유다 마을에서 예루살렘으로 불러들였는데(참조, 신 12장), 예루살렘에서 아론 자손들은 더 쉽게 상황을 통제할 수 있었다. 에스겔은 더 광범위한 레위 부족은 항구적으로 봉사의 더 천한 수준으로 낮아지면서 제사장의 기능이 사독 자손에게 제한되어야 한다고 요구했다(겔 44:10-31). 포로기 이후 공동체로 옮겨가면서, 레위인들을 종속시키면서 아론 자손의 제사장에 대한 이상화된 묘사가 P에서 대두했다.[3]

이제는 많은 이들이 아론 자손이나 레위 사람들이 벨하우젠이 고려했던 것보다 상당히 이른 시기에 제사장의 의무를 차지하기 시작했다고 주장하지만 다양한 형태로 이 해석은 문서설 학자들 사이에서 계속 다수의 의견이 됐다. 이스라엘의 제사장직이 오래 됐다는 주장을 지지하는 학자들에는 누구보다도 엘레드 코디Aelred Cody, A. H. J. 군네벡Gunneweg, 므나헴 하란Menahem Haran을 포함할 것이다.

예를 들어, 하란은 JE와 D와 P가 가리키듯이 진짜 레위인 제사장직이 이스라엘 고대까지 거슬러 올라간다고 주장했다. 이 자료들 사이의 주요 차이점은 JE는 어떤 레위인이라도 여호와의 어떤 성소에서 봉사할 수 있다고 주장하고 D는 어떤 레위인이라도 중앙 성소에서 봉사할 수 있다고 주장하며 P는 오직 아론 자손만이 중앙 성소에서 제사장으로 봉사할 수 있다고 주장한다는 것이다.

그러나 하란은 레위의 세속적 지파가 모세 시대 이후 존재했는지에 대해

---

3 Julius Wellhausen, *Prolegomena to the History of Ancient Israel*, preface by W. Robertson Smith (Cleveland: Meridian, 1957), 121-51.

의문을 제기한다. 또한 하란은 사독이 레위인이었으며 남부 레위인들 대부분은 아론 자손이었다고 주장한다. 하란에게는 이스라엘 제사장의 근본적인 갈등은 북부 레위인들(그들의 신학적 입장은 E에서 진술되는데, 상당한 E가 D에 흡수됐다)과 아론 자손들(P) 사이에 있었다. 그러므로 E 문서(예, 출 32장)는 아론에 비평적인 경향이 있다.[4]

요시야 개혁은 예루살렘 제사장들을 승격시키는 실질적인 결과를 가져왔는데 물론 이것이 개혁의 주요 목적은 아니었는데도 말이다. 에스겔은 일부 레위인 제사장들 사이에서의 우상숭배에 반응하여 비-사독 자손의 레위인들을 사독 자손들에게 종속시킬 것을 요구했지만, 이 계획은 포로기 이후 공동체에서 이행되지 못했다. 대신에 모든 남부 제사장들(아론 자손들)은 그들이 사독 자손이든 아니든 제2성전의 제사장으로 봉사한 반면, 북부 제사장들의 후손들은 그들의 조력자 P의 '레위인들'로 섬겼다.[5]

다른 한편, 코디는 레위 지파가 먼저 세속적 지파로 존재했지만, 레위인 제사장들이 포로기까지는 순수한 레위인들이었는데 그때 레위인이라는 용어가 수정됐다고 주장한다.[6] 그러나 코디는 사독 자손들이 레위인들은 아니었으며(그들은 여부스 사람들이었을 수 있다),[7] 사독 자손과 레위인들 사이에 경쟁 관계가 전개되었다고 주장한다.

사독 자손과 레위인의 갈등은 포로기 동안 곪아터졌다. 타협하여 사독 자손들은 인위적으로 '아론 자손들'로서의 레위 지파의 구성원이 됐지만(따라서 '레위인의' 제사장직을 보존하면서) 대부분의 순수한 레위인들은 제2성전에서 종속적 지위를 받아들여야만 했다(따라서, 사독 자손의 우세를 확신시키면

---

4 *Temples and Temple Service in Ancient Israel* (Oxford: Oxford University Press, 1978), 73-92.

5 앞의 책, 99-111.

6 *A History of Old Testament Priesthood* (Rome: Pontifical Biblical Institute, 1969), 29-38, 52-60, 125-74.

7 앞의 책, 89-93.

서).[8]

다른 수정과 바뀐 위치가 또한 제안됐다.[9] 이 학자들 사이에 큰 차이점이 존재하는 것은 분명하지만, 각자가 일종의 레위인과 아론 자손의 갈등을 이 재구성의 중심에 두었다는 것은 동일하게 분명하다. 사실 가설적인 갈등은 제사장직의 이런 각 역사의 축이다. 그러나 이 갈등이라는 이슈를 고려하기 전, 벨하우젠에게 더 멀어지고 최근에 상당한 영향을 미치는 두 대안의 역사적 재구성을 주목할 필요가 있다.

프랭크 M. 크로스

프랭크 M. 크로스Frank M. Cross는 벨하우젠의 제안을 『가나안 신화와 히브리 서사시』*Canaanite Myth and Hebrew Epic*에서 수정했다. 크로스는 성경 내러티브의 배후에는 단과 실로와 다양한 네게브 성소의 모세(무시 자손) 제사장직과 다양한 네게브 성소 사이의 오랜 갈등이 있고, 다른 한편에는 벧엘의 아론 자손 제사장과 예루살렘의 오랜 갈등이 있다.[10] 이것은 조금도 과장하지 않고, 제사장직의 역사에 대한 근본적인 재구성이다.[11]

크로스는 특히 출애굽기 32장, 레위기 10:1-7, 민수기 12장, 16장, 25:6-15, 신명기 33:8, 사사기 18:30, 사무엘상 2:27과 같은 본문에서 아론 자손의

---

8 앞의 책, 156-74.

9 예, Timothy Polk, "The Levites in the Davidic-Solomonic Empire," *StBib* 9 (1979): 3-22. 폴크는 레위인들이 군주제 확립을 도왔고, 하나님과 왕에게 충성한 비-레위인들이 레위 무리에 채택될 수 있다는 자신의 논제를 뒷받침하며, 고라 자손이 사사 시대와 왕국 시대 초기에 군사적으로 용맹한 부족이었으며, 일부는 원래 남부-에돔 사람과 연관된 베냐민 자손이었다고 주장한다. 또한 폴크는 고라 자손들이 사울에게서 나와 다윗에게 합류했고 역시 무시 자손 아비아달에 맞서 아론 자손 사독을 지지했다고 주장한다. 이런 식으로 고라 자손은 다윗 성소 제도에서 중요한 역할을 맡았다. 폴크는 자기 입장을 위한 '간접적인 증거'로 민수기 16장을 인용하지만 이 장은 그에게 중대한 문제인데 본문에서 고라 자손이 모세와 아론의 공동 권위에 맞서 반란을 일으켰으나 실패한 것으로 제시하기 때문이다.

10 *Canaanite Myth and Hebrew Epic* (Cambridge: Harvard University Press, 1973), 195-215.

11 참고, Brevard S. Childs, *Old Testament Theology in a Canonical Context* (Philadelphia: Fortress, 1985), 147-48.

제사장과 갈등하는 무시 자손이 제사장에 대한 논거를 세운다.

벨하우젠과 더불어 크로스는 신명기 33:8cd, "주께서 그를 맛사에서 시험하시고 므리바 물 가에서 그와 다투셨도다"에서 무시 자손의 제사장직에 대한 언급을 본다. 크로스는 르비딤의 사건(출 17:1-7)이 여기서 의도된 것이라고 지적하고 모세의 비판은 무시 자손의 제사장을 존중하는 것이라고 말한다.

그 의도가 모세를 아론 자손들을 포함해서(아론 자손들과 대조되는 것이 아니라) 모든 레위인들의 대표자로 보이려는 것이라는 것이 동일하게 가능하지 않은가?[12] 이 해석은 가데스에서의 두 번째 사건이 있었다는 것(민 20:1-13)[13]을 떠올릴 때 더더욱 가능성이 높아지는데 가데스에서 모세와 아론은 중대한 역할을 했지만(2, 6, 10절), 모세는 실패했다. 가데스에서의 사건은 사실, 신명기 33:8d, "여호와께서 므리바 물 가에서 그와 다투셨도다"의 더 거친 언어에 내포된다.

단 지파의 성소(삿 18:14-31)는 명백히 무시 자손의 제사장을 두었다.[14] 본문에서 성소는 하나님의 승인도 받지 못했고, 우상숭배적이었으므로(18:30-31), 불법인 것으로 보인다. 그러나 가장 중요한 것은 이 성소의 제사장, 요나단의 적법성에 대해 도전을 받지 않았다는 것이다. 내러티브가 반대하는 것은 성소의 제사장이 아니라 성소다. 이것은 여로보암의 벧엘 성소에 대한 비난과는 대조를 이루는데, 벧엘 성소는 비-레위인 제사장이 있었다고 공격받는다(왕상 12:31-32).[15] 그러므로 사사기 18장이 반(反) 무시 자손 논쟁이며 무시 자손과 아론 자손의 경쟁 관계에 대한 증거인 것 같지는 않다.

---

12 참고, Peter C. Craigie, *The Book of Deuteronomy*, NICOT (Grand Rapids: Eerdmans, 1976), 395-96.

13 신명기 33:8d의 '므리바'는 아마도 가데스를 가리킬 것이다(민 20:13을 보라).

14 18:30의 '모세'를 맛소라 본문 '므낫세'에 반대하여 몇 70인경 사본과 라틴 벌게이트역과 함께 읽기. 또한 레닌그라드 본문에 있는 눈(*nun*)을 주목하라.

15 벧엘이 아론 자손의 제사장직을 요구했다는 크로스의 주장(*Canaanite Myth*, 199)은 근거가 없다.

다른 문서 비평가와 마찬가지로 크로스는 어디에도 존재하지 않는 경쟁 제사장 집단 사이의 갈등을 보려는 경향이 있다. 예를 들어, 크로스는 바알브올의 사건(민 25장)이 순순히 따르는 모세의 면전에서 아론 자손들(비느하스)의 열심을 보이려는 의도였다고 주장한다. 어떤 다른 고려를 제외하고 6절(여기서 한 이스라엘 사람이 모세 바로 앞에 제의 매춘부를 데려온다)은 모세가 이 이야기에서 암시하는 제의 매춘을 기꺼이 반대하려 하지 않았다는 것을 의미한다고 주장하는 것은 본문을 왜곡하는 것이다. 6절의 목적은 매춘부와 함께 한 사람이 보인 모욕이 얼마나 극악한가를 보이려는 것이다. 이것은 모세에게 한 고발이 아니다. 그리고 만약 JE(1-5절)와 P(6-18절) 사이의 문서의 구분이 허용되지 않는다면 반 무시 자손의 해석은 완전히 불가능하다.[16] 레위기 10장이나 민수기 12장 배후에서 경쟁 관계의 제사장들 사이의 갈등을 보는 것은 동일하게 보증되지 않는다.

한 본문, 민수기 16장은 중앙 성소의 제자상직을 차지하려고 시도하는 경쟁 관계의 제사장 무리에 대해 말하지만 이 본문은 크로스의 논제를 당황스럽게 한다. 여기서 한 무리의 레위인들 곧 고라 자손들은 모세와 아론에게서 중앙 성소의 의무를 차지하려 하는 반면, 모세는 대제사장직에 대한 아론의 권리를 옹호한다! 이것을 가설적인 무시 자손과 아론 자손의 경쟁 관계와 조화시키는 것은 불가능하며, 크로스는 이 갈등이 "배경 멀리에 있다"고 주장할 수 있을 뿐이다.[17] 이것은 좀처럼 만족스럽지 못하다. 이와 관련하여 두 가지 다른 중요한 본문은 출애굽기 32장과 사무엘상 2:27이하인데 이에 대해서는 나중에 논의하겠다.

크로스의 주장에 대한 부담은 대제사장 한 사람 대신 사독과 아비아달이라는 두 제사장이 어떻게 다윗 통치 때 제의를 관장했는가를 설명하는 것이

---

16 심지어 문서설 입장의 읽기도 크로스의 읽기를 확립하지 못한다. 참고, Philip J. Budd, *Numbers*, WBC (Waco: Word, 1984), 278: "어떤 종류의 제사장직에 대한 독점적인 권리가 요구되고 있다거나 대제사장직이 위기에 처했다는 암시가 여기에는 전혀 없다."

17 *Canaanite Myth*, 205.

라는 점을 지적할 가치가 있다. 크로스는 다윗이 무시 자손(아비아달)과 아론 자손(사독)의 경쟁적인 주장에 의해 이에 대한 타협에 이르지 않을 수 없다고 주장한다. 그러나 사실 본문은 아비아달이 다윗 통치 때 대제사장이었고 솔로몬은 아도니야를 지지했다는 이유로 아비아달을 제거하고 대신 사독을 임명했다는 것을 꽤 분명히 한다(왕상 2:26-27, 35). 이중의 대제사장직은 없었다.

여기서 실제 문제는 사무엘하 8:17과 역대상 24:3, 6, 21에서의 아히멜렉의 자리인데, 거기서 아비아달이 아니라 아히멜렉이 사독과 나란히 섬겼다고 말한다.[18] 사무엘하 8:17의 문제는 많은 이들이 제안한 대로 본문비평적으로 해결될 수 있으며 "아히둡의 아들 사독과 아히멜렉의 아들 아비아달이 제사장들이었다"라고 읽도록 아히멜렉과 아비아달의 위치는 바뀔 수 있다.

자리가 일찍 바뀌었고 역대기 저자가 이 실수를 따랐다고 전제하지 않는다면[19] 역대기에서 아히멜렉을 사독의 동료로 언급하는 것도 역시 문제가 있다. 그러나 이것은 불만족스럽다. 역대기 저자는 사무엘서-열왕기서가 아비아달에 대해 말해야만 했던 것을 접하면서 다윗 통치 때 아비아달의 자리에 대해 몰랐을 수 없기 때문이다.

종종 제안하는 대로 해결책은 역대기와 사무엘하 8:17의 아히멜렉은 아비아달의 아들이자, 놉의 제사장 아히멜렉의 손자였다는 것이다. 더 어린 아히멜렉은 명백히 지위에서 사독과 동등했고, 사독과 더불어 다윗 아래에서 제사장직의 재정비를 관장했다(대상 24장). 그러나 솔로몬의 직접적인 조치 때문에 사독은 아비아달의 아들 아히멜렉 대신에 대제사장직에서 아비아달을 계승했다.

역대기가 솔로몬 성전을 일종의 신정 왕국으로 이해하고 정경을 다룬 것도 여기서 문제가 된다. 명백히 사무엘하 2장에서 엘리 혈통에 대해 저주하고, 열왕기상 1-2장에서 아비아달이 아도니야를 지지하기 때문에 아비아달

---

18 또한 아비멜렉 대신에 아히멜렉으로 읽어야 하는 역대상 18:16을 보라. 참고, NIV, RSV.

19 E. W. Curtis and A. A. Madsen, *The Books of Chronicles*, ICC (Edinburgh: T. and T. Clark, 1910), 269-70.

은 역대기에서 거의 주목을 받지 못한다. 아비아달의 인품의 긍정적인 측면에도 불구하고 이 두 가지 문제는 그에게서 이상적인 신정주의 예배의 제사장 자격을 박탈하는 데 정경상에서 역할을 한다.

게다가 역대기는 의도적으로 사독과 아비아달의 아들 아히멜렉의 관계를 아론 죽음 후의 제사장직의 특성과 비슷한 방식으로 확립한다. 민수기 20:22-29에서 엘르아살은 아론이 죽을 때 대제사장으로 성별됐다. 그러나 그의 형제 이다말은 역대상 24:2에 따르면 계속 엘르아살과 더불어 장막의 제사장으로 봉사했다. 역대상 24:2-3의 전체 본문을 인용할 가치가 있다. "나답과 아비후가 그들의 아버지보다 먼저 죽고 그들에게 아들이 없으므로 엘르아살과 이다말이 제사장의 직분을 행하였더라. 다윗이 엘르아살의 자손 사독과 이다말의 자손 아히멜렉과 더불어 그들을 나누어 각각 그 섬기는 직무를 맡겼는데." 그 다음에 본문은 엘르아살과 이다발의 제사장의 구분이 어떻게 그들의 임무에 주어졌는지를 묘사한다. 그러나 본문은 엘르아살이 이다말보다 위에 있었듯이 사독의 자리가 아히멜렉보다 위에 있었다는 것을 내포한다.[20]

사독과 아히멜렉의 관계는 아론 자손과 무시 자손의 관계가 아니라 엘르아살의 후손과 이다말의 후손의 관계다. 둘이 지녔던 운용방식은 그들의 조상과 비교할 만했다. 이런 식으로 역대기는 다윗 솔로몬의 예배를 되돌아보고, 이를 넘어 신정의 이상에 대한 유형으로 오경을 되돌아본다.

예헤즈켈 카우프만

유명한 학자 예헤즈켈 카우프만Yehezkel Kaufmann은 제사장직의 역사를

---

20 Jacob M. Myers, *I Chronicles*, AB (New York: Doubleday, 1965), 164-65가 하듯이, 사독의 아버지 아히둡(삼하 8:17)과 아비아달의 조부 아히둡(삼상 22:20)이 동일한 인물이었다고 여기며, 따라서 역대기 저자가 아히멜렉의 혈통을 이다말까지 추적하는 것이 타당하지 않다고 간주할 필요는 없다. 참고, Cross, *Canaanite Myth*, 214. 명백히 아론 자손들은 비느하스와 아히멜렉과 아히둡을 포함해서 엄선된 많은 이름들을 사용했다.

확립하는 데 문서 자료를 사용한다. 하지만, 이는 많은 면에서 고전적인 벨하우젠의 입장과는 다르다. 카우프만은 그라프-벨하우젠 학파의 포로기 이후 연대에 맞서 P에 대해 이른 연대를 확립하는 데 가장 관심을 가졌다. 카우프만은 제사장직의 역사의 근본적인 갈등은 (비-레위인의) 아론 자손과 레위인 사이에 있으며 레위인은 사독 자손의 지도를 받았다고 주장한다. 카우프만은 이 갈등이 매우 오래 됐다고 간주하고 이 갈등을 에스겔과 에스라 아래에서의 후속 발전과 전적으로 분리시킨다.[21] 본문 사무엘상 2:27-36은 나중에 논의하겠지만 카우프만의 이론에서 역시 중요한 본문이다.

보수주의의 반응

보수주의자들은 다양한 면에서 문서비평 이론에 대응했다. 보수주의자들은 신명기가 결코 중앙 성소를 예루살렘에 설치해야 한다는 것을 의미하지는 않는다고 적절하게 지적한다. 오히려 신명기는 에발 산에 특히 주목한다(신 27:1-8). 또한 글리슨 L. 아처Gleason L. Archer, Jr.는 P의 많은 부분이 포로기 이후의 삶의 정황과 잘 들어맞지 않는다고 지적한다. 특히, 포로기 이후 성전에 매우 중요했던 음악가들과 서기관들 집단에 대한 언급이 없다는 것이다.[22] 그러나 중요한 것은 비평적 재구성이 실제로 전통적인 견해보다 더 설득력이 없거나 만족스럽지 않다는 것이다. 비평 학자들은 레위인들이 언제 그리고 왜 제사장의 지파가 됐는지를 어느 정도 일치하게 설명할 수 없었다. 비평적 재구성은 사실 문제에 대한 해결이라기보다는 문제를 진술한 것뿐이다. 문서설의 모델에서는, 이스라엘의 제사장직이 거의 동시에 광범위한 중

---

21 Yehezkel Kaufmann, *The Religion of Israel, from Its Beginnings to the Babylonian Exile*, trans. Moshe Greenberg (reprint; New York: Schocken, 1972), 193-200.

22 Gleason L. Archer, Jr., *A Survey of Old Testament Introduction* (Chicago: Moody, 1974), 163.

앙화로 나아가기도 하고 중앙화에서 멀어지기도 하면서 상당히 유동적이다. 한편으로는 가문의 전문적인 제사장직(엘리, 사독)은 초기 현상이며 일반적으로 레위인들과 제사장직이 연결되는 것보다 앞선다.[23] 다른 한편으로는 일반적인(즉 반드시 아론 자손은 아닌) 레위인의 제사장직은 사독의 제사장직에서 예루살렘에 중앙화되기 전까지 오랜 왕국 시대 동안 존재한다. 아론 자손-사독 자손의 제사장직은 역사적 과정의 처음과 끝 모두에 있을 수 없다. 즉, 아론 자손-사독 자손의 제사장직은 제사장직이 레위인들과의 광범위하게 연결되는 것에 대한 전조일 수도 없고 그 결과일 수도 없다.[24]

이른 시기에 광범위하게 제사장직이 레위인들과 연결됐다는 것은 벨하우젠이 인정한 사실이기도 하며[25] 또한 문서설 이론에 주요 문제가 되기도 한다. 이 현상에 대해 어떤 설득력 있는 설명도 나오지 않았다. 마찬가지로 문서설의 재구성에 따르면, 요시야의 신명기적 개혁은 예루살렘의 제사장에 대한 독점적 특권을 세우지만 가장 명백하게 모든 레위인들이 제사장들이라고 주장하는 것도 신명기다. 문서설의 재구성에 대해 이 문제의 중요성은 사실 적절히 다뤄지지 않았다. 예루살렘의 아론 자손의 제사장들이 요시야 개혁에서 D 작성의 배후에 있다면 그들은 왜 레위인을 지지하는 자료를 감추지 않았는가? 북부 레위인들이 D 배후에 있다면 그들은 왜 자신들과 자신들의 신학에 반대하는 개혁을 지지했는가?

이런 혼란스러운 역사적 재구성은 우리에게 본문 자체에서 매우 분명한

---

23 상당히 많은 문서 비평학자들은 엘리 자손이나 사독 자손(또는 둘 다)이 아론 자손(또는 최소한 레위인의)이라는 주장이 타당하고 받아들인다. 참고, Cross, *Canaanite Myth*, 209-14; Cody, *History*, 70; Polk, "Levites," 19, n. 7; Haran, *Temples*, 76-78.

24 Wellhausen, *Prolegomena*, 148-51은 포로기 이후 대제사장의 이른바 군주로서의 많은 특성이 포로기 이전 대제사장과는 대조된다고 본다. 그러나 이것은 왜곡된 것이다. 포로기 이후 초기에 왕이 없었으므로 대제사장이 중요했지만, 대제사장은 중간기가 되어서야 세속적 지도자를 능가했다(참고, 슥 3-4장). 하지만 벨하우젠이 인정하듯이(*Prolegomena*, 129) 심지어 엘리도 상당히 존경 받고 권력을 가진 사람이었고 언약궤를 소유했으므로 엘리는 명백하게 중앙성소의 대제사장이었다.

25 앞의 책, 146.

것만 우리에게 말해줄 뿐이다. 즉 구약은 일관된 방식으로 레위인이라는 용어를 사용하지 않는다는 것이다. 그러므로 레위인이라는 용어에 수반되는 다양하고 외견상으로 모순되는 의미가 역사적인 변칙에 의존하지 않는 방식으로 설명될 때까지는 이 문제는 해결된 것으로 간주될 수 없다.

새로운 제안

그러나 비평적인 모델과 전통적인 모델 둘 다에 대한 대안이 존재하며 이 대안은 창세기 원 자료를 이집트에 거류하는 동안 전달하고 보존한 문제를 푸는 열쇠가 될 것이다. 이 해결책은 다음과 같다. 레위인들의 서기관과 교사와 유사-제사장으로서의 기능은 실제로 출애굽보다 앞서며 이집트에서 시작했다. 이 기간 동안 알려지지 않은 이유에서 레위 지파 구성들은 족장의 전통을 보존하고 그 전통을 전체 공동체에 가르치는 역할을 떠맡기 시작했다. 이 시기에 기본적인 제사장의 의무가 그들에게 역시 할당되기 시작했다. 출애굽에 즈음하여 이 역할들은 법이 아니라 전통에 의해 레위인들의 역할로 확고하게 확립됐다.

이집트 사람들 사이에서 서기관의 지위는 이미 이스라엘이 이집트에 들어가기 오래 전에 영예로운 지위였다. 서기관 직업이 우월함을 모든 다른 이들에게 묘사하는 저작인 『거래에 관한 풍자』*Satire on the Trades*는 아마도 중왕국이나 그 이전의 시대에 속할 것이다.[26] 훈련받은 서기관들의 필요는 제국의 성장으로 증가했는데 제국과 함께 수반되는 행정이 따라왔기 때문이다. 이집트의 학생들은 단어 목록과 잡다한 사업 편지와 교훈적 문학으로 글쓰기를 연습하곤 했다. 람세스 2세 때 연습하기 좋은 저작으로는 서기관 호리Hori가

---

26 *ANET*, 432.

자기 동료 아메네모페Amenemope에게 보낸 풍자의 편지였다.[27]

고대 이집트 문화의 세 주요 전성기인 고왕국과 중왕국과 신왕국에서 어마어마한 양의 문학이 나온다. 여기에는 찬양과 종교적 문헌, 교훈적 자료, 이야기, 시, 노래가 포함된다. 이집트에 있는 이스라엘에게는 자체의 서기관 계층을 발전시키려는 강한 자극제가 됐을 것이다. 이스라엘 사회 구조 특히 지파를 조직의 근본적인 구성으로 강조하는 구조는 이 기능을 모든 지파 내에 '민주적으로' 퍼뜨리는 것보다는 한 지파에서 서기관 전통을 발전시키는 것을 선호했을 것이라는 가설을 세울 수 있다. 또한 우리는 대제사장의 '명가'가 이집트에서는 알려지지 않았다는 사실을 지적할 수 있다. 아비도스Abydos의 오시리스Osiris 성전은 라메시드 시대Ramesside period(제19왕조와 20왕조 시대-옮긴이) 기간 단일 가문에서 나온 여섯 대제사장들이 연속으로 지배했다.[28]

금송아지 사건이 발생한 동안 레위인들이 모세에게 보인 신실함은 성막과 성막의 기구들을 돌보는 자들로 레위인들을 임명하는 자극제가 됐다. 사실 시내 산에서의 가르침은 일반적으로 제사장직의 개념이 아니라 오직 성막의 중앙 성소의 기능과 유지에 관계가 있었다. 특히 광야 방랑의 기간에 전 민족이 작은 지역에 모여 있었고 모두가 회막에서 예배했을 때 이스라엘의 마을들에 퍼진 제사장 제도가 필요하지 않았다. 엄밀한 의미에서 모든 레위인들은 성막에서 사역했다.

그러나 중앙 성소는 특별히 중요했으므로 특별한 분파의 레위인(아론 자손들)에게 제사장의 의무를 수행할 임무가 주어졌고 그 밖의 어느 누구도 심지어 레위인도 거기서 직무를 수행할 수 없다. 이 성소의 독특한 중요성, 언약궤를 둔 것에 근거한 독특함은 아론 자손의 제사장직과 마찬가지로 이스

---

27 서기관 학생의 삶에 대한 훌륭한 묘사에 대해, K. A. Kitchen, *Pharaoh Triumphant: The Life and Times of Ramesses II* (Warminster, England: Aris and Phillips, 1982), 142-45을 보라. T. G. H. James, *An Introduction to Ancient Egypt* (New York: Harper and Row, 1979), 96을 또한 보라.

28 Kitchen, *Pharaoh Triumphant*, 170.

라엘 역사 전반에서 지속돼야만 한다.

지역 서기관이자 이스라엘 전통을 보존하는 자료서의 모든 레위인들의 일반적인 지위는 시내 산에서 금지되거나 종결되지 않았다. 그 반대로 가나안 땅에 이스라엘이 도착했을 때, 레위인들은 땅으로 흩어지고 이 역할을 재개할 것이라고 이해하는 것은 당연했다. 중앙 성소는 더 이상 지속적으로 움직이지 않으므로 성막과 성막의 기구를 유지하고 옮길 더 큰 규모의 레위인들에 대한 필요성은 사라질 것이다.

그러므로 가나안 정복 후 고핫 자손과 게르손 자손과 므라리 자손 대부분은 당연히 땅 전역에 흩어져 자신들의 제사장적 책임을 맡아야 할 것이다. 사람들의 기억에서 레위인들이 항상 해왔던 것이므로 이 권한을 그들에게 부여하는 특별한 법이 필요하지 않을 것이다.

구약에서, 제사장직과 레위인들에 대한 두 다른 개념이 동시대에 그리고 갈등 없이 사람들의 마음에 존재했다. 한편, 시내 산 법에 따르면 중앙 성소의 오직 특별한 제사장만 거기서 봉사할 수 있다. 이 기능은 아론 자손들에게만 허락되어 한 동안 엘리 가문에 속했고 나중에 사독 집안에 속했다. 다른 한편, 모든 레위인들은 이스라엘의 마을에서 제사장의 역할을 했다.

요시야의 개혁(그리고 유다의 국가의 줄어듦)은 나중에 예루살렘 주변의 모든 레위인들을 모이게 했고 시간이 지나자 '일반' 레위인 제사장직은 사라졌다. 포로기와 포로에서 돌아온 기간에 명백히 지역 제사장들로서의 모든 레위인들의 일반적인 기능은 완전히 멈췄다. 그러나 단 지파의 성소와 벧엘 제사장은 처음부터 합법적이지 않았고 결코 신명기적 역사가들에게서도 유효하다고 인정받지 못했다.

무슨 증거가 이 이론을 뒷받침하는가? 어느 곳에서도 오경은 명백하게 레위인들이 이집트에서 거류할 때, 서기관의 역할을 했다고 주장하지 않는다. 다른 한편, 구약은 우리에게 이 시기에 대해 전혀 이야기하지 않는다. 레위인들이 이집트에서 서기관의 역할을 했다면 이 특별한 정보는 명백히 진술됐어야 했다고 가정할 어떤 이유도 없다. 그럼에도 많은 이유에서 레위 지파가 출애굽 사건 이전에 이집트에 있는 이스라엘 지파들 가운데 특별한 지위를 차지했다는 것은 분명하다.

시내 산에서의 법

일반적인 이해와는 반대로 레위 지파에게는 금송아지 사건 때 제사장의 특권이 허락되지 않았다. 여기서 중요한 본문은 출애굽기 32:29, 신명기 10:8, 33:8-11와 출애굽기 24:5이다.

출애굽기 32:29

출애굽기 32:29은 "각 사람이 자기의 아들과 자기의 형제를 쳤으니 오늘 여호와께 헌신하게 되었느니라 그가 오늘 너희에게 복을 내리시리라"라고 한다. 모세는 레위인들이 우상숭배에 빠진 자기 가족들을 삼가지 않고 죽였기 때문에 그들이 헌신했고(문자 그대로 "우리 손이 가득했다") 축복받았다고 말한다. 손을 채우는 것은 한 개인을 특별한 성소의 제사장직에 성별(개역개정, "헌신"-옮긴이)했다는 것을 가리킬 수 있지만(참조, 출 29:9; 삿 17:5; 왕상 13:33), 또한 역대상 29:5과 역대하 29:31에서처럼 어떤 다른 거룩한(하지만 필연적으로 제사장의) 성소의 의무에 한 개인을 성별한 것을 가리킬 수도 있다.

여기서 언급된 성별은 레위인들이 회막에서 행했던 뒷받침하는 역할을 가리킨다. 그들의 의무는 민수기 4장에 자세히 묘사된다. 즉 그들은 성스러운 기구, 성막과 언약궤를 보호하고, 옮기며 관리해야 한다. 하지만 출애굽기 32장은 레위인들이 이미 이 사건 전에 성직의 지위에서 봉사했었는지, 또는 그들이 중앙 성소에서 멀리 있을 때 거룩한 의무를 했는지의 문제는 다루지 않는다.

또한 성별, 곧 "손을 채우는 것"은 이 순간 전에 관련된 사람이 단순히 일반 사람이었는지를 의미하지 않는다. 성별은 제사장직에 대한 것이 아니라(기독교의 안수와 같이), 구체적인 장소에서 구체적인 기능에 대한 것이다. 즉 이미 일종의 성직 계급인 사람은 구체적인 성소에 봉사하도록 '성별'된다(

삿 17:12).[29]

"손을 채우다"는 "성직을 임명하다"를 의미하지 않으므로,[30] 출애굽기 32:39이 어떤 의미에서도 레위인들의 '성직 임명'을 묘사한다고 주장할 수 없다. 아무튼 레위인이 일반 사람에서 제사장으로 바뀌는 너무나 중요한 사건을 이렇게 생략하면서도 간략하게 알린다면 이상하다고 할 수 있다. 출애굽기 32:29은 레위인의 일반적인 제사장의 특권이 여기서 시작됐다고 주장하지도 않고, 레위인들이 이 시기 이전에 일종의 성직의 의무를 가졌을 가능성을 부인하지도 않는다. 출애굽기 32:29은 단순히 예기적으로 레위인들이 중앙 성소에서 하게 될 뒷받침하는 기능에 대해 언급할 뿐이다.[31]

신명기 10:8

문맥상 신명기 10:8의 기능은 특히 문제가 된다. 이 절은 "그때에 여호와께서 레위 지파를 구별하여 여호와의 언약 궤를 메게 하며 여호와 앞에 서서 그를 섬기며 또 여호와의 이름으로 축복하게 하셨으니 그 일은 오늘까지 이르느니라"라고 되어 있다. 있는 그대로 이 절은 금송아지 사건을 레위인의 성별과 연결시키지 않을 뿐만 아니라 명백하게 두 사건을 구별하고 성소 의무에 대해 레위인들을 성별하는 것은 금송아지 숭배보다 훨씬 뒤에 왔다는 사실을 주장한다. 실제로, 현재 그대로 이 절은 레위인들이 아론의 죽음 후 성막에서 사역하도록 성별됐다는 것을 가리킨다(6절)![32] 이것은 레위인들이 아

29 출애굽기 29장은 중앙 성소의 대제사장으로 섬기도록 아론을 성별한 것을 묘사한다. 그러나 이것은 예외적인 것이 아니다. 아론은 회막에서 섬기도록 성별되기 전에 이미 제사장이었기 때문이다.

30 Roland de Vaux, *Ancient Israel*, 2 vols. (New York: McGraw-Hill, 1965), 2:346-47을 보라.

31 어떤 이들이 회막의 레위인들을 '신전 노예'로 간주하는 경향은 잘못됐다. 문자 그대로 '성전 노예'인 신전 노예(hierodule)라는 단어는 이스라엘의 성소보다는 이교도의 성소의 제의 매춘부와 하인에 더 적합하다. 중앙 성소에서의 레위인들의 의무는 본문에서 좌천이나 격하가 아니라 존경의 의미로 제시된다.

32 여기서 문제는 "그때에"(8a절)의 지시 대상이 무엇인가 하는 것이다. 이것이 즉각적으로

론이 살아 있는 동안 성막을 관리했다고 하는 이전의 지적(민수기에서)과 모순되어 보일 것이다.

그러나 최소한 두 가지 해결책이 가능하다. 신명기 10:8은 레위인들의 두 번째 성별을 가리킬 수 있는데 이에 대해 우리에게는 엘르아살의 성별 기록 이외에는 다른 기록이 없다(민 20:22-29). 하지만 이것은 인위적이고 조화로운 해결책이며 바람직하지는 않다.

두 번째 해결책은 신명기 10:6-9이 본문에 대해 두 단계의 편집적인 추가를 나타낸다는 것이다. 첫째 편집 내용 6-7절은 가데스바네아에서의 사건인 신명기 9:23-29 후 이스라엘의 이동을 묘사한다. 두 번째 10:8-9은 금송아지 내러티브인 9:7-21과 10:1-5에 덧붙여진 설명의 언급이다. 이것이 최선의 해결책이며, 실제로 이것은 레위인들을 성막에서의 그들의 의무에 대해 성별하는 일은 금송아지의 죄를 범하고서 얼마 후에 일어났다고 주장한다. 그러나 출애굽기 내러티브 역시 금송아지 사건 후에 회막이 세워졌고 제사장들과 레위인들이 성별됐다고 명백하게 지적하므로(출 36:8-40:38), 이것은 논란이 되거나 문제가 되는 사항이 아니다.

본문 자체에서도 명백하게 진술하듯이("그 일은 오늘까지 이르느니라," 8절), 신명기 10:8-9은 편집에 의한 삽입으로서 정복과 정착 후의 상태를 반영한다. 이 단락은 사사 시대 말이나 왕국 시대 초에 그 기원을 둔다. 이것은 오로지 언약궤에 관심을 가지는 데서 반영되는데 이 언약궤는 물론 이동 가능하며 당시 역사에서 주요 역할을 했다(삼상 4-7; 14:18; 삼하 6; 7:2; 11:11; 15:24-29). 성막(이는 성막이 고정된 장소에 있었거나 파괴됐다는 것을 가리킬 것이다)이나 성전(이는 후대의 삶의 정황을 요구할 것이다)에 대한 레위인의 의무에 대해 어떤 것도 말하지 않는다.

이 절은 이런 관점에서 기록되어 레위인들의 역사와 사역을 축소시키고 크게 단순화시킨다. 있는 그대로 이 절은 금송아지 숭배의 사건이 지난 지 얼

앞선 것을 가리킨다고 여길 수 없다.

마 후 ‘레위인들’이 언약궤를 나르도록 구별됐으며 사역하고 찬양하도록 여호와 앞에서 세워졌다고 주장한다. 언약궤를 나르는 일은 시내 산 법에서 레위인들에게 부여된 보조하는 성소의 의무에 속하고 사역하고 찬양하도록 여호와 앞에서 세워진 것은 구체적인 제사장적 기능이다. 시내 산 법에 따르면 오직 아론 자손들만이 중앙 성소에서 제사장으로 봉사할 수 있다. 하지만 모든 레위인들은 확립된 전통에 근거하여 이스라엘의 지역 성소에서 제사장으로 봉사할 수 있다. 편집자는 중앙 성소에서의 아론 자손의 제사장의 기능(결국 아론 자손들이 레위인들이었다)과 비-아론 자손 레위인들의 일반적인 제사장의 의무를 구분하지 않았다. 물론 편집자는 연대기적인 언급을 삽입하고 있을 뿐이며 이스라엘의 제사장직의 전체 구조를 제시하려고 시도하고 있지 않다.

본문은 금송아지 사건 이전에 레위인들이 일반 사람들이었고 그들이 금송아지 사건에 한 일 때문에 제사장직은 그들에게 부여됐다고 주장하지 않는다. 다시 말하자면 아론 자손도 레위인들이었고 그들이 성막에서 직무를 집행해야 한다는 지시는 금송아지(출 29장)와 관련된 죄를 짓기 전에 모세에게 주어졌다. 사실 신명기 10:8은 금송아지 사건이 레위인들을 그들의 의무에 성별하는 것보다 앞선다는 연대기적인 순서를 제시할 뿐이다. 출애굽기 32장에서의 레위인들의 용맹함은 중요하지만, 이것은 단순히 중앙 성소의 청지기로 봉사하도록 성별됐음과 결부시킬 뿐이다. 즉 이것은 레위인들 또는 아론 자손들이 어떻게 제사장이 됐으며 왜 됐는지에 대해서는 더 큰 관계가 없다.

신명기 33:8-11

셋째 본문, 신명기 33:8-11은 모세의 축복의 일부다. 여기서 나이든 모세는 매우 축약되고 낙관적인 양식으로 레위인들의 역사에서의 몇 가지 사건들을 언급한다. 본문은 레위인들이 둠밈과 우림을 받았고(사실 아론 자손만이 이것을 받지만), 시험의 시기에 신실했으며(9절은 출애굽기 32:29를 암시한다), 율법을 이스라엘에게 가르쳤고(10a절, 레위인들의 일반적인 제사장의 기능), 중앙 성소에서 제사장의 의무를 이행한다(10b절, 아론 자손의 기능)고 말한다.

본문은 모든 레위인들이 묘사된 모든 의무를 이행했다고 주장하지 않는다(그리고 우리는 이와 같은 예전 본문에 나오는 개별 의무들을 신중히 묘사한 것을 기대하지 않아야 한다). 또한 본문은 금송아지 사건에서의 레위인들의 신실함 때문에 그들이 제사장직을 받았다고 절대로 주장하지 않는다. 그 반대로 이 에피소드는 단순히 레위 역사에서 긍정적인 순간으로 언급될 뿐이다(모든 지파들은 이 단락에서 매우 호의적인 용어로 제시된다).

출애굽기 24:5

출애굽기 24:5은 시내 산 언약시의 일부로서, 모세가 '청년들'을 희생제물을 바치도록 보냈다고 진술한다. 이것은 한 학자의 단어 표현으로, "전문적인 제사장직의 시기 전(레위의 후대 성직 임명에 대해 출 32:29를 보라)에 오는 원시적 언급"으로 종종 간주된다.[33]

이것은 반드시 그런 것은 아니다. 이미 지적한 대로, 출애굽기 32:29는 결코 레위 지파의 '성직 임명'이 아니다. 또한 '청년들'은 모든 지파에서 오며 레위 지파에서만 온 것이 아니라는 것도 분명하지 않다.[34] 청년들이 모든 지파 출신이라는 것이 인정된다고 해도, 이것이 레위 지파가 이 당시 특별한 지위를 가졌다는 것을 의미하지는 않는다.

나는 일반적으로 출애굽 이전의 레위 지파를 '제사장' 지파라기보다는 '서기관'이나 '성직' 지파라고 언급했다. 다시 말해서, 나는 레위 지파가 이스라엘의 족장의 종교 전통을 보존하고 전달하는 주요 책임을 맡았다고 믿는다. 이런 의미에서 그들은 '성직자'이지만 이것은 그들이 희생제물을 바치거나, 축복을 선언하거나 다른 성스러운 의무를 이행할 권리를 지닌 유일한 자들이라는 독점적인 의미에서 '제사장들'이었다고 말하는 것이 아니다.

---

33 R. Alan Cole, *Exodus*, TOTC (Downer's Grove: Inter-Varsity, 1973), 185.

34 4절은 기둥들이 열두 지파를 나타낸다는 데서는 명백하지만 청년들의 지파(들)에 대해서는 어떤 것도 말하지 않는다.

그 반대로 누가 이 의무를 이행할 것인가 하는 질문은 이스라엘이 천천히 가족 공동체에서 민족 공동체로 옮겨가는 이집트에 거주하는 동안 유동적인 상태에 있었음이 틀림없다. 하지만 레위 지파가 서기관과 성직의 의무를 맡았으므로 레위인들이 민족의 제사장이었다는 일반적인 이해가 발전됐음이 틀림없다. 유추에 의해 공식적으로 성직자가 없는 현대 종교에서 실질적인 성직자는 종교의 정경을 공부하고 해석하는 자들 사이에서 발전한다.

출애굽기 24:5의 청년이 사실 모든 지파에서 왔다면 이것은 아마도 의식의 특별한 의미 때문일 것이다. 즉 모든 지파는 언약의 비준에 대표로 나와야만 한다(4절). 이것은 또한 '레위인의 성직'에서 '레위인 제사장'으로의 개념상으로 아직 충분이 변경됐지 않았다는 것을 의미할 수도 있다. 이것은 레위인들이 이미 출애굽 전에 특별한 역할을 했었다는 논제를 훼손하지는 않는다.

요약하자면, 구약은 어디에서도 금송아지 사건 때의 레위 지파의 신실함이 그들이 지파들 가운데 일반적인 제사장의 의무를 받은 이유였다고 주장하지 않는다. 레위인들의 신실함은 레위 지파를 옹호하는 것이며 필연적인 이유는 아니더라도 그들이 회막의 보조 인력으로 성별된 적절한 기회였다.

금송아지와 아론 자손의 제사장직

사실 금송아지 죄의 사건은 레위인들이 전체 이스라엘 사람들에 의해 성직자로 간주됐으며 아론은 이 우상을 만들기 전에 레위인들의 우두머리로 인정받았다는 사실을 강력하게 암시한다. 출애굽기 32:1-6에서, 이스라엘 사람들은 아론 "주변에 모여" 신들(우상) 앞에 나아가도록 우상을 만들자고 아론에게 요청한다. 아론은 즉각적으로 사람들에게 그들의 금과 보석을 자신에게 달라고 말하고 금송아지를 만들고 그 다음에 제단을 세우고 축제를 선언한다.

이스라엘 사람들은 왜 아론에게 갔는가? 대답은 그가 모세와 연결되기 때문은 아닐 것이다. 왜냐하면 이스라엘 사람들은 명백히 자신들에 대한 모세의 권위를 거부했기 때문이다(32:1). 대답은 오직 아론이 모세와의 연관성 이외에 일종의 제사장의 지도력을 가진 것으로 인정받았기 때문이라는 것이다. 본문은 또한 아론이 우상과 성소 만들기를 지시했고 제의적 절기를 세웠다고 지적한다. 이것은 아론이 제사에 필요한 대상과 의식을 이전에 알았다는 것을 의미한다.

더 많은 증거가 하나님이 실제로 모세에게 아론을 제사장으로 성별하도록 말하는 방식에서도 발견된다. 아론 자손의 제사장적 의무에 대해 처음 명백하게 언급하는 곳은 출애굽기 27:20-28:5인데, 거기서 하나님은 모세에게 아론 자손들이 회막에서 타고 있는 등잔을 지켜야 되며, 아론 자손의 제사장들이 그들을 위해 만들어진 특별한 옷을 입어야 한다고 말한다. 출애굽기 29장에서 회막을 섬기도록 그들을 성별하는 의식이 제시된다.

아론 자손(그리고 어떤 다른 가문은 안 됨)이 제사장이 되어야 한다는 선언은 분명히 없다. 즉 단순히 아론 자손이 제사장이 될 것이라는 주장이 있다고 여겨질 뿐이다. 사실은 하나님이 중앙 성소에서 아론을 제사장으로 선택했고, 레위인들을 조력자로 선택했다는 공적인 표현이 도단과 아비람 및 고라의 자손들이 아론 자손의 패권에 도전한 후까지는 필요하다고 생각되지 않았다(민 16-18장). 그러므로 아론 자손들을 중앙 성소의 제사장들로 처음 임명한 것은 처음이자 예기치 않은 하늘의 허가가 아니라 이미 존재한 상황을 하나님이 비준한 것이다.

그 이상으로 증거는 아론이 출애굽 이전에 이스라엘에서 유일한 제사장은 아니었고 레위인들은 일반적으로 서기관이나 성직의 의무를 지녔다는 것을 의미한다. 아론의 구별은 그가 그들의 우두머리였다는 것이다. 이것은 아론이 "레위 사람 네 형 아론이 있지 아니하냐"라고 출애굽기 4:14에서 독자에게 먼저 나타나는 방식에서도 볼 수 있다. 구체적으로 아론을 레위 사람이라고 언급한 의도가 단순히 아론이 레위 지파에 속한다는 것뿐이라면 의미가 없다. 모세 자신은 레위 지파에 속했으며 그는 자신의 형제의 지파를 자신을 위해 확인할 필요가 없었다. 그렇다면 레위 사람이라는 용어를 가장 잘 이해한 것은 이 용어가 단순히 족보상으로의 언급(이는 "레위 지파의 아들, 아론"이 될 것이다)이 아니라 당시 이스라엘 사람들 사이에서 아론이 차지했던 지위를 가리킨다.

이것은 레위 사람이 '제사장'을 가리키는 흔하고 거의 전문적인 용어로 이미 사용됐다는 사실을 의미한다. 하란이 언급하듯이, "단순한 진리는 '레위인'에 대한 칭호가 제사장과 동의어가 될 정도로, 이 구절이 제사장직은 원리상으로 레위 지파의 특권이라는 전제에 근거한다는 것이다".[35] '레위인'이 '제사장'과 완전히 동의어였다고 말하는 것은 그렇게 정확하지 않지만 오히려 '레위인'과 '제사장' 사이에 의미상 중첩이 존재한다.[36] 아론은 레위인들, 이스라엘의 제사장들의 지도자였으므로 아론은 레위인이었다. 제사장을 가리키며 여기서 사용된 용어가 실제로 레위인이므로, 함의는 성직의 의무가 결코 레위 사람들 가운데 아론 가문에만 국한된 것은 아니었다는 것이다.

모세와 아론과 레위인들을 향한 이스라엘의 태도

사실 출애굽 세대에서 고정되고 어길 수 없다고 간주됐던 것은 아론의 대제사장직이 아니라 레위인들의 성직 기능이었다. 중요한 요인은 레위인의 제사장직에 맞서는 어떤 저항도 내러티브에 나오지 않는다는 것이다. 이스라엘 사람들이 얼마나 통렬히 모세에 저항하고, 때로 아론에게 저항했는지를 고려하면,[37] 그들이 한 번도 레위의 성직 제도에 반대하지 않았다는 것은 놀랍다. 이것은 이 특별한 레위인의 역할이 출애굽보다 앞선다고 할 때만 설명될 수 있다

실제로, 레위 지파의 전통적이며 출애굽 이전의 제사장직이 확립된 곳은 정확하게 모세에게 맞섰던 가장 큰 반란(다단, 아비람, 고라 아들들의 반란)에

---

35 *Temples*, 68. 하지만 하란은 물론 이 호칭이 시대착오적이라고 주장한다.

36 참고, George Buchanan Gray, *Sacrifice in the Old Testament* (1925; reprint, New York: Ktav, 1971), 247.

37 출 16:2.

서다. 이 사건에서 고라 아들들은 전문적인 제사장직을 차지하려 했고 다단과 아비람에게서 지지를 받았다(민 16장). 반란 자체는 성격상 전적으로 종교적인 것도 아니고 전적으로 세속적인 것도 아니었다. 음모자들은 공동체의 지도자로서의 모세와 회막의 대제사장으로서의 아론을 대체하기를 원했다. 모세에 대해 일반 사람들이 반대한 주요 불만은 모세가 그들을 이집트에서 광야로 데려갔고 스스로에게 너무 많은 권위를 취했다는 것이다(3, 13절).

고라 아들들의 불만은 종교적이었다. 그들은 고핫 자손이었고(1절), 비-아론 자손의 레위인들로서, 중앙 성소에서 제사장으로서 사역할 권리가 없었다. 하지만 그들은 아론이 더 이상 대제사장으로 기능할 가치가 없다고 여기게 됐는데 명백히 아론이 모세와 연결됐기 때문이다(11절). 그들은 아론을 대체하고 회막을 자신들이 통제하려고 의도했다. 그들은 또한 권력과 특권에 대한 단순한 탐욕에서 움직였다(9-10절).

가장 중요한 것은 일반 지도자들과 레위인들의 동맹은 모세와 아론의 권위에 대한 이런 중요한 도전을 제기할 필요가 있었다는 것이다. 출애굽 초기부터 무르익었던, 모세에 대한 일반 사람들의 반대는, 홀로(즉, 레위인들의 지지가 없이) 대항을 강행하기에는 충분하지 않았다. 음모를 꾸민 자들은 명백히 본질적으로 성막에는 레위인의 제사장이 있어야 한다고 간주했다. 레위인들이 짧은 기간 동안 성스러운 자격으로 봉사했더라면 이것은 정말로 놀랄만하다. 레위인의 제사장직이 새로운 것이라면 일반 사람들은 아론과 모세가 만든 제도라고 전체 레위인의 제도에 맞서 반란을 일으켰을 것이라고 우리는 기대할 수 있다.

그 반대로, 반란을 일으킨 자들은 레위인의 제사장직에는 도전하지 않았을 뿐만 아니라 그들은 명백하게 레위인의 제사장직이 유효하다고 간주한다. 향로를 들고 여호와 앞에 선 이들은 일반 사람들의 반대가 아니라, 고라의 아들들이었다.

반란 후, 중앙 성소에서 아론 자손들의 제사장 기능과 나머지 레위인들의 보조하는 기능은 다시 확고해졌다(민 17:1-18:7). 이 확증의 목적은 누구든 아론의 제사장직을 차지하려는 또 다른 시도를 하지 못하게 하려는 것이었다. 그러나 여기서 다시 본문은 오로지 중앙 성소에만 관심을 가지는데, 이 중앙 성소는 이스라엘 역사의 이 단계에서는 회막이었다. 본문은 레위인들이 가나안에 흩어져 정착할 때, 수행해야 할 기능에 대해서는 어떤 것도 말하지 않으며, 결코 레위인들에게 정착 후에 지역 공동체에서 제사장의 의무를 갖지 말라고 하지도 않는다.

마찬가지로, 제사장들과 레위인들을 위한 제물 규정인 민수기 18:8-32은 비-아론 자손의 레위인들이 결코 어떤 제사장의 의무도 가져서는 안 된다고 주장하지 않는다. 단순히 그들은 중앙 성소의 제사장직을 이행하지 않는다고 진술할 뿐이다(21-24절).

신명기에서의 레위인의 제사장직

신명기 18:1-8에서의 레위인의 제사장직에 대한 묘사는 레위인들의 역할에 대한 나머지 오경의 묘사와 모순되지 않는다. 본문의 중요한 부분인 6-8절은 다음과 같다.

> 이스라엘 온 땅 어떤 성읍에든지 거주하는 레위인이 간절한 소원이 있어 그가 사는 곳을 떠날지라도 여호와께서 택하신 곳에 이르면 여호와 앞에 선 그의 모든 형제 레위인과 같이 그의 하나님 여호와의 이름으로 섬길 수 있나니 그 사람의 몫은 그들과 같을 것이요 그가 조상의 것을 판 것은 별도의 소유이니라

다음과 같이 세 가지 질문을 물어야 한다.

1. 레위인은 여기서 아론 자손으로 묘사되는가, 아니면 아론 자손이든 아니든 어느 레위인이라도 가능하다고 의도한 것인가?

2. 그는 제사장으로 봉사하는가, 아니면 단순히 비-제사장으로서의 돕는 역할을 할 뿐인가? "여호와의 이름으로 섬기"는 것은 무엇을 가리키는가?

3. "여호와께서 택하신 곳"은 중앙 성소, 곧 회막인가?

첫 번째 질문에 대해 여기서 레위인은 어느 레위인이든 무방하다는 것을 부인하기 어렵다. 특별한 아론 자손의 제사장직은 맥락상 언급되지 않고 1a절, "레위 사람 제사장과 레위의 온 지파"는 어떤 레위인이라도 최소한 잠재적으로 제사장이라는 것을 의미한다고 이해하는 것이 가장 자연스럽다. 로드니 K. 듀크Rodney K. Duke는 레위의 온 지파라는 구절이 모든 레위인은 제사장이었다는 것을 의미하지는 않는다고 정확하게 주장했다.[38] 다른 한편, 어떤 레위인들은 제사장들이 될 수 없다고 주장하는 것은 이 본문에 이질적일 것이다. 가장 자연스러운 본문에 대한 해석은 모든 레위인들이 제사장은 아닐지라도 모든 레위인들은 제사장이 될 수 있다는 것이다. 역대기 저자의 정형화된 문구("제사장들과 레위인들")는 신명기적 정형화된 문구와는 구별된다는 벨하우젠의 관찰은 유효하다.[39]

두 번째 질문에 대한 대답으로 본문은 레위인들이 제사장들로서 희생제물을 바친다는 것을 의미한다고 여기는 것이 가장 자연스럽다. 이것은 3-5절에서 내포되는데 3-5절은 희생제물에서의 레위인들의 몫을 묘사한다. 여호와 앞에 사역할 때, 레위인은 단순히 희생제물을 바치는 것 이상을 했지만, 이 기능은 배제될 수 없다. 다른 한편, "여호와의 이름으로 섬기는 것"(7절)은 레위인의 기능을 묘사하는 꽤 일반적인 방식이며, 이 사역이 항상 필연적으로 제단에서의 제사장의 의무를 포함했다고 여길 필요는 없다. 모호함은 의도적이며, 레위인들의 다양한 역할을 반영한다.

마지막으로 "여호와께서 택하신 곳"은 무엇인가? 이 구절은 명백히 신명기 12장에 발견되는 예배 규정을 가리키는데, 거기서 이스라엘 사람들은 가나안의 성소를 파괴하고(2절), 그들의 희생제물을 하나님이 택한 곳으로만

38 "The Portion of the Levite: Another Reading of Deuteronomy 18:6-8," *JBL* 106 (1987): 197-98.

39 *Prolegomena*, 147.

가져오라고(13-14절) 들었다. 이것은 중앙 성소를 가리키는가? 본문은 괴로울 정도로 모호해 보인다. 곳이라는 명사는 단수로 되어 있는데, 이는 여호와를 위한 한 성소만 있을 수 있다는 것을 의미하는 것 같다. 다른 한편, 회막이나 중앙 성소도 명백히 언급되지 않는다. 그러므로 우리는 본문이 한 장소가 아니라 합법적으로 여호와의 성소인 어떤 곳이라도 언급할 가능성을 배제할 수 없다.

합법적인 어떤 곳이든 가능하다는 것이 실제로 이 구절의 의미라는 더 많은 암시는 본문에서 발견된다. 신명기 12:2-5는 신명기의 실질적인 관심은 오직 한 성소가 있다는 것이 아니라, 예배를 위해 어떤 가나안 성소도 사용될 수 없다는 것이다. 여호와께서 자기의 이름을 두시려고(12:5)라는 구절은 J. A. 톰슨이 말하듯이, 단순히 소유권을 가리킬 뿐이다.[40] 마찬가지로 13절은 모든 이스라엘에서 오직 한 장소에서만 희생제사를 바칠 수 있다고 말하는 것이 아니라, 이스라엘 사람들은 어디에서나 모든 곳에서도 희생제사를 바칠 수 없다고 말한다. R. K. 해리슨Harrison이 말하듯이 "신명기에서의 대조의 실제 의미는 하나님의 많은 제단과 한 제단이 아니라 이방 신들에게 봉헌된 가나안 사람들의 제단과 하나님의 이름이 높여지는 곳 사이에 있다."[41]

단수 명사 '곳'에 대해 다음과 같은 M. H. 시걸의 결론을 따르는 것이 최선이다.

> 신명기의 '곳'이라는 표현에서 단수는 율법이 적용되는 단일 부류를 의미하지 오로지 단일 지역을 의미하지 않는다. 이것은 오경의 법적 어법에서의 단수를 보통 사용하는 것과 일치한다. 그러므로 신명기 12:18, "너와 네 아들과 네 딸과 네 남종" 등은 한 명의 아들과 한 명의 딸 등이 아니라 아들들과 딸들의 전체 부류 등을 의미하는데, 이는 명백하게 12절 전에도 진술된다.… 율

---

40 *Deuteronomy*, TOTC (London: Inter-Varsity, 1974), 41.

41 *Introduction to the Old Testament* (Grand Rapids: Eerdmans, 1969), 642.

법이 다수의 성소를 금지하는 것으로 의도했다면 명백하게 한 장소라고 말했을 것이다.[42]

다른 본문도 이것이 사실이라고 암시한다. 신명기 16:21-22에서 이스라엘 사람들에게 아세라 상이나 성스러운 돌을 '제단' 가까이에 세우지 말라고 명령한다. 이것은 이스라엘 사람들에게 이미 회막과 함께 이동하는 놋 제단이 있으므로 중앙 성소의 단일 제단이 아니다. 그러므로 여기서도 단수는 여호와께 봉헌된 그 땅의 모든 제단을 가리킨다.[43] 이 절에 대한 이런 이해는 "내게 토단을 쌓고 그 위에 네 양과 소로 네 번제와 화목제를 드리라 내가 내 이름을 기념하게 하는 모든 곳에서 네게 임하여 복을 주리라"라고 하는 출애굽기 20:24에서도 뒷받침된다. 의심의 여지없이 여기서 한 제단 이상을 고려하며 이 제단들이 이스라엘 전역에서 같은 시대에 기능을 할 수 있다는 사실을 의심할 이유가 없다.

몇 가지 예를 인용할 수도 있는데 그 예에서는 정통 야훼스트가 회막이든 솔로몬 성전이든 중앙 성소에서 떨어져 희생제사를 바쳤다. 사사기 6:24-26에서 여호와는 명백하게 기드온에게 제단을 쌓고 희생제사를 바치라고 명령한다. 또한 사무엘상 7:17은 사무엘이 라마의 자기 집에서 여호와를 위한 제단을 쌓았다고 진술하고 사무엘상 16장에서 사무엘은 베들레헴에서 제사를 지냈다고 진술한다. 이런 예들은 사무엘 자신이 엘리 계승자였기 때문에 중요하다. 사무엘에게는 다른 누구 이상으로 중앙 성소의 지위를 보존할 이유가 있다.

열왕기상 18:30은 갈멜 산에서의 여호와를 위한 오래된 제단을 언급한다. 엘리야는 이 제단을 수리하고 거기서 바알 제사장들과 대항하여 예배했다. 본문은 제단이 엘리야와 이세벨의 제사장들 사이의 갈등보다 앞섰다고 언급

42 *The Pentateuch: Its Composition and Authorship* (Jerusalem: Magnes, 1967), 88.
43 참고, Harrison, *Introduction*, 643.

하므로 그때를 위해 엄격하게 지어진 즉석의 제단일 리가 없었다. 또한 여호수아 2:5과 사무엘상 15:21, 20:6을 보라.

한 본문은 제물을 오직 회막에서만 바칠 수 있다고 가리키는 것 같다. 여호수아 22장에서 르우벤과 갓과 므낫세 반 지파는 요단 동쪽으로 돌아가기 전 그릴롯에서 요단 서쪽의 제단을 쌓았다. 그 제단은 명백히 매우 크고(10절), 나머지 이스라엘은 요단 동쪽 지파들이 경쟁적으로 중앙 성소를 세웠고, 회막의 언약 하나님을 버렸다고 생각하면서 놀랐다(19절). 이때 요단 동쪽 지파는 그들이 세운 것은 희생제물을 위한 제단이 아니라, 그들도 이스라엘에게 속한다는 사실을 증거하고 기념하기 위한 것이라고 대답했다.

그러나 이 기사는 이스라엘 사람들이 희생제물은 회막에서만 바칠 수 있다고 믿는다는 것을 의미하지는 않는다. 그릴롯의 제단은 매우 중요하여 만약 그 제단에 제사장의 제의가 있었다면 즉각적으로 회막에 필적했을 것이다. 이 위험을 미리 배제하고자 요단 동쪽 지파들은 이 제단에서 희생제물을 바치는 것을 명백히 금지했다. 그러나 여로보암의 제단은 선지자들이 비난했는데 이는 희생제물이 그 제단에서 바쳐졌기 때문이 아니라 그 제단이 중앙 성소에 필적했으며 레위인의 제사장을 사용하지 않았기 때문이다(왕상 12:31-13:5).

다른 한편, 구약은 결코 이스라엘 사람들이 많은 적법하며 기능을 하는 제단들을 가졌다고 지적하지 않는다. 신명기적 정형화된 문구에 따르면 적법한 제단은 여호와가 자기 이름을 위해 선택한 제단이다. 이것은 여호와의 진짜 제단은 예언적 지지를 받아 세워져야만 한다는 것이다. 물론 이것은 가나안 땅에서의 합법적인 제단의 수를 크게 제한할 것이다.

사실, 두 개념이 서로 배타적인 것처럼 신명기 12장이 한 중앙 성소나 많은 합법적인 성소들을 가리킬 수 있다고 추정하는 방식으로 이 질문을 진술하는 것은 아마도 잘못일 것이다. 여기서의 연구가 지적한 대로 신명기는 다수의 합법적인 제단을 허용하지만, 언약궤가 안치된 중앙 성소는 "여호와께서 자기 이름을 두시려고 택하실" 본질적인 그곳이다. 이에 비추어, 신명기는 암묵적으로 중앙 성소를 경시하는 것에 맞서 경고한다.

중요한 본문인 신명기 18:1-8는 동일하게 유동적인 언어로 모호한 상황을 다룬다. 일반적인 레위인의 제사장직과 레위인들이 나라의 다양한 곳에서 자유롭게 사역하는 것은 모순되지 않는다. 어떤 레위인이라도 순수하게 여호와를 숭배하는 지역 성소에서 섬길 수 있으며, 따라서 이런 식으로 "여호와의 이름으로 섬길" 수 있다고 여겨진다. 그럼에도 중앙 성소와 그 성소의 전문적인 제사장직은 권위가 떨어지지 않는다. 이미 확립된 시내 산 율법에 근거하여 "여호와의 이름으로 섬기는" 레위인은 제사장의 역할이 아니라 협력하는 역할로 섬긴다고들 이해한다.

신명기는 오로지 중앙 성소와 제사장직만을 지지하지도 않고 다수의 장소에서의 흩어진 제사장직도 지지하지 않는다. 신명기는 다가오는 상황, 곧 정복 후의 이스라엘의 종교 생활을 다루며 정확하게 성소의 숫자를 규정하려는 목적이 아니라 백성을 우상숭배에서 보호하려는 목적에서 그렇게 한다.

오경 외의 본문: 사무엘상 2:27–28

이스라엘의 제사장직 역사에 대한 오경 밖의 중요한 본문은 사무엘상 2:27-28이다.

> 하나님의 사람이 엘리에게 와서 그에게 이르되 여호와의 말씀에 너희 조상의 집이 애굽에서 바로의 집에 속하였을 때에 내가 그들에게 나타나지 아니하였느냐 이스라엘 모든 지파 중에서 내가 그를 택하여 내 제사장으로 삼아 그가 내 제단에 올라 분향하며 내 앞에서 에봇을 입게 하지 아니하였느냐 이스라엘 자손이 드리는 모든 화제를 내가 네 조상의 집에 주지 아니하였느냐

몇 가지 문제가 즉각적으로 대두된다. 첫째, "너희 조상의 집"은 누구를 가리키는가? 이것은 아론 자손들(카우프만)인가, 무시 자손들(크로스)인가, 아니면 단순히 레위인들인가? 둘째, 이 두 절은 그들이 여전히 이집트에 있

을 때, 하나님이 제사장직을 위해 이 집을 선택했다는 것을 의미하는가, 아니면 출애굽과 시내 산 계시는 17절과 28절 사이에 일어난 것으로 이해해야 하는가?

무엇보다 엘리는 무시 자손 제사장이 아니었고, '집'은 모세 혈통도 아닌 것은 분명하다. 무시 자손이라는 해석을 뒷받침하는 가장 강력한 논증은 그들이 이집트에 있는 동안 하나님이 자신을 엘리의 조상의 집에 계시했다는 진술이다. 이집트에서 하나님이 말을 건넨 유일한 이스라엘 사람은 우리가 알기로는 모세였다. 물론 본문은 그들이 이집트에 머무르는 동안 그들의 조상들에게 주어진 계시의 오래된 레위의 전통을 포함할 수 있다. 그러나 여기서 본문은 모세에게 한 계시를 가리킬지라도 이것이 엘리가 무시 자손이었다는 것을 의미하지는 않는다. 그 반대로, 엘리도 모세도 더 큰 집과 레위 지파에 속했고 하나님이 모세에게 한 계시는 실제적으로 전체 레위 지파에 은총을 내린 것이었다.

마찬가지로 중요한 것은 성경 자료는 엘리의 집이 이다말의 혈통을 통해 무시 자손이 아니라 아론 자손이라는 사실을 보여준다는 것이다. 열왕기상 2:27(제사장 아비아달이 엘리의 집에 속했다고 주장하는)과 역대상 24:3, 6(아비아달이 이다말의 혈통에 속한다고 말하는)을 비교하면, 엘리의 집은 아론의 가장 어린 아들 이다말에게서 내려왔다는 것이 분명하다.

자료가 간접적이고, 열왕기서와 역대기와 같은 두 개의 개별 자료에서 온다는 사실은 논거를 약화하기보다는 강화한다. 결국 한 본문이 명백하게 엘리가 아론 혈통에 속했다고 진술한다면, 우리는 이것이 대제사장직이 비-아론 자손의 손에 있지 않았다는 사실을 보여주기 위해 인위적이었다고 주장할 수도 있다. 다른 한편, 그와 반대로 우리는 엘리의 경력이 불명예스럽게 끝났으므로, 아론 자손들이 엘리의 아론 자손의 혈통을 모호하게 하고 싶은 이유가 있었을 수도 있다고 주장할 수도 있다. 그러나 있는 그대로 성경은 단순히 그 배후에 명백한 동기도 없이 엘리는 아론 자손이었다고 지적한다.[44] 실로에서 경쟁 관계인 무시 자손의 제사장직에 대한 논제는 입증되지 않는다.

우리는 이제 "너희 조상의 집"이 아론 혈통만을 가리키는지 아니면 레위 지파 전체를 가리키는지 물어야만 한다. 카우프만은 아론 혈통만을 가리킨다는 입장을 취한다.[45] 카우프만은 여러 면에서 문서설을 비판하지만, 역시 문서비평의 논리에 많은 영향을 받았고, 따라서, P와 D는 한 측에서는 아론 자손들과 다른 측에서는 사독 자손과 레위인들 사이의 갈등의 역사를 보존한다고 주장한다.

카우프만은 P에서 아론 자손들이 "제단을 봉사하는 독점적인 특권을 요구하고, 레위인이 오직 신전 노예가 되는데 동의한다"고 주장한다.[46] 더 나아가 카우프만은 출애굽기 32장과 신명기 9-10장은 반(反) 아론 자손 레위인의 선전에 해당하며, 민수기 16-17장은 아론 자손이 레위 지파를 비판한 것이라고 주장한다. 카우프만은 또한 사무엘상 2:27-36에 근거하여, 사독 자손들은 자신들이 레위인이지만 아론 자손은 아니라고 간주했다고 주장한다.[47]

사실, 성경은 아론이 전체 레위인들과 갈등의 상황에 있다고 주장하지도 내포하지도 않는다. 문서설과는 반대로, 출애굽기 32장은 JE가 P 내러티브에 삽입된 것이 아니라, 필수적인 요소로 전체와 관련된다.[48] 또한 이미 지적

---

44 참고, Haran, Temples, 87, 97.

45 *Religion*, 197-98.

46 앞의 책, 198.

47 앞의 책, 197.

48 일반적으로 자료비평가들은 이 내러티브의 대부분이 J나 E에 속한다고 여기지만, 이 내러티브와 관련된 자료와 편집에 대해 의견이 일치하지는 않는다. 연구물의 검토에 대해 John I. Durham, *Exodus*, WBC (Waco: Word, 1986), 417-21을 보라. 사실 어떤 객관적인 수단이 여기서 J나 E와 P를 분리시킬 수 있는지 말하기가 매우 어렵다(하나님의 이름들은 출애굽기의 후반에서는 관련이 없다). Martin Noth, *Exodus*, trans. J. S. Bowden, OTL (Philadelphia: Westminster, 1962), 243-45는 '옛 오경 내러티브'의 일부이고, 아론에 대한 언급은 반(反) 아론 자손의 집단이 삽입한 것이라고 주장한다. 이것은 문서설 분석의 순환적 성격을 가리킬 따름이다. 법이 늦은 시대의 것으로 알려졌기 때문에 내러티브는 제사장 법보다 이전 것이며, 아론에 대한 언급들은 논쟁적인데, 이 언급들이 그렇게 알려졌기 때문이다. 내러티브에서의 내적 모순에 대한 주장과 관련하여, Brevard S. Childs, *The Book of Exodus*, OTL (Philadelphia:

했고 카우프만도 인정하듯이, 금송아지 이야기는 레위인의 성막 의미와만 관련되지 그들의 일반적인 의무와 관련되지 않는다.[49] 레위인들이 왜 자신들을 카우프만의 용어로 단순히 중앙 성소에서 신전 노예로 두는 이야기를 선전하는지 이해하기 어렵다.

마찬가지로, 고라의 아들들의 반란 이야기는 본문이 명백히 아론을 레위인들과 연결시킨다는 단순한 이유로 반(反) 레위인 아론 자손의 선전일 수는 없다. 민수기 16장의 반란에는 즉각적으로 민수기 17장의 아론의 지팡이에 싹이 나는 사건이 이어진다. 이 이야기는 아론을 레위인들과 대립시키지 않는다. 그와 반대로 아론의 지팡이는 "레위 집"을 대변했다(8절).

이미 지적했듯이, 출애굽 이전의 호칭 레위 사람 아론("제사장 아론"이 아니라)은 레위 지파의 특별한 지위는 이미 이스라엘의 삶의 현실이었다는 것을 의미하며, 매우 이른 시기에 아론을 레위인들과 연결시킨다. 아론은 레위인들과 대조되지 않고 레위인들의 우두머리였으므로 우두머리 제사장이었다. 아론은 실제적으로 우두머리 레위인이었다.

마찬가지로 사무엘상 2:27이하의 본문은 사독 자손들에게서의 반(反) 아론 자손의 논쟁이 아니다. 그와 반대로 사독 자신이 아론 자손이었다(대상 6:50-53; 24:3).[50] 그리고 신탁이 사독 자손들에게서 온 반(反) 엘리의 선전이

Westminster, 1974), 558-59를 보라. 그러나 차일즈 자신은 이유 없이 이 장을 J 자료라고 여긴다. 이 내러티브의 의미와 목적이 문서설 아래에서는 절망적으로 순응적이 된다. Noth, Exodus, 245-6은 출애굽기 32장이 여로보암 성소를 비판할 의도로 J에 후대에 삽입된 것이라고 말한다. 그러나 이것이 사실이라면, 명백히 아론에 대한 언급(노트는 이 언급을 어쨌든 부차적인 것이라고 여긴다)은 최종 P 편집에서 삭제될 것이다. 즉 그의 이름은 여로보암의 송아지 성소에 합법성을 부여할 것 같다. 사실 초기의 문서 비평가들은 이 이야기가 원래 벧엘에 있는 옛 아론 자손의 성소에 합법성을 부여하려고 원래 의도됐다고 주장했는데, 벧엘에서 황소 성소가 여로보암 전에 존재했다고 비평가들은 주장했다. 다른 한편, Kaufmann, *History*, 197은 이 이야기의 실제 목적은 아론을 비판하는 것이라고 말한다. 여기서 다시 문서설이 야기한 주해의 혼돈이 분명하게 드러난다.

49 *Religion*, 198.

50 역대기 저자의 사독 족보는 인위적으로 둘을 결합하여 아론 자손의 혈통과 사독 자손의 혈통 모두의 합법성을 세우려는 시도라고 항상 주장할 수 있다. 하지만 역대기 저자의 족보는 사무엘하 8:17에서 뒷받침된다. 그러나 여기서 가장 중요한 것은 역대기에서의 자료를 임의대

라고 주장하는 것도 적절하지 않다.[51] 사독 자손들이 어떤 의미에서 35절의 예언을 성취했다는 사실은 그들이 본문을 작성했다거나 그들의 이익을 위해 작성했다는 것을 의미하지는 않는다. 우리는 이 단락이 왜 정확하게 의도한 대로일 수가 없는지 궁금하다. 즉 다윗 아래 사독 자손들을 승격시키기 전에 주어진, 하나님의 사람에게서 온 메시지이며, 한 제사장의 가문을 다른 가문과 대립하도록 의도한 것이 아니라, 하나님의 명예를 소홀히 한 것에 대해 엘리를 꾸짖기 위해 의도된 메시지다.

역사화하는 주해는 본문의 폭넓은 정경적 기능을 모호하게 하는 경향이 있다. 35절에 약속된 "충실한 제사장"은 실제로 사독이며 그 앞에 충실한 제사장의 원형인 사무엘이 있다. 그러나 이 가운데 어느 것보다 더 중요한 것은, 약속이 모형론적으로도 정경적으로도 종말론적인 왕국을 가리키는 기능을 한다는 것이다.

그러므로 사무엘상 2:27의 "너희 조상의 집"은 엘리가 구성원이 아닌, 무시 자손의 혈통도 심지어 아론 자손의 혈통도 가리키지 않고, 더욱 일반적으로 레위 집을 가리키며, 구체적인 정도에서 엘리 가문을 가리킨다.[52] 그러나 이것은 신탁이지 역사가 아니며, 그 언어는 제사장직의 정확한 역사를 위해 주장되어서는 안 된다. 31절의 저주는 직접적으로 모세나 아론이나 심지어 레위의 집을 향한 것이 아니라 엘리의 집을 향한 것이다. 엘리는 여호와를 위한 순종을 자신의 풍요로운 조상의 유산으로 대체했다고 비난받는다. 이것은 경쟁 관계의 제사장의 집의 갈등하는 주장에 대한 본문이 아니라, 엘리와 그의 아들들을 비난한 본문이다.

우리는 이제 27-28절이 출애굽 이전에 레위인의 제사장직 확립을 의미

로 경시하는 방식이다. 자료를 임의로 경시하여서는 제사장직의 역사를 의미 있는 방식으로 조사할 수가 없다.

51 예를 들어 다음을 보라, P. Kyle McCarter, Jr., *I Samuel*, AB (New York: Doubleday, 1980), 92-93; H. W. Hertzberg, *I & II Samuel*, OTL (Philadelphia: Westminster, 1974), 37-39; Henry Preserved Smith, *Samuel*, ICC (Edinburgh: T. and T. Clark, 1898), 23.

52 참고, Smith, *Samuel*, 22.

하는지의 질문을 살펴보아야만 한다. 에봇에 대한 언급이 가리키듯이(참조, 출 28:4ff.; 39:2ff.), 무엇보다 28절이 중앙 성소의 제사장직에 대한 시내 산 법전의 조항을 암시한다는 사실은 의심할 여지가 없다. 이 절은 명백히 시내 산 법전을 염두에 두고 있으며 출애굽 이전의 제사장의 관습을 가리키는 것으로 취급될 수 없다.

다른 한편, 엘리 조상들이 이집트에 있는 동안 신탁이 그들에게 계시에 대해 명백히 말하는 것은 호기심을 끈다. 이 계시는 선지자가 이전에 기술한 대로 모세에게 주어진 계시를 넌지시 언급하는 것일 수 있다. 하지만 모세가 이집트에 있는 동안 모세에게 어떤 알려진 계시도 제사장직의 확립과 관계가 없으므로 이 계시가 왜 그 경우인지는 알기가 어렵다. 그러므로 2:27은 레위인들이 이집트에 있을 때 성직 지파로 확립된 것을 가리킬 수 있으며 따라서 그런 취지에서 고대 레위인의 전통에 대해 입증한다. 만약 그렇다면 선지자는 엘리 혈통의 제사장적 특권에 대한 오래된 기원을 간략하게 요약할 때, 27절의 레위인에 대한 오래된 계시와 28절의 시내 산 율법이라는 두 사건을 연결시켰다.

이것은 레위인의 제사장직에 대한 출애굽 이전의 전통이 2:27에서만 넌지시 언급된 초기 신탁에서 유래했다는 것을 의미할 것이다. 하지만 레위인의 성직이 출애굽을 앞선다는 우리 입장은 결코 이 본문의 특별한 해석에 달려 있지 않다는 사실을 우리는 서둘러 덧붙인다.

요약하자면, 사무엘상 2:27-36은 엘리 자손, 무시 자손, 아론 자손 또는 사독 자손의 제사장들 사이의 갈등과 관계가 없다. 이 본문은 정확하게 보이는 그대로이며, 엘리와 그의 아들들이 저지른 죄에 대한 선지자의 비판이다. 27-28절은 레위인들이 이집트에 머무는 동안 사역을 위해 구별됐다는 옛 전통을 암시할 수도 있다.

요시야 개혁

열왕기하 23장

벨하우젠의 제사장직 역사의 재구성에서, 요시야의 통치 때 이뤄진 제사장직의 중앙화가 전체 문제를 해결하는 열쇠다. 벨하우젠에 따르면 개혁 배후에는 레위인들과 다투는 사독 자손의 제사장의 정치적 권력이 있었다. 다양한 지역 성소의 파괴는 레위인들의 일반적인 제사장적 기능의 종결이 시작되는 것이었다. 이것은 또한 대제사장인 사독 자손들(나중에 P에서 아론 자손으로 이상화되는)이 레위인들을 지배하고 그들을 신전 노예의 기능으로 축소시키는 과정의 시작을 알린다.

그러나 여러 관찰은 벨하우젠의 가설의 설득력을 약화시킨다. 첫째, 레위인 제사장들의 평화로운 이주를 허락하는 신명기와는 크게 대조되게, 요시야는 제사장들을 예루살렘으로 강제로 데려왔다.[53] 둘째, 요시야의 개혁은 결코 반(反) 레위인 운동이 아니라 예루살렘 성전과 지역 성소에서 발전된 혼합주의를 거부하는 것이었다(4절 이하). 또한 '레위인'이라는 용어는 결코 열왕기하 23장에 사용되지 않았는데, 주변 공동체에서 강제로 온 자들도 단순히 '제사장'이라고 불린다. 이것은 이런 지역 제사장들이 레위인들이 아니라는 것을 의미하지 않고 레위인 제사장으로서의 그들의 지위나 그들이 예루살렘 밖에서 역할을 수행했다는 단순한 사실 모두 모욕적으로 간주돼지 않았다는 것을 나타낸다.

이 역사 문제에 대한 합리적인 해결책으로서 우리는 요시야의 시기 즈음에, 지역 공동체의 레위인 제사장들은 심각하게 변절했다고 여길 수 있다. 실제로 작은 성소에서뿐만 아니라 예루살렘 성전에서도 우상숭배가 확인됐다(4-7절). 요시야는 모든 우상들을 파괴했고 예루살렘에서의 예배에 집중했는데 이는 제사장들 무리 사이의 경쟁 관계 때문도 아니고 가정적인 신명기적 '

---

53 John Gray, *I & II Kings*, 2nd ed., OTL (Philadelphia: Westminster, 1970), 734을 보라.

중앙 성소의 법' 때문도 아니며 행정적인 이유에서다. 예배가 왕의 감시를 받으며 한 곳, 즉 예루살렘에 집중되고 전국에 흩어지지 않는다면 우상숭배로 되돌아가는지 점검하기가 훨씬 쉬울 것이다.

이런 식으로 제사장직을 집중시킬 때, 요시야는 예루살렘이 중앙 성소가 되어야 한다거나 그 땅에 여호와께 바치는 제단이 하나만 있을 수 있다는 신명기적 조항을 따르고 있지 않다. 요시야는 우상숭배에 맞서 시내 산의 명령과 신명기적 명령을 이행하고자, 전적으로 새로운 개념을 도입하고 있었다.

그러나 일단 레위인들이 예루살렘 성전에 오자, 레위인 제사장들은 더 이상 제단에서 봉사할 수 없었다(9절). 이것은 사독 자손들과 레위인들 사이의 경쟁 관계 때문이 아니라, 오랫동안 확립된 중앙 성소에 대한 시내 산 법(신명기적 법이 아닌) 때문이었는데, 이 법은 아론 자손들만이 중앙 성소에서 봉사할 수 있다고 규정했다. 간단히 말해서, 요시야 개혁은 원리에서도 목적에서도 일반화된 레위인 제사장직에서 멀어지는 운동이 아니라 민족이 우상숭배에 빠져드는 경향을 통제하려는 행정적인 계획이었다. 그러나 그 결과는 지역 성소의 레위인 제자상직을 종결시키게 됐다.

에스겔 44장

회복된 성전에 대한 환상에서 에스겔은 제사장의 역할에 대해 간략하게 묘사한다(겔 44:5-31). 이 본문을 해석할 때 언어가 묵시로 불릴 수 있을 정도로 상징적이라는 사실을 명심하는 것이 가장 중요하다. 에스겔은 천년 왕국 개념에서든(세대주의) 역사적 제사장직을 재구성하고 레위인들을 계속 제지하려는 사독 자손의 계획의 일부로서든(벨하우젠), 온전히 문자 그대로의 의미에서 세워질 것을 기대한 성전을 묘사하려고 하지 않는다.

대신에, 에스겔 40-48장은 매우 이상화된 성례의 용어로 민족의 구원에 대한 희망과 바벨론 정복의 무시무시한 정신적 외상에 직면하여 하나님 나라의 확립에 대한 희망을 제시한다. 이것은 또한 그 관점에서 두드러지게 정경적이다.

이런 견지에서 볼 때, 에스겔 44장의 조항들은 완벽하게 이전 역사 및 신학과 일치한다. 우상들과 이방인들이 새로운 성전에 허락되지 않을 것이라는 주장(5-9절)은 변절의 슬픈 역사를 반영하는데, 이 슬픈 역사는 이방 제의가 므낫세 통치 때(왕하 21:1-9),[54] 예루살렘 성전에 허용된 것에서 전형적으로 드러났고 에스겔의 환상에서 에스겔에게 드러났다(겔 8장). 마찬가지로 여러 성소에서 우상숭배에 빠져든 레위인들이 성전에서 일할 수 있지만 성물을 다루는 제사장으로 봉사할 수 없다(13-14절)는 주장은 예루살렘 제사장들 사이에서의 반(反) 레위인 운동의 일부가 아니다. 이것은 요시야 개혁 이전에 만연했던 상황을 의도적으로 반영한 것이며, 요시야가 우상숭배의 확대를 저지하려는 시도에 대해 승인한 것이다(왕하 23장). 명백히 비-아론 자손의 레위인들과 이방인들은 므낫세의 변절 기간에 성전 제사장으로 봉사했었다.

그러나 에스겔의 목적은 제사장 질서를 위한 규정을 확립하는 것이 아니라 변절을 막으려는 것이다. 사독 자손들 스스로는 이 본문에서 레위인들로 불렸으므로(15절) 이것을 반(反) 레위인 운동의 일부로 보기 어렵다. 에스겔의 환상이라는 맥락에서 이 절들은 종말론적인 신정에서 여호와에 대한 순수하고 통합된 예배를 바라는 희망을 묘사한다.

사독 자손들의 역할과 그들이 받는 찬사(15절 이하)는 정경적으로 기능한다. 이 섹션은 해석자들에게 특별히 어려운 부분이었다. 예를 들어, 월터 아이히로트Walther Eichrodt는 이 말들이 에스겔에서 나왔다면 놀라울 것이며 에스겔 7:26과 22:26은 선지자가 예루살렘 제사장직에 대해 어떻게 생각했는지를 더 잘 가리키는 것이라고 말한다. 그러므로 아이히로트는 이 섹션을 예루살렘 제사장직에 대해 법을 제정한 자에게서 온다고 간주한다.[55] 월터 침멀리Walther Zimmerli는 이 본문에서 에스겔 40-48장 배후에 있는 복잡하고 여

54 참고, 제사장의 우상숭배에 대한 에스겔의 고발에 대한 하란(Haran)의 연구(*Temples*, 103-7). 하란이 p. 106에서 주장하듯이, "므낫세의 활동의 인상이 전체 에스겔의 예언 전반에서 분별할 수 있듯이, 므낫세 기간의 그림자가 이 고발에 드리운다는 것은 의심의 여지가 없다."

55 *Ezekiel*, trans. Cosslett Quin, OTL (Philadelphia: Westminster, 1970), 565.

러 층으로 된 역사에 대한 증거를 보고, 또한 사독에 대한 찬사는 에스겔에서 왔을 리가 없다고 주장한다.[56] 침멀리는 단호하게 "'사독 자손들 대 레위인들'이라고 여기서 들을 수 있는 구호와 그 구호의 역사-신학적 토대는 선지자 에스겔의 설교에서 어떤 근거도 없다..."라고 진술한다.[57]

그러나 이 결론은 에스겔이 제사장직의 정경적 역사에 대해 의식적으로 반영한 것을 인식하지 못한다. 에스겔이 예루살렘 제사장들 사이에 어떤 변절도 인식하지 못하기 때문이 아니라, 정경의 기록에서(예, 삼하 15:24), 특히 다윗과 솔로몬의 통치 역사에서, 그들에 대해 긍정적으로 묘사한 것 때문에, 사독 자손들은 호의적으로 기억된다. 실제로 다윗 왕국은 다시 새롭게 된 하나님 나라에 대한 에스겔의 환상을 위한 신학적 배경이다(37:15-28). 다윗의 신정의 여러 인물들과 제도에 대한 성경의 묘사는 미래 왕국에 대한 묘사를 알리며 지시한다. 이것은 다윗 왕, 솔로몬 성전, 사독 자손의 제사장직, 요시야 개혁, 그리고 부정적으로 므낫세의 변절을 포함하는데, 이 모두는 에스겔의 신정에 대한 환상에서 넌지시 언급된다. 그러므로 이것은 모든 사독 자손의 제사장들이 충성했고 신실했다는 주장이 아니라(겔 8장), 정경적 역사에서 어떤 나쁜 것도 사독과 그의 제사장직에 대해 언급되지 않는다는 사실을 반영한 것이다.[58]

결론적으로 에스겔 44장은 레위인들과 예루살렘 제사장 계급 제도와의 가설적 갈등과는 전혀 관계없다. 에스겔 44장은 정경적 용어로 표현된 종말론적 신정에 대한 환상이다. 레위인들은 반드시 사독 자손들보다 악하기 때문에 비난받는 것이 아니라, 요시야 개혁을 의도적으로 주장하기 위한 것이

---

56 *Ezekiel*, trans. James D. Martin, 2 vols. (Philadelphia: Fortress, 1983), 452-64.

57 앞의 책, 464.

58 이것은 히브리서 7:1-3의 그리스도에 대한 모델로서의 멜기세덱이라는 인물을 사용한 것과 유사하다. 본문에서 멜기세덱이 "아버지도 없고, 어머니도 없고, … 생명의 끝도 없어"라고 말할 때, 멜기세덱이 문자 그대로 부모가 없거나 그는 결코 죽지 않았다는 것을 의미하지 않는다. 대신에, 성경에서 명백하게 멜기세덱이 아버지나 어머니를 두었거나 죽음을 경험했다고 말하지 않는다는 사실은 그리스도의 영원한 제사장직에 대한 정경적 모델이 되었다.

다. 사독 자손들은 죄가 없기 때문이 아니라 순수한 예배에 대한 종말론적 환상의 일부로 찬사를 받는다. 게다가, 에스겔이 말하는 어떤 것도 일반적인 레위인 성직이 오래된 제도였으며, 그 제도는 요시야 개혁과 포로기까지 아론 자손들의 지시를 받아 중앙 성소에서 예배하는 것과 동시대에 존재했다는 우리의 기본적인 논제와 모순되지 않는다.

포로기 이후 본문들

포로기 이후 시대에 역사적 영향력이 작용하여 자연스럽게 결론에 이르게 됐다. 요시야가 지역 성소들을 억제하고, 모든 레위인들을 예루살렘에 모으자, 그들의 확대된 공동체의 제사장들로서의 전통적인 역할은 잊히기 시작했다. 이 과정은 포로기의 경험으로 그 결론에 이르렀다. 포로기의 사람들 마음에는 오직 한 성소 곧 예루살렘 성전만이 어떤 의미라도 지녔다.

포로기 이후, 자신들의 공동체를 재건한 이스라엘 사람들은 성소 예배를 확립하는 데 율법 책을 따르기로 결심했다(스 6:18). 우상숭배에 빠져드는 위험이 예민하게 느껴졌고, 중앙 성소의 제단 이외에 어떤 제단도 마련하지 않았다. 줄어든 포로기 이후의 공동체는 예루살렘 밖의 멀리에서 일반적인 제사장이 필요하지 않았다.

포로기 이후 공동체는 실제적으로 비-아론 자손의 레위인들이 항구적으로 보조 역할로 분류됐고, 그들은 신중하게 제사장들과는 구분됐다는 결과를 포함해서 요시야 개혁의 원리를 따랐다.[59] 이것은 항상 중앙 성소에서의 레위인들의 자리였고, 어떤 의미에서도 혁신은 아니었다.

이것이 사실이라면, 레위인들이 역대기에서 오로지 보조 역할로만 묘사된 것은 놀랍지 않다(예, 대상 23장). 이것은 역대기 저자가 레위인의 이전 역사를 억압하고자 했기 때문이 아니라, 오히려 역대기 저자가 예루살렘 성소에만 오로지 관심을 가졌다는 것을 가리킬 뿐이다. 역대기 저자는 레위인들

---

59 예, 스 3:8-12; 6:16-20; 8:15-33.

이 예루살렘 밖의 다른 역할을 수행했다는 것을 부인하지 않는다. 그는 이스라엘 역사의 이 측면에 대해 말할 게 없을 뿐이다. 이것은 정치적인 갈등의 문제가 아니라, 신학적인 관심의 문제다. 역대기 저자는 에스겔의 전통에서 다윗의 모델에 기초한 새로운 신정정치를 기대하고 있다.

성경 밖의 증거

마지막으로 우리는 성경 밖의 한 증거가 레위인의 제사장직이 출애굽 이전의 제도라는 주장을 뒷받침할 수 있다는 점을 주목해야 한다. 1899년 D. H. 뮬러Muller는 아라비아의 엘-엘라El-'Ela에서 발견된 미나 비문 일부를 출판했다. 이 비문 가운데 셋은 어떤 이가 '제사장'을 의미한다고 간주하는 라비아 *lawi'a*라는 용어로 어떤 사람을 묘사한다. 이 비문은 B.C. 1500년의 것으로 추정되므로 많은 학자들은 레위인Levite=*lawi'a*이라는 용어가 출애굽 이전 제사장들을 가리키는 용어로 사용됐을 수도 있다고 생각했다.[60]

이것은 레위인들이 당시 제사장 역할을 했다는 현재의 주장과 매우 일치하며, 우리는 레위인이라는 용어나 레위인들이 직접 출애굽 전에 시내와 아라비아 지역에 퍼졌다고 상상할 수 있다.

그럼에도 미나 비문의 증거를 매우 신중하게 사용해야만 한다. 첫째, 비문의 연대가 확립되지 않았다. 둘째로 더 중요한 사실은, 본문이 모호하고 라비아*lawi'a*가 '제사장'을 전혀 의미하지 않고, 야메Jamme가 번역하는 대로, '맹세, 대여'를 의미할 수도 있다.[61] 그러므로 이 비문을 과도히 사용하는 것은 현명하지 못하다.

---

60 참고, Fritz Hommel, *The Ancient Hebrew Tradition as Illustrated by the Monuments* (London: SPCK, 1897), 278-79; Gray, *Sacrifice*, 242-47.

61 ANET, 665. De Vaux, *Ancient Israel*, 2:369도 제사장이라는 번역을 거부한다.

결론

요약하자면 우리는 레위인들에 대해 많은 결론을 내릴 수 있다. 첫째, 레위인이라는 용어는 구약 내러티브에서 이중적인 의미를 지닌다. 한편, 어떤 레위인도 성직 혈통에 속하며, 레위인은 심지어 제사장에 대한 동의어로 사용되기도 했다. 레위인들 모두는 전체 나라에서 전통적인 제사장적 역할을 수행했다. 다른 한편 오직 전문적인 제사장(원래 아론 자손들)만이 중앙 성소에서 봉사할 수 있다. 그러므로 회막 논의의 맥락에서 '레위인'은 일반적으로 보조 역할을 했던, 레위의 비-아론 자손(고핫이나 므라리나 게르손 자손)을 가리킨다. 레위인이라는 용어에 대해 이런 다른 두 용법을 고려하지 않으면 많은 혼란에 빠지게 된다.[62]

둘째, 중앙 성소는 항상 중요했지만 이스라엘의 매우 이른 시기와 매우 늦은 시기에 더욱 중요했다. 광야 방랑의 시기에 회막은 이스라엘 사람들에게 유일한 성소였다. 포로기 진적과 직후에 유대 국가는 너무나 작아서 밖에 있는 제단들과 흩어진 레위인 제사장이 더 이상 필요하지 않았고 정통에 위협이 됐다.

하지만 정복 후 시기에 이스라엘 사람들이 온 땅에 흩어졌을 때, 중앙 성소를 독점적으로 사용하는 것은 더 이상 불가능했고 다른 지역 제단들이 사용됐다. 이 상황은 신명기에서 금지되지 않았다. 그럼에도 자유롭게 제단이 늘어나는 것은 억제됐고 가나안 성소를 사용하는 것도 금지됐다. 레위인들은 이 당시 이스라엘 전역에 흩어져 여러 면에서 사역했다.

레위인의 역사에 대한 이런 해석은 출애굽 이전에 백성이 레위인들을 성직자로 인정했을 경우에만 이해할 수 있다. 출애굽기 자체는 이 결론을 지지

---

62 레위인을 이중으로 사용한 것과 다니엘서에서 갈대아라는 용어를 이중으로 사용한 것이 병행을 이룬다. 다니엘서에서 갈대아라는 용어는 갈대아 민족에 대해 민족의 의미로 사용되고 (5:30), 사제들과 점성술사에 대해 전문적인 용어로 사용된다. Harrison, *Introduction*, 1113-14를 보라.

한다. 이것은 시내 산의 법에 따른 것이 아니라 실질적인 것이었다. 이런 이유에서 제사장으로서의 레위인들의 일반적인 역할은 중앙 성소의 법적 제도와 다소 독립적으로 지속됐다.

이 사실에서 우리는 처음 질문으로 되돌아가지 않을 수 없다. 이집트 거류 기간에 창세기의 자료는 어떻게 전달됐는가? 이집트에 거류하는 동안 알려지지 않은 이유에서, 레위인들은 서기관과 교사의 역할을 맡았고 이 역할로 오경의 전통을 보존했다. 이것은 물론 전통이 어떻게 유지됐는지에 대해 모든 것을 말해주지는 않는다. 그럼에도 이것은 전통이 신뢰할 만하고 조직된 방식으로 전해진 통로가 있었다고 생각할 근거를 우리에게 제공한다.

이것은 또한 모세가 이 기록들을 어떻게 소유하게 됐는지를 우리에게 말해준다. 자신도 레위인이자 아론의 형제로서 모세는 기록들에 즉각 접근할 수 있었을 것이다. 그러므로 원 창세기Urgenesis는 족장 역사의 레위인의 기록을 모세가 편집한 것이다.

12장

—

방랑하는 사람들의 기억들

양식 분석은 창세기의 자료들이 조상 서사시, 협상 이야기, 이주 서사시, 기타 아브라함의 복음과 같은 자료를 포함한다는 것을 함축한다. 나는 이 자료들의 배경과 의도가 무엇이었는지를 제시했다. 창세기 1장을 제외한 모든 경우 자료에 대한 가장 합리적인 배경은 이집트에서의 거류다.

이 결론은 이전 연구와는 대조를 이루는데, 이전 연구는 창세기를 왕국의 후대 시기나 포로기의 배경에 두려고 했다. 그럼에도 자료뿐만 아니라 전체 창세기에 대한 분석에서는 이집트의 거류가 창세기를 위한 최선의 배경이라고 가리킨다.

창세기 주제로서의 소외

소외감이 창세기 전체 본문에 만연해 있다. 이것은 아담과 하와가 에덴동산에서 쫓겨나는 것으로 시작한다. 인류는 고향에서 쫓겨났고 세상 자체는 이제 소외된 장소다. 죄와 죄책이 모두를 소원하게 했고 가인의 부르짖음은 모두의 부르짖음이 된다. 즉 나는 하나님과 나머지 인류 앞에서 쫓겨났다는 것이다(4:14). 공동의 가족에 속했지만 인류가 나뉘고 흩어졌다. 언어가 나뉘고 사람들이 흩어졌고, 모든 통일성의 유대가 상실됐다.

아브라함은 자신의 이야기의 처음부터 고향과 가족에게서 떠나라는 말씀을 듣는다(12:1). 아브라함은 낯선 땅에서 영원히 이방인(소외된 자)이며 그가 알지 못하는 사람들 사이에서 움직일 때 자기를 보호할 전략에 의지해야만 한다(12:10-20). 여기서 아브라함에게 그의 아들 이삭이 나오는데, 이삭도 지역의 반발에 직면하여 종종 후퇴해야만 한다(26:19-22). 언젠가 온 땅이 아브라함의 후손에게 속할 것이라는 하나님의 약속만이 아브라함을 지탱하고 있다. 아브라함은 자신의 아내가 죽었을 때, 심지어 죽은 자를 장사할 땅을 얻고자 협상해야만 한다.

롯은 소돔의 지역 문화에 동화되려고 노력하지만 그렇게 할 수 없다. 그는 소돔 사람들의 행동을 받아들 수 없고 오히려 그들이 롯을 경멸한다(19:9). 그는 소돔을 피해 소알로 도망했지만 심지어 '작은' 마을인 그곳도(19:20) 그에게는 안전한 안식처가 되지 못한다. 그는 "소알에 거주하기를 두려워하여" 그곳을 떠난다(19:30). 결국 롯은 궁극적으로 버림받은 자다. 롯은 동굴에 산다는 점에서 육체적으로 사회에서 소외되었고 근친상간에 대한 보편적인 금기사항을 어겼다는 점에서 사회적으로 버림받았다.

야곱은 어디를 가든지 이방인(소외된 자)이다. 그의 고향도 그에게는 너무 위험하여 하란으로 도망가야 한다(27:41-46). 거기서 야곱은 친척에게서 외견상으로는 받아들여졌으나 외부인으로서의 그의 지위에는 변함이 없다. 그는 모든 문제 가운데 가장 친밀한 문제, 즉 아내를 택하는 문제에서도 속임을 당한다(29:15-30). 그가 번영할 때, 그의 운명은 모든 번영하는 이방인의 운명이다. 즉 그는 위협으로 간주되고 도망하지 않을 수 없다(31:1-55). 그는 다시 외부인으로 자기가 태어난 땅에 돌아오고 자신의 환경에 동화된 형 에서를 대면하는 위험에 만나야만 한다. 그가 이 만남에서 살아남았지만 경계를 해야만 한다. 왜냐하면 야곱은 자기가 얼마나 위험한 처지에 있는지 알기 때문이다. 야곱은 본토인들에게 '악취'가 나지 않도록 조심해야 한다(34:30).

야곱의 아들들도 이방인(소외된 자)이다. 기근으로 말미암아 그들은 이집트로 가서 외국 관료 앞에 탄원자로 서지 않을 수 없다. 이 관료가 사실은 자신들의 형제라는 사실이 자신들의 난처한 입장을 바꾸지 못한다. 결국, 그는 그들이 거의 살해할 뻔한 형제며 그들은 한 번 이상 바보처럼 보이는 시련을 겪는다.

요셉도 일찍이 이방인(소외된 자)이다. 그는 자기 형제들에게 미움 받고 그들의 손에 노예로 팔린다. 요셉은 보디발의 집에서 빠르게 번성하지만, 그의 노예로서의 위태로운 지위는 분명하다. 그가 자신을 성적 노리개로 삼으려는 여자의 괴로힘을 거부할 때, 그 여자는 요셉을 처분한다. 요셉은 권리가 없는 사람이다. 심지어 요셉이 권력에 올라도 그의 이방인의 지위는 변함이 없다. 모든 이스라엘이 요셉에게 의존하듯이 요셉은 여전히 바로의 선의에 의존한다. 요셉이 죽을 때, 그의 시체는 이집트의 관에서 이상하게 제자리에 놓이지 못한다. 그리고 요셉을 알지 못하는 새로운 바로가 권력을 차지할 때 이스라엘의 지위가 얼마나 위태로워지는지가 명백해진다.

창세기의 전체 본문 곧 조상 서사시는 무엇보다 이스라엘이 소외된 세상에서 사람들 가운데 가장 소외됐다는 점을 강조한다. 소외감과 고향의 상실은 하나님의 약속으로만 완화된다. 거기에 고향을 마침내 찾게 될 희망이 있다.

소외에 대한 깊은 관심 때문에 창세기 작성의 배경에 대해 오직 두 가지 가능성이 존재한다. 창세기는 이집트에 거류하던 시기와 출애굽의 시기의 산물이거나 바벨론 포로기의 산물이다. 이것은 소외 문제를 다루는 저작이 자체로 소외됐던 공동체를 배경으로 할 가능성이 높기 때문이다. 이스라엘 역사의 다른 어떤 시기도 소외와 고향의 상실 문제가 너무 심각했던 적이 없다. 그러므로 문제는 두 배경 가운데 어느 배경이 창세기 작성에 대해 가장 합리적인 배경을 제공하는가이다.

창세기에 대한 포로기의 배경?

창세기 전체 본문이나 어떤 개별 자료도 바벨론 포로와 적절한 관련이 없다. 본문의 어떤 것도 포로됨에 대해 어떤 식으로든 암시하거나 관련되지 않는다는 사실 외에도[1] 이야기는 이 위기를 다루는 데 적합하지 않다.

요셉 이야기가 좋은 사례다. 나는 이미 이 자료는 아주 서사시이고 이스라엘이 어떻게 이집트로 오게 됐는지를 들려주는 데 목적을 두고 있다고 주장했다. 가장 합리적인 전제는 이 자료를 구두로 전달하는 자들 자신이 이집트에 있었고, 그들이 어떻게 거기에 살게 됐는지에 대한 질문에 답하려고 이집트에 있는 청중에게 전했다는 것이다. 그러나 여기서 나는 이 자료가 바벨론 포로의 상황에 얼마나 적합하지 않은가의 문제에 주목하기를 원한다.

첫째, 요셉 자신은 유다보다는 에브라임 및 므낫세와 동일시되며, 포로의 위기를 다루도록 의도된 이야기의 중심인물이 어떻게 유다 이외의 사람일 수 있는지 이해하기 어렵다. 또한 요셉이 노예로 이집트에 갔지만 이것은 외부 세력의 적대적인 행위의 결과가 아니라 형제들 자신 때문이다(유다를 포함해서).

게다가 요셉 내러티브의 특정 사건들이 어떻게 바벨론의 이스라엘 사람들의 상황과 관계가 있는지 이해하기가 어렵다. 예를 들어, 요셉이 권력을 오르는 것으로 어떻게 이용할 수 있는가? 이것은 바벨론에 있는 이스라엘 사람들에게 열심히 일하여, 바벨론 정권에서 높은 위치에 오르라고 권고하는 것인가? 이것은 좀처럼 의미가 통하지 않는다. 대조적으로, 요셉이 어떻게 이집트에서 야곱 자녀들에게 장소를 마련할 지위에 오게 됐는지에 대한 이야기

1 물론 창세기 11:1-9에 바벨에 대한 언급이 있지만 이것을 신-바벨론 제국에 대한 논쟁으로 읽기는 어렵다. 이것은 바벨론에 대한 언급이 숨겨졌기 보다는(묵시록처럼) 명백하기 때문에 6세기 바벨론에 대한 숨겨진 공격이라고 간주될 수 없다. 다른 한편, 6세기 바벨론과 동일시될 수 있는 어떤 것에 대한 명백한 공격도 없다. 분명히 원 독자들이 바벨론에 있었다는 단서도 전혀 없다.

로서 요셉 자료는 의미가 잘 통한다.

마지막으로 이집트 가까이 어디에도 있지 않은 공동체를 위해 이스라엘이 왜 이집트에 오게 됐는지를 들려주는 이야기를 작성한 데 대해 실제로 설명이 없다. 물론 우리는 전체 오경이 바벨론에서의 이스라엘 사람들의 구원을 위한 신학적인 유사물로 작성됐다고 상정할 수도 있지만 이것은 너무 문제가 된다.

창세기 작성을 포로기와 연결시키는 어려움을 설명하는 창세기의 또 다른 측면은 아브라함, 이삭, 야곱의 유산으로 가나안 땅을 많이 약속한다는 것이다. 이집트를 그 배경으로 하는 저작으로서 이 약속들은 소외된 사람들에게 희망이 된다. 그러나 포로가 된 배경에서는 이 약속이 조롱거리가 된다.

바벨론의 포로들에게는 언약들은 자신들이 땅을 약속받았고 그 약속을 받았으나 그 다음에 그들의 유산을 상실했다는 잔인한 기억만을 떠올리게 할 뿐이다. 이것이 사실이라면 창세기와 실제로 오경 전체는 위로의 책이 아니라 비난의 책이다. 하지만 창세기가 이런 목적을 지닌다고 읽을 수 없다. 모든 곳에서 본문은 약속들의 성취를 고대하지 약속들의 성취와 상실을 되돌아보지 않는다.

오경이 바벨론에서 풀려난 것에 대한 유사 사건으로 출애굽을 되돌아본다고 간주될 수 없는 것은 바로 이 이유 때문이다. 신명기에 포함된 경고에 비추어 볼 때(28:15-68; 31:14-22), 이것은 포로됨에 대한 희미한 비난으로 읽힐 수 있을 뿐이다. 이 해석은 창세기 전반에 있는 미래를 고대하는 분위기와 모순된다.

요약하자면, 창세기는 소외된 공동체의 기억의 책이다. 창세기에서 이 공동체 구성원들은 자신들이 처음부터 거류민이자 외부인이었다는 사실을 떠올리게 된다. 동시에 언젠가 그들이 자신의 땅을 가지고 더 이상 거류민이 되지 않을 것이라는 기대를 갖게 하는 것도 이 책이다. 오직 이집트에서의 거류가 이 목적을 지닌 자료의 배경이 될 수 있다.

이집트 거류 시기와 그 이후의 자료 사용

이 당시 이스라엘 사람들이 성경도 없고 정경적 이야기와 비정경적 이야기의 경계도 아직 설정되지 않았지만 조상들의 다양한 전통이 성장하는 공동체에게 공동체의 정체성과 공동체의 하나님의 정체성 및 그들을 기다리는 유산에 대해 알리는 초기의-정경의 역할을 했음이 틀림없다. 특히 창세기 이야기는 이스라엘 사람들에게 그들이 아브라함과 이삭과 야곱에게 주어진 언약의 상속자였다는 사실을 말한다.

출애굽 시기에 자료들을 원 창세기에 편집하는 것도 합리적이다. 창세기는 조상 서사시로서 위험과 소외됨에 대해 말하지만 또한 생존의 이야기를 들려준다. 땅이 없는 민족인 광야에 있는 이스라엘에게 이것은 격려의 의미 있는 표현이 됐을 것이다.

결론: 창세기 작성 연대

창세기를 출애굽 시기의 산물이라고 전통적으로 이해하는 것이 여전히 창세기의 기원 문제를 위한 최선의 해결책인 것은 분명하다. 창세기는 이집트에 있는 이스라엘에게 이집트 거류의 기원과 원인을 설명한 자료에서 도출하여 미래를 위한 희망을 표현하고 하나님의 새로운 사역 곧 출애굽을 위한 토대를 세운다.

부록 1

...

오경 기원의 최근 가설에 대한 비판

나는 3장에서 문서설과 전승사 접근법을 포기한 이유를 제시한 후, 오경의 기원에 대한 R. N. 와이브레이Whybray의 이론을 다뤘다. 와이브레이는 성경 학계의 옛 해결책을 거부한 학자로서 오경 기원에 대한 새로운 응답을 구하는 데서 현대 연구의 주도적인 첨단을 걷는다고 간주될 수 있기 때문에, 나는 와이브레이에 초점을 뒀다. 또한 와이브레이의 해결책은 단순하고 솔직한데, 이로 말미암아 대안의 해결책을 고려하는 데 좋은 후보가 된다.

그럼에도 와이브레이는 오경에 대한 새로운 접근법을 구하는 유일한 현대 학자는 아니다. 그의 분석은 롤프 렌토르프의 획기적인 연구에 의존한다. 또한 내가 광범위하게 인용한 두 저자, 토마스 L. 톰슨과 존 판 시터즈는 각각 오경 기원에 대해 새로운 사설을 발전시켰다. 이들이 새로운 합일점을 찾는 데 기여한 바의 중요성을 고려할 때, 이 대안의 이론들에 대해 차례로 몇 마디 하겠다.

롤프 렌토르프

『오경의 전달 과정의 문제』*Das überlieferungsgeschichtliche Problem des*

*Pentateuchs*에서,[1] 롤프 렌토르프는 헤르만 궁켈과 게하르트 폰 라트와 마틴 노트의 전승사 연구에 근거한다. 그러나 이런 학자들과 달리 렌토르프는 양식비평과 문서설 사이의 불가능한 유대를 끊는다. 이를 위해 그는 상당한 분량을 문서설을 비판하는 데 할애하고 특히 J와 P가 오경을 통해 추적될 수 있는 연속된 가닥을 형성한다는 개념을 공격한다.

문서설에 맞서 렌토르프는 문서설을 옹호하는 자에게는 그들의 오경 분석에서 의미 있게 의견 일치라고 불릴 수 있는 것은 아무것도 없다는 사실을 거듭 입증한다.[2] 렌토르프는 또한 특별한 히브리어 단어와 관용구를 특정 문서에 할애하는 것과 같은 구체적인 증거로 가설을 뒷받침하려는 노력이 조사를 받으며 붕괴된다고 지적한다.[3] 가장 중요한 것은 그가 '야훼스트의 신학'이라는 개념이 환상이라는 사실을 보여준다는 점이다.[4]

렌토르프는 더 자세히 대안의 이론을 발전시키지는 않는다(그의 관심은 자료에 대해 구체적으로 묘사하는 것보다는 전달 과정에 있다). 그럼에도 그는 우리에게 이런 이론에 대한 개요를 우리에게 제공한다.

렌토르프의 분석을 위한 출발점은 지금까지의 조사가 전승사 관점에서 본 본문의 가장 작은 단위들이나 오경 발전에서 가장 최근의 문학 단계에 초점을 뒀다는 것이다. 그는 이 둘 사이의 중간 단계를 구성하는 더 큰 단위의 본문에 주의를 돌리기를 원한다. 이 더 큰 단위들은 원시 역사를 포함할 것이다. 즉 아브라함과 이삭과 야곱과 요셉의 개별 내러티브들과 (개별적이고 부분되는) 출애굽, 시내 산과 광야 전승이 있다. 렌토르프의 방법의 예로, 그는 족

---

1 Rolf Rendtorff, *Das überlieferungsgeschichtliche Problem des Pentateuchs*, BZAW 17 (Berlin: W. de Gruyter, 1977); English: *The Problem of the Process of Transmission in the Pentateuch*, trans. John J. Scullion, JSOTSS 89 (Sheffield: JSOT Press, 1990). 이어지는 인용들은 영어 본문에서 온다.

2 앞의 책, 28-29; 101-17 등.

3 예, 앞의 책, 147-50.

4 앞의 책, 119-36. 'P의 신학'에 대해, 163-70을 보라. 렌토르프는 제사장적 관점에서 특정 본문의 신학적 재수정을 허용하지만, 전통적으로 이해되어 온 것처럼 제사장적 문서를 인정하지 않는다.

장 이야기를 더 자세히 평가한다.

렌토르프의 분석은 창세기를 관통하지 않고 창세기를 가로지른다.[5] 창조에서 줄곧 출애굽과 그 너머까지의 이스라엘의 역사를 포함하는 J와 같은 개별 자료가 없기 때문이다. 대신에, 아브라함에 대한 개별 이야기(예를 들어)는 먼저 야곱에 대한 이야기와는 분리되어 성장했다. 렌토르프는 창세기 기원의 '자료'나 모두를 포괄하는 아론에 대해 말하지 않기를 선호하지만, 그가 구상하는 '과정'은 개별 아브라함이나 야곱이나 요셉의 '자료'[6](전체 오경을 관통하는 자료와 반대되는 자료로서)를 의미한다는 것이 아마도 적절한 추론일 것이다.

이 지점에서 족장들에게 한 하나님의 약속은 렌토르프의 분석에서 매우 중요해진다. 개별 족장들에 대한 전통의 모음들을 먼저 함께 묶고 그 다음에 족장들을 서로 묶는 것이 이 약속들이다.[7] 렌토르프는 양식비평에 근거하여 족장 내러티브들은 세 가지 개별 유형의 약속을 포함한다고 주장한다. 이 약속들에는 후손에 대한 약속과 땅에 대한 약속과 인도에 대한 약속이 포함된다.[8] 렌토르프는 또한 '축복'의 약속이 있다고 지적하지만, 이것은 독립적인 약속의 주제가 아니라고 주장한다.[9] 이 약속들 자체는 "다양하고 여러 층으로 된 발전 과정을 겪었으며" 또한 "족장 이야기에 대한 재작업과 신학적 해석"의 일부였다.[10]

족장들에 대한 약속에 근거한 신학적 재작업은 족장 내러티브들의 독특한 측면이다. 이것이 출애굽에까지 이어지지 않기 때문이다.[11] 일부 자료에

---

5 참고, Gordon J. Wenham, "The Religion of the Patriarchs," in *Essays on the Patriarchal Narratives*, ed. A. R. Millard and D. J. Wiseman (Winona Lake, Ind.: Eisenbrauns, 1980), 161-95, p. 184.

6 '자료'에 대해 나는 기록된 문서가 아니라 역동적으로 성장하는 복합적인 전통을 의미한다.

7 Rendtorff, *Problem*, 83.

8 앞의 책, 55-68.

9 앞의 책, 64-65.

10 앞의 책, 82-83.

11 앞의 책, 84-89.

대한 이어지는 제사장의 개정은 이런 독특한 신학적 관점을 덧붙였고 신명기적 편집은 오경 전체를 통합하도록 도왔다.[12] 이런 식으로 오경은 가장 작고 최초의 전통들에서 시작하여 더 큰 내러티브 단계로 이어지고 마지막에는 전체의 통합으로 성장했다. 과정 곳곳에서 신학적 재작업과 편집이 다양한 단위들을 분리하고 통합하는 데 기여했다.

렌토르프의 논제는 많은 의문의 여지가 있다. 첫째, 그의 방법론은 이제는 널리 도전을 받으며 일부는 렌토르프 자신도 도전하는 전제에 근거한다. 렌토르프가 문서설에 대한 언어학적 논증을 얼마나 철저하게 논파하는가에 비추어 그가 자신의 분석에서 비슷한 논증을 사용하는 것을 보게 되는 것은 놀랍다. 예를 들어, 그는 씨앗seed(후손)이라는 단어와 생육하다와 번성하다라는 동사의 존재 여부에 근거하여 많은 후손에 대한 약속을 두 부류로 구분한다.[13]

그런데 약속에 대한 렌토르프의 전체 분석은 이미 그의 방법의 타당성을 매우 이상할 정도로 확신하지 못하는 자를 공격한다. 예를 들어, 땅에 대한 약속에서 렌토르프는 어떤 본문에서 이 약속은 오직 '네게'(예, 창 15:7) 주어지지만 다른 본문에서는 '그리고 네 자손(씨앗)에게'(예, 창 28:13)를 덧붙인다. 마지막으로 어떤 본문은 '네게'가 아니라 '네 자손에게'만을 사용한다(예, 창 15:18). 렌토르프에게 이것은 약속이 전개되는 역사적 발전에 대한 다름 아닌 증거가 된다.[14] 그러나 정형화된 문구의 언어가 렌토르프가 생각하는 만큼 확고한지는 의심스럽다. 정형화된 문구의 표현에서 구체적으로 다른 어떤 이유가 있다면, 정형화된 문구 배후에 있는 전승사의 증거보다는 문맥과 해설자

---

12 앞의 책, 94-100; 169-70; 189-203.

13 Ibid, 61-64. 참고, Bernhard W. Anderson, review of Rolf Rendtorff, *Das überlieferungsgeschichtliche Problem des Pentateuchs*, *CBQ* 40 (1978): 100-103, and R. E. Clements, Review of Rolf Rendtorff, *Das überlieferungsgeschichtliche Problem des Pentateuchs*, JSOT 3 (1977): 46-56.

14 Rendtorff, *Problem*, 57-61.

의 의도에 의할 가능성이 훨씬 높다.[15]

게다가 렌토르프는 더 작은 것이 더 이른 시기의 것이라는 원칙을 의심하지 않고 받아들이는 것 같다. 즉 전통은 모두 작고 독립적인 단위로 시작하는 것이다. 이미 지적한 대로 내러티브는 종종 문학적인 여담, 배경, 정보 등을 포함한다. 고대든 현대든 어떤 해설자도 전승사 접근법이 요구하는 종류의 제약 안에서 움직이지 않는다.

렌토르프의 결론의 양상은 비현실적이다. 예를 들어, 아브라함에 대한 전통이 어떻게 야곱에 대한 전통과 분리되어 남을 수 있었는지를 보기가 어려우며 아브라함이 원래 야곱과 연관성이 전혀 없다면 하나님에게서의 너무나 많은 약속이 아브라함에게 귀속된다는 것이 특히 이상하다. 성경 전반에서 이스라엘 사람들은 자신들을 아브라함의 아들들이 아니라, 야곱(이스라엘)의 아들들이라고 말한다. 마찬가지로 출애굽 전통이 어떻게 더 큰 내러티브 틀과 분리되어 존재할 수 있었는지 상상하기가 어렵다. 마지막으로 R. E. 클레멘츠Clements가 지적하듯이 렌토르프의 결론은 편집자와 편찬자 사이의 확고한 구분에 크게 달려 있다.[16]

토마스 L. 톰슨

와이브레이 및 렌토르프와 같이 톰슨은 문서설을 거부한다. 톰슨은 또한 창세기를 역사적 저작이나 신학적 저작이라고 묘사하는 모든 시도를 일축하고 창세기는 문학적인 저작 즉 내러티브로 읽혀야 한다고 주장한다. 창세기를 역사화하거나 신학화하는 모든 시도를 부인할 때, 톰슨은 자신의 선배

15 예를 들어, 창세기 15:18에서 땅이 '네 자손'에게 주어질 것이라는 약속은 아브람 후손의 미래에 대한 하나님의 예언이라는 맥락에 나온다. 따라서 약속이 아브람과 개인적으로 관련된다는 것은 여기서 적절하지 못하다.

16 Clements, review, 51.

와 동료들보다 본문을 더 새롭게 읽었다고 느끼는 것 같다.[17] 톰슨이 가장 자주 창세기 이야기들을 읽으려는 동기는 창세기 이야기들이 원인론을 다룬다는 것이다.

톰슨은 출애굽기 1-23장과 더불어 창세기는 이스라엘의 기원 전통이라고 주장한다. 그는 창세기를 다섯 단계의 문학 발전의 최종 산물이라고 본다. 이 다섯 단계는 (1) 작은 단위와 이야기, (2) 크고 복합적인 이야기, (3) 전통적으로 복잡하고 서로 연결된 내러티브들, (4) 톨레돗 구조, (5) 톨레돗 이후 편집이다. 전승사 비평가들과는 대조적으로, 톰슨은 한 단계에서 다음 단계로의 추이는 매우 짧다고 믿는다. 넷째 단계인 톨레돗 구조는 창세기의 전체 내러티브를 출애굽 내러티브에 대한 서언으로 통합하는 역할을 한다. 마지막 단계는 넷째의 최종 개정이다.[18]

창세기 모두가 톨레돗 구조 아래 있다고 주장할 때, 톰슨은 이것이 초기 단계(그리고 비역사적)라고 주장한다. 그 이상으로 이것은 땅의 모든 민족들의 기원의 맥락에서 이스라엘 백성의 기원을 묘사하려는 시도다(다시, 원인론적 동기가 지배한다). 이런 이유에서 창세기 5:1a은 창세기의 구조적 요체이면서도 창세기의 의도된 제목이다(창세기 1-4장은 실제로 서언이다).[19]

그러므로 톰슨은 톨레돗 구조로 함께 묶인 내러티브로서의 창세기를 연구하면서 기원 전통으로서의 창세기의 목적을 분별할 수 있다. "톨레돗이라는 받은 양식으로 된 창세기와 출애굽기의 기원 전통에 따르면 이스라엘은 팔레스타인에 자생하면서 토착민이다."[20]

나는 독립적으로 일부 비슷한 해결책에 도달했으므로 내가 동의할 수 있는 몇 가지를 톰슨도 지적했다.[21] 창세기의 배경에 대한 내가 제시한 네 단계

17 참고, Thompson, *Origin*, 196, 206.

18 앞의 책, 62-65.

19 톰슨의 창세기 구조에 대한 이해를 그린 도식에 대해, 앞의 책, 170을 보라.

20 앞의 책, 80. 원본에서의 강조.

21 나는 그의 책을 읽기 전에 이미 나의 주요 결론에 도달했다.

이론(4장)은 다소 톰슨의 다섯 단계의 발전과 비슷하다. 톰슨과 마찬가지로 나는 톨레돗 단락이 창세기의 구조를 이해하는 데 필수적이라고 여기는데 비록 창세기의 구조에 대한 내 이해와 그의 이해는 크게 다르기는 하지만 말이다(나는 특히 톰슨이 창 5:1a에 부여하는 중요성이 설득력이 있다고 생각지 않는다). 나는 또한 창세기가 이스라엘 사람들에게 그들이 가나안에 속한다고 말하고 있다는 사실에 동의하지만, 나는 톰슨이 '자생'이나 '토착민'과 같은 용어를 사용하는 것을 거부한다. 그러나 조건부의 합의점을 제외하고 나는 톰슨의 제안이 여러 이유에서 받아들일 수 없다고 본다.

무엇보다, 톰슨은 창세기에서의 "전통적으로 복잡하고 서로 연결된 내러티브들"이라는 그의 개념을 뒷받침하는 증거를 전혀 제시하지 못한다. 이것은 작은 문제가 아닌데, 이 개념이 톰슨의 창세기 분석에서 핵심을 차지하기 때문이다. 버크 O. 롱Burke O. Long이 진술하듯이, "우리는 그의 이론, '복잡하고 서로 연결된 내러티브들'의 핵심 구성 요소를 공적인 증거에 근거하지 않고 톰슨의 말에 근거하여 받아들이라고 요구받는다."[22]

또한 톰슨은 통합된 성경 내러티브를 더 작고 분리된 단위로 일관되게 나눈다. 그는 홍수 내러티브의 작성에서 'A'와 'B'의 상이한 점을 보고,[23] 야곱이 가나안으로 돌아가는 이야기에서 더 간단하고 상이한 세 이야기를 묘사하고(창 32장)[24] 요셉의 유괴 이야기에서 두 가지 더 간단한 상이한 점을 분리시키려 시도한다(37:12-35).[25]

톰슨은 종종 자신이 부차적인 추가물이라고 믿는다고 지적한다. 예를 들어, 창세기 14장을 논의할 때 톰슨은 롯의 생포가 부차적이라고 주장한다.[26] 톰슨은 또한 15:7-21가 "최종 오경의 역사편찬의 관점에서 기록"됐으므

---

22 Burke O. Long, review of *The Origin Tradition of Ancient Israel*, *JBL* 108 (1989): 330.

23 Thompson, *Origin*, 77.

24 앞의 책, 110-11, 톰슨은 또한 32:24-32이 원래 현재의 맥락과는 독립적이었다고 주장한다(p. 110).

25 앞의 책, 119-21.

26 앞의 책, 87.

로, '주요 내러티브'(창 15:1-6)와 분리된다고 주장한다.[27] 창세기 19장에서 27-28절과 30절은 모두 편집된 것이며 29절은 신학적인 설명이다.[28] 마지막으로 창세기 44장에서 형제들의 자루에 돈을 집어넣는 것은 베냐민의 자루에 은 잔을 두는 것과 일관되지 않는다는 점에 근거하여 부차적이라고 주장한다.[29]

톰슨의 자료비평 배후의 논리는 심리적 판단과 거의 다를 바가 없다. 저자는 후대 독자에게 일관되지 않거나 관련이 없거나 불필요한 신학화라고 떠올리게 할 수도 있는 세부 내용으로 자유롭게 표현한다. 독자가 이런 일부 내용을 혼란스럽다고 할 수도 있다는 사실이 어떤 일부나 본문을 부차적인 것으로 다룰 근거가 되지는 않는다. 여기서 중요한 점은 원래 이야기가 주제에서 벗어나는 내용, 행동의 긴장, 심지어 외견상의 모순을 포함할 수 있다는 것은 명백하지만 톰슨은 자료비평의 옛 방법을 사용하고 있다는 것이다. (실제로, 현대 소설가는 독자의 방향감각을 상실하게 하는 것은 일종의 문학 양식으로 삼았다.) 그러나 톰슨의 분석에서는 더 작은 것이 더 이른 것이며 종종 모순되어 보이는 것은 삽입의 증거다. 그리고 한 줄거리를 다른 줄거리에 대해 중지시키는 것도 별개의 줄거리가 별개의 자료에서 오는 증거다.[30] 이런 범주들은 가장 단호한 퇴마사에게서 되살아나는 옛 자료비평의 악령일 뿐이다.

또한 발전의 다섯 단계가 매우 짧은 시기에 일어나며 심지어 "의심의 여지없이 최종 편집과 동시에 발생한다"는 자신의 주장에 비추어, 톰슨이 신학적인 동기에서 야기된 편집 본문을 어떻게 찾을 수 있다고 하는지 우리는 의

---

27 앞의 책, 88.

28 앞의 책, 94.

29 앞의 책, 127.

30 예를 들어, 톰슨은 창세기 26장에서 "이삭과 리브가는 분명히 그들의 자녀, 야곱과 에서에 대해 어떤 것도 알지 못한다"고 주장한다(p. 102). 톰슨은 또한 창세기 12:10-20부터 롯이 없다는 사실은 매우 중요한다고 여긴다(p. 85). 나는 여기서 의문시되는 본문들이 다른 자료에서 왔다는 사실에 동의하지만(6장에서 묘사된 이유에서), 에서와 야곱과 롯이 이 본문들에서 언급되지 않았다는 사실은 증거로서의 의미를 지니지는 않는다. 창세기의 줄거리 관점에서 이것은 단순히 행위 중단의 경우일 뿐이다.

문을 제기해야만 한다.[31] 신학적 본문의 관점이 주요 줄거리를 발전시키는 본문과 동시대라면, 우리는 어떻게 그 본문들 모두가 사실은 동시에 동일한 사람에 의해 기록된 것은 아니라고 의미 있게 주장할 수 있는가? 이 문단 중 어디에도 어떤 중요한 사상적 모순은 없다.

아마도 톰슨의 논제에서 가장 문제가 되는 것은, 톨레돗 구조가 이스라엘이 가나안 땅의 토착민이라는 것을 보여주기 위해 의도된 것이라는 그의 개념이다. 이런 개념은 처음부터 두드러지는데, 이것은 마치 순례자들과 플리머스 록Plymouth Rock(최초의 순례자들이 상륙한 지점-옮긴이)의 미국 이야기를 가져와서 백인 미국인들이 자신들을 미국의 토착민이라고 믿었다고 결론 내리는 것과 같다. 창세기와 출애굽기 모두 자신들의 가장 이른 시기의 조상 때부터 이방인들이었다는 점에서는 일관하고 있다.

그렇다 하더라도 다른 나라의 전설들과 비교할 때, 창세기는 토착민들의 기원 전통을 묘사한다는 전체 개념은 붕괴되는데, 이는 톰슨이 하지 않은 것이다. 예를 들어 한국인들은 그들의 반도에서 자신들이 토착민이라는 기원을 묘사하는 신화를 가지고 있다. 이 신화는 천상의 존재 환웅이 하늘에서 백두산(북한에 있는)에 삼천 명의 추종자를 데리고 내려와 신의 성읍을 세웠다고 진술한다. 어느 날 산에 있던 호랑이와 곰은 환웅에게 자신들을 인간으로 변하게 해 달라고 요청했다. 환웅은 각각에게 쑥과 마늘 한 묶음을 주고, 그들에게 백 일 동안 햇빛을 피하라고 말했다. 호랑이는 환웅의 지침을 따를 수 없었지만, 곰은 인내했고, 여자로 변했다. 그 다음에 환웅은 그 여자와 결혼하고, 그들은 아들 단군을 낳았다. 단군은 한국 민족의 조상이 됐고, B.C 2333년 아사달(지금의 평양)에 수도를 세웠다.[32]

아테네 사람들은 자신들의 성읍의 첫 왕이자 건립자는 케크로푸스(Cecrops)였다고 믿었으며 때로 헤파이스토스Hephaestus의 아들이었다고 말

---

31 앞의 책, 62. 원본에서의 강조.

32 Andrew C. Nahm, *A Panorama of Five Thousand Years: Korean History* (Seoul: Hollym, 1983), 14.

했다. "케크로푸스는 자신이 토착민이었다는 것을 보이려고 종종 허리 아래는 뱀의 모양으로 되어 있다고 묘사된다."[33] 그는 아테네를 지배하려는 경쟁에서 아테나와 포세이돈 사이의 재판관이었다고들 말한다.

아에네아스Aeneas의 이주 이야기 이외에도 로마에는 동일하게 유명한 로물루스Romulus와 레무스Remus 형제의 이야기가 있다. 형제들은 마르스Mars가 강간한 베스탈 레아 실비아Vestal Rhea Silvia에게서 낳은 아들이라고들 한다. 쌍둥이는 테베레 강에 표류했었고, 루페르칼Lupercal 동굴에 안착했고, 거기서 암늑대에 의해 돌보아졌고, 양치기 파우스툴루스Faustulus에 의해 길러졌다. 이때 로물루스는 로마 성읍을 건설했고(그리고 홧김에 자기 형제를 죽였다), 사빈의 여자들을 납치하여 자기 성읍에 사람들이 가득하도록 했다.

이 간략한 개관은 민족들의 고유의 기원에 대한 전설들과 창세기가 거의 공통점이 없다는 사실을 지적하려고 의도됐을 뿐이다. 묘사한 신화들에서 우리는 몇 가지 특징을 주목한다. 첫째, 인류의 조상은 종종 신의 아버지와 인간 어머니의 아들로 묘사된다. 둘째, 조상은 한국 곰이든 케크로푸스의 뱀의 형상이든 로마의 암늑대든, 종종 이야기나 소개에서 동물과 관련된다. 셋째 조상은 평양이든 아테네든 로마든, 자기 민족의 수도를 건설한다.

창세기에는 이런 것이 하나도 없다. 창세기가 결코 족장을 예루살렘과 관련시키지 않는다는 사실은 요시야의 개혁이 창세기를 위한 가장 가능성이 높은 기원이라는 톰슨의 제안에 비추어 볼 때, 특히 주목할 만하다.[34] 예루살렘의 중심성에 대한 관심이 더욱 두드러지는 이스라엘 역사의 한 시기를 생각하기는 어렵다. 대체로 창세기가 어떻게 톰슨이 제기한 목적과 배경을 가질 수 있는지 보는 것은 매우 어렵다.

판 시터즈는 신명기적 역사가가 열왕기서까지의 창세기 전집을 처음 기록한 중요한 저자였다고 주장한다. 판 시터즈는 그 다음에 J와 P가 이스라엘

---

33 Oxford Classical Dictionary, s.v. "Cecrops."

34 Thompson, *Origin*, 195–96.

의 정경적 역사를 완성하고자 사경(四經)을 작성했다고 믿는다. 이것은 두 단계로 이뤄졌는데 J가 먼저 족장들의 이야기를 전하고[35] 그 다음에 P가 자신의 독특한 내용을 추가했다.[36] 이처럼 족장 내러티브의 구조는 주로 야훼스트의 저작이다.

나는 이미 판 시터즈의 족장 이야기에 대한 자료 분석(2장)과 신명기적 역사에 대한 그의 이해(3장)를 거부하는 이유들을 제시했다. 여기서, 나는 판 시터즈의 제안이 근본적이지는 않더라도 본질적으로 문서설의 개정이라는 점을 보기를 원할 뿐이다. 문서설은 실질적인 증거의 뒷받침이 없으므로(내가 1장에서 기술한 대로), 이 틀에 남아 있는 이론은 좀처럼 유지될 수 없다. 판 시터즈 자신도 문서설이 "주로 진부하다고 간주된다"는 사실을 지적한다.[37] 어떤 형태로든 J, D, P에 대해 계속 이야기하는 것은 무익하다. 즉 전적으로 새로운 접근법이 필요하다.

---

35 아브라함 내러티브의 성장에 대한 그의 개념을 소개하는 것에 대해, Van Seters, *Abraham*, 313을 참고하라.

36 Van Seters, *Search*, 323.

37 앞의 책, 16.

부록 2

...

영감의 문제

복음주의 학자들은 아마도 그들의 동료들 이상으로 영감의 개념이 이 책에서 제안한 창세기의 자료 역사와 어떻게 관련이 되는지에 관심을 가질 것이다. 이것은 적절한 질문이지만 특성상 역사적이거나 문학적인 질문이 아니라 신학적인 질문이다. 엄밀한 의미에서 이것은 이 책의 요점 밖에 있으며 부록으로 다루는 것이 최선이겠다.

복음주의 학자들은 성경 안의 한 책이 어떻게 인간 저작권과 하나님의 저작권을 동시에 두는지에 대한 질문이 매우 복잡하다는 것을 항상 인식해 왔다. 있다고 해도 거의 복음주의자들은 종종 비난받는 대로 '받아쓰게 하기' 이론을 주장하지 않는다. 오히려 대부분의 복음주의자들은 인간 저자들의 인성과 역사적 환경이 결코 가려지지도 사라지지도 않지만 그들의 정경적 저술은 하나님의 말씀으로 받았다고 정당하게 요구할 수 있는 권위와 진실을 담고 있는 방식으로 성령이 인간 저자들을 인도했다고 믿는다.[1]

여전히 복음주의자들은 '위대한 저자'를 고수하기 때문에 영감의 한 측

---

1 내가 충분히 동의하는 영감에 관한 복음주의의 입장에 대한 바람직한 소개에 대해, David S. Dockery, "The Divine-Human Authorship of inspired Scripture," in *Authority and Interpretation: A Baptist Perspective*, ed. Duane A. Garrett and Richard R. Melick (Grand Rapids: Baker, 1987), 13-43을 보라.

면 곧 성경 기원에 대한 이해를 충분히 탐구하지 않았다. '위대한 저자'에 의해 나는 복음주의자들이 성경의 저작권에 대해 말할 때 그들은 거의 항상 모세, 이사야, 예레미야, 요한, 바울과 같은 위대한 원 저자들을 의미한다는 사실을 언급했다. 성경 저자들이 사용했을 수도 있는 자료들에 대한 어떤 질문도 제쳐둔다.

그럼에도 성경의 기원에 대한 심지어 보수적인 관점도 일부 책들이 세 단계를 거쳤을 수 있다는 사실을 허용해야만 한다. 이 세 단계에는 위대한 저자 이전의 원 자료의 공표, 원 자료의 수집과 단일 저작으로 함께 묶을 때 위대한 저자의 원 자료 사용 이 저작에 대한 후속 개정이 있다. 누가복음의 서언은 누가복음이 최소한 첫 두 단계를 거쳤다고 진술한다. 셋째 단계에 대한 증거, 곧 편집에 의한 개정은 이 책에서 창세기와 신명기를 위해 제시됐다. 그러므로 제기할 질문은 다음과 같다. 위대한 저자의 영감을 제외하고, 우리는 자료 이야기를 처음 편찬하거나 나중에 완성된 책들을 편집한 자들의 영감에 대해 어떻게 이야기할 것인가?

처음 원 자료를 편찬한 자들의 '영감'에 대해 최소주의 관점은 최소한 그들이 편찬한 일부는 참되거나 신뢰할 만하며 그 다음에 영감을 받은 위대한 저자는 쭉정이에서 알곡을 분리하여 자신의 책에 유효한 자료만 사용할 수 있다. 누가는 자신의 서언에서 어느 정도 이것을 의도한다. 누가가 자신의 자료를 신중히 조사했다는 것(눅 1:3)은 자신의 원 자료를 원하는 순서로 적은 것 이상임을 가리킨다.

다른 한편, 자료의 많은 원 편찬자들은 그들을 따랐던 위대한 저자들만큼이나 분명히 하나님에게서 영감을 받았다. 누가복음의 경우, 예수님과 누가 사이에 있는 구두 전달자가 있음에도 불구하고 많은 자료(예, 비유들)는 예수님 자신에게서 직접 왔고 예수님은 분명히 영감을 받았다. 이런 이유에서 나는 창세기의 경우 모세의 인격뿐만 아니라 모세보다 오래 전에 이야기들을 편찬한 자들의 인격에 진짜 하나님의 영감이 있었다고 믿는다.

위대한 저자의 저작에 이은 편집에 의한 개정에 대해 나는 이미 이것이 대부분 어휘, 특히 나중 세대에게는 의미를 잃었을 수도 있는 지명을 개정하는 것에 한정됐다고 주장했다. 창세기 14:14의 단이라는 지명이 적절한 사례다. 사실 훨씬 광범위하고 중대한 개정이 있었다면, 이것은 그 자체로 놀라운 것은 아니다(신 34장의 모세의 죽음에 대한 기사는 분명히 뚜렷하게 추가된 것이다). '정경비평'의 관점이 여기서 도움이 될 것이다. 수정이 언제 이뤄졌고 누가 했는지 나는 알지 못하지만, 수정할 충분한 권위를 지닌 사람이 있을 것이라고 추측할 수 있다. 엄밀한 의미에서 완료된 저작(현재 있는 그대로의 창세기)은 정경으로서 하나님의 말씀으로 간주될 수 있으며, 모세의 원본이 더 권위가 있을 것이라는 가정에서 완료된 저작 배후에 모세의 원본으로 가려는 시도는 잘못 됐다. 후속 개정이 어떤 식으로든 원본과 모순된다고 믿을 이유가 없다.

지금까지 이 모두에 대해 말했지만, 성경의 위대한 저자들의 중요성이 떨어진다고 간주돼서는 안 된다. 누가는 자료 사용을 인정했더라도 여전히 위대한 복음서 저자이며, 모세는 자료를 사용했거나 그의 손에서 온 것이 개정을 겪었다는 이유에서도 창세기의 훌륭한 '저자'다. 창세기는 여전히 "모세의 첫 책"이다.

| 참고문헌 |

Books and Monographs

Aharoni, Yohanan. *The Archaeology of the Land of Israel.* Translated by Anson F. Rainey. Philadelphia: Westminster, 1982.

Albright, William F. *From Stone Age to Christianity.* 2d edition. New York: Doubleday, Anchor Books, 1957.

Andersen, Francis 1. *The Sentence in Biblical Hebrew.* The Hague: Mouton, 1974.

Archer, Gleason L., Jr. *A Survey of Old Testament Introduction.* Chicago: Moody, 1973.

Brueggemann, Walter, and Hans Walter Wolff. *The Vitality of Old Testament Traditions.* Atlanta: John Knox, 1975.

Budd, Philip J. *Numbers.* WBC. Waco: Word, 1984.

Cassuto, Umberto. *The Documentary Hypothesis and the Composition of the Pentateuch.* Translated by Israel Abrahams. Jerusalem: Magnes, 1941.

Childs, Brevard S. *Introduction to the Old Testament as Scripture.* Philadelphia: Fortress, 1979.

Childs, Brevard S. *Old Testament Theology in a Canonical Context.* Philadelphia: Fortress, 1986.

Childs, Brevard S. *The Book of Exodus.* OTL. Philadelphia: Westminster, 1974.

Clarke, Howard. *Homer's Readers.* London and Toronto: Associated University Presses, 1981.

Coats, George W. *From Canaan to Egypt.* Washington, D.C.: Catholic Bible Association, 1976.

Coats, George W. *Genesis: With an Introduction to Narrative Literature.* FOTL.

Grand Rapids: Eerdmans, 1984.

Coats, George W. ed. *Saga, Legend, Tale, Novella, Fable.* JSOTSS 35. Sheffield: JSOT Press, 1985, 253.

Cody, Aelred. *A History of Old Testament Priesthood.* Rome: Pontifical Biblical Institute, 1969.

Cole, R. Alan. *Exodus.* Downer's Grove: Inter-Varsity, 1973.

Craigie, Peter C. *The Book of Deuteronomy.* NICOT. Grand Rapids: Eerdmans, 1976,

Cross, Frank M. *Canaanite Myth and Hebrew Epic.* Cambridge: Harvard University Press, 1973.

Curtis, E. W., and A. A. Madsen. *The Books of Chronicles.* ICC. Edinburgh: T. and T. Clark, 1910.

Doukhan, Jacques B. *The Genesis Creation Story.* Berrien Springs, Mich.: Andrews University Press, 1978,

Driver, S. R. *An Introduction to the Literature of the Old Testament.* 1897. Reprint. Gloucester, Mass.: Peter Smith, 1972.

Durham, John 1. *Exodus.* WBC. Waco: Word, 1986.

Eichrodt, Walther. *Ezekiel.* Translated by Cosslett Quin. OTL. Philadelphia: Westminster, 1970.

Eissfeldt, Otto. *The Old Testament: An Introduction.* Translated by Peter Ackroyd. New York: Harper and Row, 1965.

Evans, J. A. S. *Herodotus.* Boston: Twayne, 1982.

Fehling, Detlev. *Herodotus and His 'Sources'.* Translated by J. G. Howie. Leeds: Francis Cairns, 1989.

Fishbane, Michael. *Text and Texture.* New York: Schocken, 1975.

Flory, Stewart. *The Archaic Smile of Herodotus.* Detroit: Wayne State University, 1987.

Fohrer, Georg. *Introduction to the Old Testament.* Translated by David E. Green.

Nashville: Abingdon, 1968.

Gray, George Buchanan. *Sacrifice in the Old Testament.* 1925. Reprint. New York: Ktav, 1971.

Gray, John. *I and II Kings.* 2d ed. OTL. Philadelphia: Westminster, 1970.

Green, William Henry. *The Higher Criticism of the Pentateuch.* 1895. Reprint. Grand Rapids: Baker, 1978.

Gunkel, Hermann. *The Folktale in the Old Testament.* Translated by Michael D. Rutter. Sheffield: Almond, 1987.

Guthrie, Donald. *New Testament Introduction.* Downer's Grove: Inter-Varsity, 1970.

Hammond, N. G. L., and H. H. Scullard. *Oxford Classical Dictionary.* 2d ed. Oxford: Oxford University Press.

Haran, Menahem. *Temples and Temple Service in Ancient Israel.* Oxford: Oxford University Press, 1978.

Harrison, R. K. *Introduction to the Old Testamen*t. Grand Rapids: Eerdmans, 1969.

Hart, John. *Herodotus and Greek History.* London: Croom Helm, 1982.

Hertzberg, H. W. *I and II Samuel.* OTL. Philadelphia: Westminster, 1974.

Hommel, Fritz. *The Ancient Hebrew Tradition as Illustrated by the Monuments.* London: SPCK, 1897.

How, W. W., and J. Wells, eds. *A Commentary on Herodotus.* London: Oxford University Press, 1912.

Immerwahr, Henry R. *Form and Thought in Herodotus.* Cleveland: Case Western Reserve University, 1966.

James, T. G. H. *An Introduction to Ancient Egypt.* New York: Harper and Row, 1979.

Kaiser, Walter C., Jr. *Toward an Old Testament Theology.* Grand Rapids: Zondervan, 1978.

Kaufmann, Yehezkel. *The Religion of Israel, from Its Beginnings to the Babylonian Exile.* Translated by Moshe Greenberg. Reprint. New York: Schocken, 1972.

Keil, C. F. *Hosea*. Translated by James Martin. Reprint. Grand Rapids: Eerdmans, 1954.

Kidner, Derek. *Genesis*. TOTC. Downer's Grove: Inter-Varsity, 1967. Kikiwada, Isaac M., and Arthur Quinn. *Before Abraham Was: A Provocative Challenge to the Documentary Hypothesis*. Nashville: Abingdon, 1985.

Kirkpatrick, Patricia G. *The Old Testament and Folklore Study*. JSOTSS 62. Sheffield: JSOT Press, 1988.

Kitchen, K. A. *Ancient Orient and Old Testament*. Chicago: Inter-Varsity, 1966.

Kitchen, K. A. *Pharaoh Triumphant: The Life and Times of Ramesses II*. Warminster, England: Aris and Phillips, 1982.

Knight, Douglas A., ed. *The Hebrew Bible and Its Modern Interpreters*. Chico, Calif.: Scholar's Press, 1985.

Kuhn, *Thomas S. The Structure of Scientific Revolutions*. 2d ed. Chicago: University of Chicago Press, 1970.

Leaf, Walter, and M. A. Bayfield. *The Iliad of Homer*. 2 vols. 1898. Reprint. London: Macmillan, 1968.

Lichtheim, Miriam. *Ancient Egyptian Literature*. 3 vols. Berkeley: University of California Press, 1973.

Lister, R. P. The *Travels of Herodotus*. London: Gordon and Cremonesi, 1979.

Long, Burke 0. *The Problem of Etiological Narrative in the Old Testament*. BZAW 108. Berlin: Verlag Alfred Töpelmann, 1968.

Longacre, Robert E. *Joseph: A Story of Divine Providence*. Winona Lake, Ind.: Eisenbrauns, 1989.

Lord, Albert B. *The Singer of Tales*. Cambridge: Harvard University Press, 1960.

McCarter, P. Kyle, Jr. *I Samuel*. AB. New York: Doubleday, 1980.

Michalopoulos, Andre. *Homer*. New York: Twayne, 1966.

Millard, A. R., and D. J. Wiseman, eds. *Essays on the Patriarchal Narratives*. Winona

Lake, Ind.: Eisenbrauns, 1983.

Motyer, J. A. *The Revelation of the Divine Name*. London: Tyndale, 1959.

Myers, Jacob M. *I Chronicles*. AB. New York: Doubleday, 1965.

Nahm, Andrew C. *A Panorama of Five Thousand Years: Korean History*. Seoul: Hollym, 1983.

Noth, Martin. *A History of Pentateuchal Traditions*. Translated by Bernhard W. Anderson. Englewood Cliffs, NJ.: Prentice-Hall, 1972.

Noth, Martin. *The History of Israel*. London: SCM, 1958.

Pfeiffer, Robert H. *Introduction to the Old Testament*. New York: Harper and Brothers, 1941.

Rad, Gerhard von. *Genesis*. Translated by John H. Marks. Philadelphia: Westminster, 1961.

Radday, Yehuda T., and Haim Shore. *Genesis: An Authorship Study*. Rome: Pontifical Biblical Institute, 1985.

Redford, Donald B. *A Study of the Biblical Story of Joseph (Genesis 37-50)*. Leiden: Brill, 1970.

Rendtorff, Rolf. *The Problem of the Process of the Transmission of the Pentateuch*. Translated by John J. Scullion. JSOTSS 89. Sheffield: JSOT Press, 1990.

Schmidt, Werner H. *Introduction to the Old Testament*. Translated by Matthew J. O'Connell. London: SCM, 1984.

Scott, John A. *The Unity of Homer*. New York: Biblo and Tannen, 1965.

Segal, M. H. *The Pentateuch: Its Composition and Authorship*. Jerusalem: Magnes, 1967.

Seow, C. L. *A Grammar for Biblical Hebrew*. Nashville: Abingdon, 1987.

Shimron, Binyamin. *Politics and Belief in Herodotus*. Historia 58. Stuttgart: Franz Steiner, 1989.

Skinner, John. *A Critical and Exegetical Commentary on Genesis*. 2d ed. ICC.

Edinburgh: T. and T. Clark, 1930.

Smith, Henry Preserved. *Samuel*. ICC. Edinburgh: T. and T. Clark, 1898.

Soggin, J. Alberto. *Introduction to the Old Testament*. OTL. Philadelphia: Westminster, 1976.

Soulen, Richard N. *Handbook of Biblical Criticism*. 2d ed. Atlanta: John Knox, 1981.

Speiser, E. A. *Genesis*. AB. New York: Doubleday, 1964.

Stanford, W. B. *The Odyssey of Homer*. 2d ed. 2 vols. New York: St. Martin's, 1959.

Stigers, Harold G. *A Commentary on Genesis*. Grand Rapids: Zondervan, 1975.

Thompson, J. A. *Deuteronomy*. TOTC. London: Inter-Varsity, 1974.

Thompson, R. J. *Moses and the Law in a Century of Criticism Since Graf*. Leiden: Brill, 1970.

Thompson, Thomas L. *The Historicity of the Patriarchal Narratives*. BZAW 133. Berlin: de Gruyter, 1974.

Thompson, Thomas L. *The Origin Tradition in Ancient Israel*. JSOTSS 55. Sheffield: JSOT Press, 1987.

Tsumura, David Toshio. *The Earth and the Waters in Genesis I and 2: A Linguistic Investigation*. JSOTSS 83. Sheffield: JSOT Press, 1989.

Van Seters, John. *Abraham in History and Tradition*. New Haven: Yale University Press, 1975.

Van Seters, John. *In Search of History*. New Haven: Yale University Press, 1983.

Vaux, Roland de. *Ancient Israel*. 2 vols. New York: McGraw-Hill, 1965.

Waters, K. H. *Herodotus the Historian*. London: Croom Helm, 1985.

Weiser, Artur. *The Psalms*. Translated by Herbert Hartwell. OTL. Philadelphia: Westminster, 1962.

Wellhausen, Julius. *Prolegomena to the History of Ancient Israel*. Preface by W. Robertson Smith. Cleveland: Meridian, 1957.

Wenham, Gordon J. *Genesis 1-15*. WBC. Waco: Word, 1987.

Westermann, Claus. *Genesis 1-11*. Translated by John J. Scullion. Minneapolis: Augsburg, 1984.

Whybray, R. N. *The Making of the Pentateuch*. Sheffield: JSOT Press, 1987.

Williams, R. D., ed. *The Aeneid of Virgil*. Glasgow: St. Martins, 1973.

Wiseman, P. J. *Clues to Creation in Genesis*. Edited by D. J. Wiseman. London: Marshall, Morgan and Scott, 1977.

Wolf, F. A. *Prolegomena to Homer*. 1795. Translated by Anthony Grafton, with an introduction by James E. G. Zetzel. Princeton: Princeton University Press, 1985.

Zimmerli, Walther. *Ezekiel*. Translated by James D. Martin. 2 vols. hiladelphia: Fortress, 1983.

Articles and Essays

Aitken, Kenneth T. 'The Wooing of Rebekah.' *JSOT* 30 (1984): 3-23.

Alexander, T. Desmond. 'Genesis 22 and the Covenant of Circumcision.' *JSOT* 25 (1983): 17-22.

. 'Lot's Hospitality: A Clue to his Righteousness.' *JBL* 104 (1985): 289-91.

Alt, Albrecht. 'The God of the Fathers.' In *Essays on Old Testament History and Religion*, translated and edited by R. A. Wilson, 3-77. Oxford, 1966.

Anderson, Bernhard W. 'From Analysis to Synthesis: The Interpretation of Genesis 1-11.' *JBL* 97.1 (1978): 23-39.

Anderson, Bernhard W. Review of R. Rendtorff, *Das überlieferungsgeschichtliche Problem des Pentateuchs*. *CBQ* 40 (1978): 100-103.

Boyd, Jesse L. III 'An Example of the Influence of Egyptian on the Development of the Hebrew Language During the Second Millennium B.C.' In A Tribute to Gleason Archer, edited by Walter C. Kaiser, Jr., and Ronald F. Youngblood, 191-95. Chicago: Moody, 1986.

Brueggemann, Walter. 'David and his Theologian.' *CBQ* 30 (1968): 156-81.

Carmichael, Calum M. 'Some Sayings in Genesis 49.' *JBL* 88 (1969): 435-44.

Cassuto, Umberto. 'The Prophet Hosea and the Books of the Pentateuch.' In *Biblical and Oriental Studies*, translated by Israel Abrahams, 2 vols., 1:79-100. Jerusalem: Magnes, 1973.

Childs, Brevard S. 'A Study of the Formula, 'Until This Day.'' *JBL* 82 (1963): 279-92.

Clark, W. M. 'The Flood and the Structure of Pre-patriarchal History.' *ZAW* 83 (1971): 184-211.

Clements, R. E. Review of R. Rendtorff, *Das überlieferungsgeschichtliche Problem des Pentateuchs*. *JSOT* 3 (1977): 46-56.

Coats, George W. 'Abraham's Sacrifice of Faith.' *Interp* 27 (1973): 389-400.

Coats, George W. 'The Joseph Story and Ancient Wisdom: A Reappraisal.' *CBQ* 35 (1973): 285-97.

Coats, George W. 'The Yahwist as Theologian? A Critical Reflection.' *JSOT* 3 (1977): 28-32.

Cody, Aelred. Review of The Historicity of the Patriarchal Narratives, by Thomas L. Thompson. *Bib* 57 (1976): 263.

Cohn, Robert L. 'Narrative Structure and Canonical Perspective in Genesis.' *JSOT* 25 (1983): 3-16.

Davis, John J. 'The Camel in Biblical Narratives.' In *A Tribute to Gleason Archer*, edited by Walter C. Kaiser, Jr., and Ronald F. Youngblood, 141-52. Chicago: Moody, 1986.

DeWitt, Dale S. 'The Generations of Genesis.' *EvQ* 48 (1976): 196-211.

DeWitt, Dale S. 'The Historical Background of Genesis 11: 1-9: Babel or Ur.' *JETS* 22 (1979): 15-26.

Duke, Rodney K. 'The Portion of the Levite: Another Reading of Deuteronomy 18:6-8.' *JBL* 106 (1987): 197-98.

Emerton, J. A. 'Some False Clues to the Study of Genesis XIV.' *VT* 21 (1971): 24-47.

Emerton, J. A. 'The Origin of the Promises to the Patriarchs in the Older Sources of the Book of Genesis.' *VT* 32 (1982): 14-32.

Emerton, J. A. 'The Riddle of Genesis XIV.' *VT* 21 (1971): 403-39.

Emerton, J. A. 'An Examination of Some Attempts to Defend the Unity of the Flood Narrative in Genesis. Part I,' *VT* 37 (1987): 401-20; and 'Part II,' *VT* 38 (1988): 1-22.

Fishbane, Michael. 'Composition and Structure in the Jacob Cycle (Gen. 25:19-35:22).' *JJS* 26 (1975): 15-38.

Golden, Judah. 'The Youngest Son or Where Does Genesis 38 Belong.' *JBL* 96 (1977): 27-44.

Good, Edwin M. 'The Blessing on Judah, Gen 49:8-12.' *JBL* 82 (1963): 427-32.

Hasel, Gerhard F. 'The Genealogies of Gen. 5 and 11 and their Alleged Babylonian Background.' *AUSS* 16 (1978): 361-74.

Hauser, Alan J. 'Linguistic and Thematic Links between Genesis 4:1-16 and Genesis 2-3.' *JETS* 23 (1980): 297-305.

Helyer, Larry R. 'The Separation of Abram and Lot.' *JSOT* 26 (1983): 77-88.

Kessler, Martin. 'Genesis 34- An Interpretation.' *RefR* 19 (1965): 3-8.

Lambert, W. G. 'A New Look at the Babylonian Background of Genesis.' *JTS* n.s. 16 (1965): 287-300.

Long, Burke 0. Review of The Origin Tradition of Ancient Israel. *JBL* 108 (1989): 330.

McKenzie, Brian Alexander. 'Jacob's Blessing on Pharaoh: An Interpretation of Gen 46:31-47:26.' *WTJ* 45 (1983): 386-99.

Miscall, Peter D. 'The Jacob and Joseph Stories as Analogies.' *JSOT* 6 (1978): 28-40.

Morrison, Martha A. 'The Jacob and Laban Narrative in Light of Near Eastern Sources.' *BA* (Summer 1983): 155-64.

Paradise, Jonathan. 'Marriage Contracts of Free Persons at Nuzi.' *JCS* 39 (1987): 1-36.

Polk, Timothy. 'The Levites in the Davidic-Solomonic Empire.' *StBib* 9 (1979): 3-22.

Prewitt, Terry J. 'Kinship Structures and the Genesis Genealogies.' *JNES* 40 (1981): 87-98.

Rad, Gerhard von. 'The Form-Critical Problem of the Hexateuch.' In *The Problem of the Hexateuch and Other Essays*. Translated by E. W. Trueman Dicken, 1-78. London: SCM, 1966.

Radday, Yehuda T. 'Chiasmus in Hebrew Biblical Narrative.' In *Chiasmus in Antiquity*, edited by John W. Welch, 99-100. Gerstenberg Verlag, 1981.

Rendtorff, Rolf. 'Pentateuchal Studies on the Move.' *JSOT* 3 (1977): 43-45.

- 'The Yahwist as Theologian? The Dilemma of Pentateuchal Criticism.' *JSOT* 3 (1977): 2-10.

Roberts, J. J. M. Review of Abraham in History and Tradition, by John Van Seters. *JBL* 96 (1977): 109.

Schmid, H. H. 'In Search of New Approaches in Pentateuchal Research.' *JSOT* 3 (1977): 33-42.

Smith, Robert Houston. 'Abram and Melchizedek (Gen 14:18-20).' *ZAW* 77 (1965): 129-53.

Speiser, E. A. 'The Wife-Sister Motif in the Patriarchal Narratives.' In *Biblical and Other Studies*, edited by Alexander Altman, 15-28. Cambridge: Harvard University Press, 1963.

Tucker, Gene M. 'The Legal Background of Genesis 23.' *JBL* 85 (1966): 77-84.

Van Seters, John. 'The Problem of Childlessness in Near Eastern Law and the Patriarchs of Israel.' *JBL* 87 (1968): 401-8.

- 'The Yahwist as Theologian? A Response.' *JSOT* 3 (1977): 15-19.

Wagner, Norman E. 'A Response to Professor Rolf Rendtorff.' *JSOT* 3 (1977): 20-27.

Waltke, Bruce K. 'Oral Tradition.' In *A Tribute to Gleason Archer*, edited by Walter C. Kaiser, Jr., and Ronald F. Youngblood, 17-34. Chicago: Moody, 1986.

Weisman, Z. 'National Consciousness in the Patriarchal Promises.' *JSOT* 31 (1985): 55-73.

Wenham, Gordon J. 'The Coherence of the Flood Narrative.' *VT* 28 (1978): 336-48.

Wenham, Gordon J. Review of H. H. Schmid, *Der sogennante Jahwist*. *JSOT* 3 (1977): 57-60.

White, Hugh C. 'The Divine Oath in Genesis.' JBL 92 (1973): 165-79.

Whybray, R. N. 'Response to Professor Rendtorff.' *JSOT* 3 (1977): 11-14.

Williams, James G. 'The Beautiful and the Barren: Conventions in Biblical Type-Scenes.' *JSOT* 17 (1980): 107-19.

Wilson, Robert R. 'The old Testament Genealogies in Recent Research.' *JBL* 94 (1975): 169-89.

Woudstra, M. H. 'The toledoth of the Book of Genesis and their Redemptive Historical Significance.' *CalThJ* 5 (1970): 184-89.

Younger, Lawson. Review of In Search of History, by John Van Seters. *JSOT* 40 (1988): 110-14.